D1721978

RAINER SCHÄTZLE
ist Finanzanalyst und war lange Zeit im Investment-Banking tätig. Er berät heute vorwiegend international tätige Unternehmen in Fragen des Shareholder-Value-Managements.

HEINRICH MORGEN
ist seit über 30 Jahren im Wertpapiergeschäft tätig. Während dieser Zeit hat er sich auf die Beratung privater und institutioneller Anleger spezialisiert und Erfahrungen bei Banken im In- und Ausland gesammelt. Zuletzt bekleidete er u. a. Führungspositionen bei der Tochtergesellschaft einer deutschen Groß-bank und der großen amerikanischen Investmentgesellschaft Merril Lynch. Seit 1997 ist er als unabhängiger Berater von Investmentfonds und institutio-nellen Anlegern tätig.

RAINER SCHÄTZLE / HEINRICH MORGEN

Handbuch
Börse 2002

Mehr Geld
durch professionelle
Anlagestrategien

WILHELM HEYNE VERLAG
MÜNCHEN

HEYNE Infoline
22/432

Bei den Bezeichnungen DAX®, MDAX und Neuer Markt handelt es sich um eingetragene Warenzeichen der Deutsche Börse AG.

Originalausgabe 12/2001

Copyright © 2001 by Wilhelm Heyne Verlag GmbH & Co. KG, München
http://www.heyne.de
Printed in Germany 2001
Umschlaggestaltung: Hauptmann und Kampa Werbeagentur, CH-Zug
Herstellung: H + G Lidl, München
Satz: Fotosatz Völkl, Puchheim
Druck und Verarbeitung: Ebner Ulm

ISBN 3-453-19693-7

Inhalt

Vorwort

Die gute Nachricht vorweg: Die schlechten Nachrichten dürften in den derzeitigen Kursen bereits vollständig, wenn nicht sogar überkompensiert sein, und Kurspotentiale sind reichlich vorhanden. Diese Einschätzung treffen wir ebenso deutlich, wie wir im August 2000 vor den überzogenen Kursen am Neuen Markt und respektive den Internet-Titeln gewarnt haben. Die Börse hat im letzten Jahr wieder sehr deutlich klargemacht, daß zum Gewinnen der richtige Ein- und Ausstieg notwendig ist.

Ein Meister dieser Klasse und Koautor des Handbuch Börse ist Heinrich Morgen, Vorstand der morgen portfolio AG, Oberursel, und Manager des »Portfolio Partner« Fonds, welcher mit plus 38 % der erfolgreichste deutsche Aktienfonds war und auch 2001 zu den erfolgreichsten Fondsmanagern zählt.

Und wie sieht unsere Einschätzung für die kommenden Monate und das Jahr 2002 aus? Nach Anlageklassen unterschieden, geben wir Aktien und Anleihen deutlich den Vorrang vor Festgeldbeständen. Wie hoch Sie im einzelnen den Aktien- beziehungsweise Anleihenanteil halten, ist sehr von Ihrer persönlichen Risikotoleranz und der taktischen Markteinschätzung abhängig. Es besteht zum heutigen Zeitpunkt kein übertriebener zeitlicher Druck, wieder massiv in die Aktienmärkte einzusteigen. Doch bereits heute sehen Sie die ersten Unternehmen, die wieder mit besseren Ergebniszahlen als erwartet und technischen Formationen, die auf eine breite Bodenbildung hindeuten, überraschen. Andererseits ist ein plötzlicher Trendwechsel unwahrscheinlich, denn zu viele Investoren sind verunsichert und auch enttäuscht worden. Sie werden die ersten steigenden Kurse nutzen, um zum Einstandskurs oder mit einem geringeren Verlust auszusteigen.

Zeiten wie diese eignen sich hervorragend, um Positionen in einzelnen Titeln aufzubauen. Hierbei sollten Sie Aktien bevorzugen, die über eine breite Marktkapitalisierung und entsprechende Umsätze verfügen. Bezüglich der Regionen stellt sich Amerika, bedingt auch Japan, in der Tendenz attraktiver dar als Europa. Für Amerika spricht, daß hier die Konjunkturerholung früher einsetzen wird als in Europa. Hinsichtlich der Branchen ist bei den High-Tech-Werten Vorsicht geboten, aus diesen Sektoren sind nach wie vor rückläufige Ertragsprognosen zu erwarten. Im Gegensatz hierzu dürften Titel der »old economy« sowohl von der Zinsentwicklung als auch von der zunehmenden Liquidität stärker profitieren. Letztlich ist in Börsenphasen wie diesen jedoch weniger die Branche beziehungsweise der Industriesektor entscheidend, sondern vielmehr die Wahl der Einzeltitel, das sogenannte »stock picking« ist wichtig.

Wenn das oben dargestellte Szenario eintritt, führt dies zu einer weiteren Zunahme des ökonomischen Ungleichgewichts zwischen Europa, Asien und den USA. Dies ist politisch nicht unbedingt gewollt, aber sehr wohl wahrscheinlich. Die Politik »der ruhigen Hand«, beispielsweise in Deutschland, und das Konsensprinzip der Europäischen Union mögen politisch korrekte Parolen sein, für die Wirtschaft und die Kapitalmärkte sind in Zeiten großer wirtschaftlicher Unsicherheiten und Veränderungen klare Entscheidungen und schnelle Reformen wichtiger – und die werden wir wohl eher in den USA als in Europa oder Asien sehen.

Viel Fortune bei Ihren Anlageentscheidungen wünschen Ihnen

Rainer Schätzle und Heinrich Morgen
August 2001

Grundlagen & Prinzipien erfolgreichen Fondsmanagements

VON HEINRICH MORGEN, MORGEN PORTFOLIO

Managementkonzept

Um auf die Dauer an Aktienmärkten erfolgreich bestehen zu können, benötigt man neben guten Kenntnissen des Marktes vor allem ein konsistentes Managementkonzept, das mit Geduld und Disziplin verfolgt wird und damit willkürlichen Entscheidungen wenig Raum bietet. Aufbauend auf unserer langjährigen Erfahrung haben wir ein erfolgreiches System zur Entscheidungsfindung entwickelt. Dabei fließen sowohl fundamentale Faktoren, wie z. B. Kurs-Gewinn-Verhältnis, Gewinnwachstum und Qualität des Managements, als auch technische Analysemethoden in den Selektionsprozeß ein.

Anlagestrategie

Bei den Anlageentscheidungen orientieren wir uns an den jeweils gültigen Megatrends wie z. B. Telekommunikation, Internet oder Biotech.

Hierbei wenden wir eine Kombination aus Erkenntnissen der fundamentalen und der technischen Analyse an. So werden mit Hilfe der Fundamentalanalyse innerhalb dieser Trends wachstumsstarke, innovative Unternehmen identifiziert (»stock picking«), die sowohl durch ein hochwertiges Management als auch eine starke Shareholder-Value-Orientierung ein attraktives, langfristiges Gewinnpotential bieten.

Diese Unternehmen sind zunächst nur potentielle Kaufkandidaten. Mit Hilfe der technischen Analyse wird die Wachstumsstory sowohl lang- als auch mittelfristig auf Konsistenz überprüft. Erst auf Basis dieser Informationen kann eine Kaufentscheidung gefällt werden, wobei unter Einbezug der kurzfristigen Charttechnik und des Marktumfelds das Timing und somit die Rendite optimiert werden.

Gleichzeitig wird im Rahmen eines aktiven Risikomanagements die Performance gesichert und der Diversifikation Rechnung getragen. Die Asset-Allocation erstreckt sich über verschiedene Währungsräume und Branchen. Die Positionen, die wir eingehen, sollen vor allem mittel- bis langfristiger Natur sein und nicht kurzfristigen Markt- und Trendbewegungen folgen. Wir sind der Ansicht, daß nur so dauerhaft gute Anlageergebnisse zu erzielen sind.

Eine kontinuierliche Beobachtung des Marktes und Überprüfung der Gültigkeit der einzelnen Trends ermöglicht es uns, flexibel und schnell auf Marktveränderungen zu reagieren und dabei gleichzeitig neue attraktive Engagements zu identifizieren.

Philosophie

Unsere Philosophie läßt sich kurz und knapp beschreiben:

» Trends halten so lange, bis sie sich ändern ...«

So logisch und einfach dieser Satz klingt, so wichtig ist seine Bedeutung für unser Verständnis von Anlagemanagement. Unsere Anlage konzentriert sich weder auf einzelne Märkte noch auf einzelne Wachstumsbranchen. Sie läßt sich daher nicht in traditionelle Konzepte einordnen.

Unsere Anlagephilosophie ist, in aktuell gültige Trends zu investieren, die in absehbarer Zeit attraktive Kursgewinne versprechen. In diesem Rahmen gilt es, in den einzelnen Bereichen sowohl Marktführer als auch vielversprechende Nischenplayer zu identifizieren und in diese zu investieren. Von dieser Recherche und unseren Erfahrungen können unsere Kunden und Anleger, die in von uns gemanagte Fonds investieren, profitieren.

Wir sind der Ansicht, daß dauerhaft gute Anlageergebnisse bei vertretbarem Risiko nur durch mittel- bis langfristige Investments erzielt werden können. Solange Trends intakt sind, durch fundamentale Meldungen bestätigt werden und Kapital in die entsprechenden Bereiche fließt, besteht kein Anlaß, Positionen abzubauen.

Langfristige Trends tragen wesentlich zu unserer Performance bei. Erst wenn Trends sich umkehren, werden Positionen in den jeweiligen Bereichen liquidiert.

Unsere Grundsätze

»The trend is your friend.«

Solange die Erfolgsstory stimmt und der Kurstrend in Ordnung ist, gibt es keinen Anlaß, Gewinne zu realisieren.

»Gewinne lassen sich nur langfristig erzielen …«

Das Spekulieren auf kurzfristige Marktbewegungen überlassen wir anderen. Der Schuß kann auch nach hinten losgehen.

»Prognosen sind deshalb so schwierig, weil sie sich auf die Zukunft beziehen …«

Wir machen keine Kursprognosen. Uns geht es nicht darum, recht zu haben. Wir verfolgen weder einen »Value«- noch einen »Growth«-Ansatz, sondern beobachten Markttrends. Wir kaufen Werte, auf die der Markt setzt und die im Trend liegen.

»Wer nicht bei Verlust verkaufen kann, sollte nicht selbst Aktien halten …«

Denn konsequentes Portfoliomanagement bedeutet auch »Gewinne laufen lassen, Verluste begrenzen«.

»Konsequent handeln, nicht hoffen …«

Erst mit einem konsequenten Risikomanagementsystem, viel Geduld und Disziplin kann man gute Ergebnisse erwirtschaften und wird nicht zum »Spielball der Märkte«.

Aktuelles

Die volkswirtschaftliche Situation der Weltwirtschaft ist zur Zeit sehr angespannt. Zwei der wichtigsten Volkswirtschaften, die USA und Japan, sind in einer Rezession, und auch in Europa gibt es – wenn überhaupt – nur ein sehr geringes Wachstum. Damit stellt sich die Frage, in welche Richtung die Börsenkurse in 2002 gehen werden und wie ein Anleger sich bei seinen Investments am geschicktesten verhalten sollte.

Jeder einzelne Anleger sollte sich darüber klarwerden, ob er bei seiner Entscheidung in die richtigen Märkte, Branchen und Unternehmen investiert. Daneben wird in einem volatilen Markt der richtige Einstiegs-, aber auch Ausstiegszeitpunkt von entscheidender Bedeutung sein. Neben der Frage nach den »richtigen« Aktien, auf die man sein Geld setzen sollte, ist in der gegenwärtigen globalen Wirtschaftslage auch das fundamentalere Problem, wie man sein Vermögen auf die verschiedenen Anlageformen aufteilen sollte, angebracht. Dieses Problem ist natürlich nicht unabhängig von dem Anlagehorizont jedes einzelnen. Grundsätzlich gilt, je länger man sein Geld anlegen will, desto eher sollte man in riskantere Werte investieren. Die Schwankungen, die in einzelnen Jahren enorm sein können, heben sich langfristig weitgehend auf, und das kurzfristig eingegangene Risiko zahlt sich aus.

Um aber zu verhindern, daß der Investor das Opfer einer Blase wird, wie sie in 2000 für die Technologiewerte geplatzt ist, sollte eine fundierte Analyse der wichtigsten Daten immer einer Anlageentscheidung vorausgehen. Die Untersuchung der gesamtwirtschaftlichen Entwicklung in der Welt im Jahr 2002 ist eine gute Ausgangsposition bei der Frage, wie und wo man sein Vermögen anlegen sollte. Im folgenden wird daher versucht, die wichtigsten Trends in diesem Jahr aufzuzeigen und Anlageempfehlungen daraus abzuleiten. Es gilt wie in den letzten Jahren, daß jede Prognose der Zukunft notwendigerweise mit großer Unsicherheit behaftet ist. Daher die Bitte, daß der Leser diesen einführenden Teil des Buches nur als Beispiel einer sorgfältigen Analyse betrachten und bei seiner jeweiligen Anlagesituation auf möglichst aktuelle Zahlen und Fakten zur Lage der Weltwirtschaft, einzelnen Volkswirtschaften oder spezieller Unternehmen zurückgreifen sollte.

Europäische Union

Das Zusammenwachsen des europäischen Finanzmarkts wird auch in 2002 weiter fortschreiten. Mit der Einführung der Euro-Banknoten und -münzen wird die Gemeinschaftswährung zum ersten Mal richtig greifbar. Die direkte Vergleichbarkeit der Preise im Euro-Währungsgebiet wird sicherlich zu einer weiteren Angleichung des Preisniveaus in den einzelnen Ländern führen. Aber gerade mit dieser Umstellung kann auch für viele Unternehmen die Versuchung einhergehen, die Preise zu erhöhen. Der gestiegene Wettbewerbsdruck auf die Unternehmen wird sich erst mittel- und langfristig positiv auf die Inflationsentwicklung auswirken. Für die nächsten zwölf Monate ist die Inflationsgefahr daher gegeben, wobei sie allerdings durch die schwache Wirtschaftsentwicklung in Europa und der übrigen Welt sehr gering ist und vermutlich mehr als kompensiert wird. Zinsschritte der Europäischen Zentralbank sollten also in 2002 für ein sinkendes Zinsniveau sorgen.

Der Euro, der seit seiner Einführung am 1.1.1999 kräftig an Wert gegenüber dem Dollar verloren hat, dürfte vor dem Hintergrund des etwas günstigeren Wirtschaftswachstums in Europa gegenüber den USA an Wert gewinnen. Der Kursverlauf des Euro gegenüber dem US-Dollar ist in der Abbildung auf Seite 18 wiedergegeben.

Für das Euro-Gebiet wird für 2002 eine Inflationsrate von 1,8 % (nach 2,7 % in 2001) erwartet. Für die beiden wichtigsten Volkswirtschaften in Europa – Deutschland und Frankreich – wird sogar eine noch niedrigere Preissteigerungsrate von jeweils 1,5 % prognostiziert. In den Ländern der Peripherie – Irland, Portugal und Finnland – geht mit einem größeren Wirtschaftswachstum auch eine höhere Inflationsrate einher.

Das Wachstum in Europa wird wohl auch in 2002 auf einem insgesamt geringen Niveau weiter andauern. Nach Wachstumsraten von 1,8 % für Euroland in 2001 könnte die Wirtschaft in diesem Jahr erneut um etwa 2,0 % zulegen. In den Kernländern der Europäischen Union wie Deutschland, Österreich und Italien ist die Konjunktur vor allem aufgrund immer noch vorhandener struktureller Defizite, beispielsweise der Arbeitsmärkte, relativ schwach, wohingegen die Peripherie mit Irland und auch Spanien überdurchschnittliche Wachstumsraten aufweist. Aber auch hier ist eine Abschwächung festzustellen, Irland z. B. wird nur schwerlich die fast zweistelligen Zuwachsraten des Inlandsproduktes aus den Vorjahren wiederholen können.

Die Arbeitslosenzahlen bleiben trotz Fortschritten die größte Sorge in Europa. Obwohl die Arbeitslosenquote im Durchschnitt in Europa sinkt, ist der alte Kontinent mit über 8,3 % Beschäftigungslosen weit von dem guten Arbeitsmarkt in den USA entfernt. Dort sind es trotz Rezession gerade einmal 4,5 % Arbeitslose, allerdings wird diese Quote weiter ansteigen. Als Grund für diesen hohen Wert in Europa werden immer wieder Strukturdefizite vor allem in den beiden großen Volkswirtschaften angemahnt. In Deutschland und Frankreich verharren die Arbeitslosenzahlen um einen Wert um die 9 %, Tendenz wegen der schwachen Wirtschaftslage wieder steigend. Daß es auch in Europa anders gehen kann, zeigen beispielsweise die Niederlande, die eine flexiblere Arbeitsmarktpolitik mit einem hohen Anteil auch an Teilzeitbeschäftigten betreiben und dafür mit einer sehr niedrigen Arbeitslosenquote von nur 2,0 % belohnt werden.

Die Aktienmärkte in Europa sind 2001 deutlich zurückgegangen. Nach dem raschen Kursanstieg Ende 1999/Anfang 2000 ist die spekulative Blase letztlich geplatzt. Am Beispiel des Euro Stoxx 50 in der Grafik oben sieht man, daß trotz der anhaltenden Kursverluste erst jetzt das Niveau von Mitte 1999 wieder erreicht wurde. Und selbst dieses Kursniveau ist nach historischen Bewertungsmaßstäben immer noch relativ hoch! Weitere Kurskorrekturen sind daher wahrscheinlich zu erwarten, der Abwärtstrend auch vieler Branchenindizes ist unverändert intakt.

Deutschland

Wie hoch das Kursniveau an den Weltbörsen immer noch ist, machen die beiden folgenden Charts am Beispiel des deutschen Aktienindex DAX deutlich. Der erste Chart zeigt wie die anderen Grafiken in diesem Teil jeweils die Entwicklung der letzten drei Jahre. Hier sieht es ähnlich wie beim Euro Stoxx 50 danach aus, daß die Spekulationsblase geplatzt ist und daß auf diesem Kursniveau ein neuer Anstieg erwartet werden kann. Dieses Bild täuscht allerdings, wenn man es mit der zweiten Grafik vergleicht, die ebenfalls den DAX zeigt, allerdings diesmal über die letzten 23 Jahre. Die Prognose darüber, wie weit die Kurse zurückgehen müssen, um ihr faires Niveau zu erreichen, sei jedem einzelnen überlassen. Sowohl die fundamentalen Werte wie beispielsweise das Kurs-Gewinn-Verhältnis als auch die technische Analyse lassen noch auf einige Korrekturen schließen. Wie lange es dauert, bis solch einer spekulativen Blase die Luft ausgegangen ist, macht das Beispiel Japan deutlich: die Agonie der dortigen Aktienmärkte dauert mittlerweile schon über elf Jahre an.

Der Neue Markt in Deutschland, an dem hauptsächlich Werte der »Neuen Ökonomie« wie Telekommunikation, Biotechnologie und Medien notiert sind, ist im Vergleich zum DAX noch sehr viel stär-

21

ker eingebrochen, wie obenstehende Grafik des alle Werte des Neuen Marktes umfassenden Nemax All Shares deutlich macht.

An den Anleihemärkten machen sich die Zinsschritte der Notenbanken über das gesamte Laufzeitenspektrum in fallenden Renditen bemerkbar. Die Umlaufrendite deutscher Anleihen ist in der folgenden Grafik abgebildet. Die Europäische Zentralbank (EZB) wird wohl ähnlich wie die amerikanische Notenbank in den kommenden Monaten die Zinsen weiter nach unten schleusen. Fallende Zinsen führen aber zu steigenden Kursen am Bondmarkt. Damit sollte der Markt für festverzinsliche Wertpapiere eine ernstzunehmende Alternative zu den Aktienmärkten in diesem Jahr bieten. Beim Kauf von Anleihen ist immer auf die Bonität des Emittenten zu achten. Höhere Renditen gehen immer mit einem höheren Risiko einher. Eine gute Hilfe ist hier das auch in Europa immer weiter zunehmende Rating von Schuldnern.

Die Konvergenz der Geld- und Kapitalmärkte in Europa ist mittlerweile so weit fortgeschritten, daß sich die Zinsentwicklung auch in den anderen Ländern der Europäischen Währungsunion ähnlich verhält. Das tatsächliche Zinsniveau ist, wie erwähnt, von der unterschiedlichen Bonität beeinflußt. Im folgenden wird daher auf Anmerkungen zu den Bondmärkten in Europa verzichtet. Der Anleger sollte aber den zusammenwachsenden europäischen Kapitalmarkt sowohl bei Aktien als auch bei Anleihen ausnutzen und über eine breite Diversifizierung Vorteile in Form eines verminderten Risikos ausnutzen.

Frankreich

Frankreich ist neben Deutschland der zweite wichtige Markt in Euroland. Deshalb ist hier der französische Aktienindex CAC40 noch einmal dargestellt. Wegen der zunehmenden Konvergenz der Märkte in Europa zeigt sich aber auch hier das bekannte Bild fallender Kurse. Die Zinsentwicklung an den Anleihemärkten verläuft weitgehend parallel zu der Entwicklung in Deutschland.

Großbritannien

Zu der nicht im Euro-Währungsraum vertretenen Volkswirtschaft von Großbritannien ist anzumerken, daß das Zinsniveau immer noch höher ist als in den Ländern der Währungsunion. Der Anleger hat bei seiner Entscheidung, sein Geld im Vereinten Königreich anzulegen, immer auch die Entwicklung des britischen Pfundes im Auge zu behalten. Die Gewinne, die man also aus dem höheren Zinsniveau ziehen kann, sind also sehr anfällig bei einer Schwäche der englischen Währung. Die beiden Schaubilder zeigen die Wertentwicklung des britischen Pfunds gegenüber dem Euro und dem britischen Aktienindex FT-100.

USA

Die USA sind zur Zeit damit beschäftigt, eine Rezession abzuwenden. Die Notenbank hat zu diesem Ziel in 2001 deutlich die Leitzinsen um mehr als drei Prozentpunkte gesenkt. Weitere Zinssenkungen sind zu erwarten. Die Inflationsgefahren sind wegen der schwachen Konjunkturlage gering. Die Konsumneigung der Amerikaner ist getragen von einem wachsenden Immobilienmarkt trotz der Verluste an den Aktienmärkten robust, sogenannte Vermögenseffekte sind momentan also noch nicht zu befürchten. Die Staatsfinanzen der USA sind mit einem Budgetüberschuß von 2,1 % in 2001 sehr gut, so daß im Falle einer Rezession genügend fiskalische Möglichkeiten zur Verfügung stehen. Anlaß zur Sorge bereitet dagegen das unverändert hohe Leistungsbilanzdefizit von rund 450 Milliarden Dollar pro Jahr, was einem Finanzierungsbedarf von mehr als 4 % des Bruttoinlandsprodukts gleichkommt.

Die Charts auf Seite 25 und oben zeigen die wichtigsten Aktienindizes der USA und auch die Orientierungshilfe für alle anderen Börsen um den Globus herum. Die 30 wichtigsten Werte im Dow-Jones-Index zeigen eine Seitwärtsbewegung, der sehr viel stärker von Werten der »New Economy« wie Telekommunikation, Software und Biotechnologie geprägte NASDAQ-Index offenbart den bekannten Abwärtstrend. Hier sind die Börsianer immer noch auf der Suche nach dem richtigen Preis für solche Aktien.

Trotz Rezession und deutlicher Kurskorrektur in den USA bleiben diese doch die bedeutendste Wirtschaftsmacht der Welt. Von den OECD-Ländern werden sie im Jahr 2002 nur noch eine durchschnittliche Wachstumsrate des Bruttoinlandsprodukts (BIP) haben. Die Schätzungen sagen ein Wachstum des BIP zwischen 1,0 % und 3,0 % voraus. Der Anleger sollte die USA bei seiner Entscheidung daher auf keinen Fall vernachlässigen, aber auf Wertpapiere setzen, die weniger anfällig für Kursrückgänge sind. Ebenfalls zu berücksichtigen ist auch hier der Devisenkurs des Dollars gegenüber dem Euro.

Japan

Auch Japan ist in einer schweren Rezession. Insgesamt ist das Wirtschaftswachstum in den letzten zehn Jahren sehr gering. Grund dafür war eine spekulative Blase am Immobilien- und Aktienmarkt, die Anfang 1990 geplatzt ist. Zu diesem Zeitpunkt stand der Nikkei 225, der wichtigste japanische Aktienindex, bei knapp 39.000. Heute kämpft er um die psychologisch wichtige Marke von 10.000 und bewegt sich in denselben Regionen, wie der Dow Jones, der zur Zeit ebenfalls knapp unter 10.000 steht. Das Beispiel Japan sollte man sich also immer wieder vor Augen führen, bevor man seine Anlageentscheidungen komplett auf eine schnelle Erholung der Aktienmärkte und ein baldiges Erreichen der einstigen Höchststände ausrichtet.

Die Problematik von Japan wird an vielen Indikatoren deutlich, so daß sich ein Anleger nur sehr vorsichtig dort engagieren sollte. Die üblichen Mittel, die gerne zur Abwendung oder Bekämpfung einer Rezession angewendet werden, stehen Japan nicht mehr zur Verfügung.

Die monetären Mittel versagen. Die Nominalzinsen sind sehr nahe bei Null: Eine zweijährige Staatsanleihe bringt gerade einmal 0,05 % Zinsen, und selbst Unternehmensanleihen werden zur Zeit nur mit 1,47 % verzinst. Dieses niedrige Zinsniveau führt zusammen mit dem leicht zurückgehenden Preisindex zu im internationalen Vergleich hohen realen Zinsen, die die Investitionstätigkeiten der Unternehmen hemmen. Des weiteren hat Japan mit einem Budgetdefizit von über 6 % des Bruttoinlandsprodukts keinerlei fiskalischen Spielraum mehr, will man nicht die jetzt schon sehr hohe Staatsschuld noch weiter in die Höhe treiben. Zu all diesen Problemen kommt die für japanische Verhältnisse hohe Arbeitslosenquote von 5,0 %, und die deflationären Tendenzen im Preisniveau führen zu anhaltender Konsumzurückhaltung der Haushalte und mangelnder Investitionsbereitschaft der Unternehmen. Der Aktienmarkt in Tokio gehörte auch im vergangenen Jahr zu denjenigen von allen OECD-Ländern, die am deutlichsten gefallen sind. Die Abbildung auf Seite 27 zeigt den Nikkei 225, das bedeutendste Börsenbarometer Japans innerhalb der letzten drei Jahre.

Die Empfehlung für Japan kann daher nur lauten, sich vorsichtig und zunächst noch mit relativ wenig Kapital zu engagieren. Bei seiner Entscheidung sollte der Investor auch immer den Wechselkurs des Yen im Auge behalten, dessen Entwicklung gegenüber dem Euro in der obenstehenden Grafik wiedergegeben ist.

Emerging Markets

Hinter den Emerging Markets verbergen sich eine Vielzahl völlig unterschiedlicher Märkte. Zum einen sind hier die sogenannten

Tigerländer aus Südostasien zu finden, zum anderen die latein-amerikanischen Märkte, und schließlich fallen auch die Transformationswirtschaften aus Mittel- und Osteuropa darunter.

Die asiatischen Märkte, die sich von der Asienkrise in 1997/98 erholt hatten, sind mittlerweile schon wieder in einer Rezession – wie beispielsweise Taiwan oder Singapur – oder sehr stark von dem Risiko betroffen, in eine hineinzurutschen, wie dies in Malaysia, Thailand und Korea der Fall ist. Ein Lichtblick für diese Märkte ist die relativ geringe Inflationsneigung. Nur Indonesien und die Philippinen weisen eine zweistellige Rate auf, die anderen Länder dagegen haben eine Inflationsrate, die so niedrig wie in den westlichen Industrienationen ist. Auch die Leistungsbilanz weist jeweils einen Überschuß aus, so daß die Wechselkurse gegenüber dem Dollar wieder sehr stabil sind.

Die Aktienmärkte der ostasiatischen Schwellenländer sind in 2001 sogar teilweise gestiegen. Ein Investor, der sich international gut diversifiziert, kann selbst in einer solchen Situation von fallenden Kursen in den westlichen Industrieländern also durchaus durch eine sorgfältige Auswahl von Anlagemöglichkeiten profitieren. Es muß aber auch auf das generell höhere Risiko in diesen Ländern und Aktienmärkten hingewiesen werden.

Was das Wirtschaftswachstum angeht, war der Star der letzten Jahre China, das von vielen Beobachtern schon als die künftige Wirtschaftsmacht nicht nur in Asien gesehen wird. Die chinesische Wirtschaft wächst mit ca. 8 % pro Jahr, Leistungsbilanz und Inflationsrate sind hervorragend. Für viel positive Phantasie sorgt der bevorstehende WTO-Beitritt Chinas. Allerdings muß auch berücksichtigt werden, daß die chinesischen Aktienmärkte recht eng und teilweise illiquide sind. Ein Engagement empfiehlt sich hier – wenn überhaupt – in Form von professionell gemanagten Fonds.

Das Bild in Lateinamerika stellt sich nicht ganz so rosig dar. Besonders Argentinien befindet sich in einer Rezession, die durch die Wechselkursbindung an den US-Dollar hervorgerufen wurde. Argentinische Exporte sind im Vergleich zu den übrigen Mercosur-Ländern – insbesondere aber Brasilien – sehr viel teurer, was insgesamt zu großen Friktionen im Mercosur, dem südamerikani-

.MSCI/Welt (EUR) / Index / Index

schen Freihandelsraum, führt. Die Leistungsbilanz der südameri-
kanischen Volkswirtschaften ist notorisch im Defizit, allerdings ist
in letzter Zeit eine leichte Verbesserung auszumachen. Die Zinsen
sind teilweise immer noch hoch und die Inflation mit Ausnahme
von Argentinien, wo die Preise sogar zurückgehen, nicht gebannt.
Trotz massiver Interventionen und Hilfspakete durch den Internationalen Währungsfonds besteht weiterhin die Gefahr von
Währungsabwertungen, die mögliche höhere Renditen festverzinslicher Wertpapiere oder Aktien zunichte machen können. Die
Anlage in Lateinamerika sollte daher wohlüberlegt sein.

Die Zahlungsfähigkeit Rußlands ist vor allem aufgrund der gestiegenen Rohstoff- und Ölpreise mittlerweile wieder deutlich
besser als im August 1998, der bislang letzten Emerging-Market-
Krise. Allerdings ist die Inflation mit über 20 % immer noch
enorm, die Währungsreserven füllen sich nur langsam wieder, und
der Rubel ist weiterhin sehr schwach. Der Aktienmarkt ist 2001
zwar um ca. 50 % angestiegen, dies allerdings von einem sehr niedrigen Niveau. Zudem sind russische Aktien immer noch sehr vola-
til, und russische Unternehmen sind durch eine schlechte Corpo-
rate Governance gekennzeichnet, so daß Eigentums- und Ak-
tionärsrechte vielfach nicht gewährleistet sind. Das Management
russischer Unternehmen ist nach westlichen Standards höchst ineffizient. Mit diesen strukturellen Problemen und der Unsicher-

heit über den weiteren Kurs des Landes sollte ein Engagement in Rußland wohlüberlegt sein.

Die anderen Transformationswirtschaften stehen etwas besser da. Die Inflation ist deutlich besser geworden, die Abwertung der jeweiligen Landeswährung zumindest gegenüber dem Euro nicht mehr so hoch. Die Probleme des relativ niedrigen Wirtschaftswachstums und die zu hohen Leistungsbilanzdefizite scheinen in den Griff gekommen zu sein. Langfristig denkenden Anlegern verschafft zudem die Perspektive eines EU-Beitritts einiger Länder eine günstige Ausgangsposition für die Investition in diesen Märkten.

Fazit

Die Weltwirtschaft wird auch in 2002 noch Probleme haben, die Rezession zu überwinden und auf einen Wachstumspfad zurückzukehren. Der Anleger sollte seine Investments auch in 2002 hauptsächlich auf Europa und Nordamerika konzentrieren und überlegen, wann er wieder in Aktien einsteigt. Viele der gezeigten Charts suggerieren eine Bodenbildung und eine Rückkehr zu den Preisen vor der Spekulationsblase. Schaut man sich aber die langfristigen Charts wie beispielsweise den des DAX, an, so sieht man, daß Aktien immer noch sehr hoch bewertet sind. Der richtige Einstiegszeitpunkt will also wohlbedacht sein. In der Zwischenzeit bietet es sich an, sein Geld in liquiden Mitteln oder in festverzinslichen Papieren zu »parken«, die in der nächsten Zeit wohl die bessere Rendite liefern dürften. Langfristig aber werden wohl wieder Aktien die bessere Rendite erzielen.

1. Die Börse und ihr Hintergrund

1.1 Was ist eine Börse, und wozu dient sie?

Die Börse (eigentlich: Effektenbörse) ist ein organisierter Markt, der dem Kauf und Verkauf von Effekten dient. Unter »Effekten« versteht man Wertpapiere, also Urkunden über langfristige Kapitalanlagen.

Daneben gibt es Börsen, die auf Termingeschäfte spezialisiert sind. Zu dem Warenterminhandel der ersten Tage, von dem hier nicht die Rede sein wird, entwickelte sich inzwischen ein Terminhandel mit Instrumenten des Finanzmarktes. Anstelle von Vieh, Getreide und ähnlichem sind hier Aktien, Anleihen, Edelmetalle und Indizes auf Finanzmarktinstrumente die Grundlage von Options- und Fixgeschäften. Die wesentlichen Aufgaben der Börse sind:

- Abstimmen von Angebot und Nachfrage in bezug auf Effekten bzw. andere Objekte,
- Ermitteln eines Kurses und
- Bieten der Möglichkeit, Kapital anzulegen oder zu beschaffen.

Am Beispiel der Aktie erläutert: Für größere Unternehmen ist die Börse das Instrument für die (Eigenkapital-)Finanzierung. Sie fungiert einmal als Bindeglied zwischen Unternehmen (Emittent) und Anleger – das ist der Primärmarkt –, bildet aber auch die Handelsplattform für die Anleger untereinander (Sekundärmarkt). Sie schlägt damit die Brücke zwischen den Interessen des Finanzierungsbedarfs auf der einen Seite und den Bedürfnissen des Anlegerschutzes auf der anderen. Außerdem trachtet die Börse nach Effektivität, indem sie möglichst hohe Umsätze in möglichst kurzer Zeit mit geringstem Aufwand (Kosten) abzuwickeln sucht.

1.2 Das Börsengeschehen in Deutschland

1.2.1 Gesetze und Ordnungsvorschriften/Börsenorgane

Die Geschäfte an den deutschen Börsen haben ihre rechtlichen Grundlagen im Börsengesetz, das sich in sechs Abschnitte gliedert:

- Allgemeine Bestimmungen über die Börse (§§ 1–28),
- Feststellung der Börsenpreise und Maklerwesen (§§ 29–35),
- Zulassung von Wertpapieren zum Börsenhandel (§§ 36–49),
- Börsenterminhandel (§§ 50–70),
- Ordnungsverfahren (§§ 71–87, 1975 aufgehoben),
- Straf- und Bußgeldvorschriften sowie Schlußvorschriften (§§ 88–96).

Landesregierungen genehmigen das Einrichten von Börsen und bestellen Staatskommissare, die über die Einhaltung der Gesetze und Vorschriften wachen. Für jeden Börsenplatz gibt es darüber hinaus noch eine Börsenordnung, in der folgendes verzeichnet ist:

- Geschäftszweige des Börsenplatzes,
- Organisation,
- Art der Preis- und Kursveröffentlichung,
- Zulassungsstelle (Wahlverfahren/Zusammensetzung),
- Vorschriften für die Veröffentlichung der Umsätze,
- Definition der Kurzzusätze und -hinweise.

Als Organe der Börse agieren:

- der Börsenvorstand; er leitet die Börse und erstellt Ordnungsvorschriften,
- die Zulassungsstelle; sie entscheidet über die Zulassung eines Wertpapieres,
- die Maklerkammer; sie ist eine Standesvertretung, die Makler und deren Tätigkeit überwacht und Streitigkeiten unter Maklern schlichtet, und
- ein Ehrenausschuß.

Die Kontrolle des Börsenhandels wird durch das Bundesaufsichtsamt für den Wertpapierhandel (BAWe) in Frankfurt durchgeführt. Das BAWe überwacht die Handelstätigkeit und untersucht auffällige Kursverläufe auf möglichen Insiderhandel. Insider werden Personen genannt, die über nichtöffentliche Informationen verfügen, so z. B. das Management der betreffenden Aktiengesellschaft. Das Ausnutzen solcher Informationen ist an den meisten Börsenplätzen ein Straftatbestand. Das BAWe prüft auch, ob die Vorschriften zur Ad-hoc-Publizität durch die Aktiengesellschaft eingehalten werden. Diese Vorschriften verpflichten die Emittenten von Aktien, den Marktteilnehmern wichtige, für Kauf- oder Verkaufsentscheidungen relevante Unternehmensinformationen unverzüglich zur Verfügung zu stellen, um die Bildung unangemessener Börsenpreise zu vermeiden. Die Ad-hoc-Publizität ist damit eine Vorbeugemaßnahme gegen den Insiderhandel.

Die für den Börsenhandel üblichen Kontrollen sind verständlich, wenn man bedenkt, welche erheblichen Summen täglich an der Börse umgesetzt werden. So ist es auch einleuchtend, daß nicht jedermann zum Börsenbesuch und -handel zugelassen wird.

1.2.2 Der deutsche Wertpapiermarkt

a. Gesetzliche Marktsegmente

Der Wertpapiermarkt ist an den deutschen Börsenplätzen in folgende gesetzliche Marktsegmente gegliedert:

- Amtlicher Handel,
- Geregelter Markt,
- Freiverkehr.

Der amtliche Handel

Der amtliche Handel bildet das Kernstück des deutschen Aktienhandels und ist der Markt mit den höchsten Umsätzen und den bekanntesten Aktiengesellschaften. Amtlich ist er deshalb, weil er nur von amtlichen Maklern bestellt werden darf und börsengesetzlich geregelt ist (§§ 36–49 Börsengesetz). Damit eine Aktie zum amtlichen Handel zugelassen wird, hat das betreffende Unternehmen im wesentlichen folgenden EU-Vorschriften zu beachten:

- Zulassungsrichtlinie,
- Prospektrichtlinie,
- Zwischenbericht-Richtlinie.

Das recht strenge Zulassungsverfahren für den amtlichen Handel sieht vor, daß das Unternehmen zusammen mit einer börsenlizenzierten Bank einen Antrag an die Zulassungsstelle richtet. Wichtigster Bestandteil dieses Begehrens ist der Emissionsprospekt, der alle relevanten Informationen über die wirtschaftlichen und rechtlichen Verhältnisse des potentiellen Emittenten enthält. Unternehmen und Bank haften gesamtschuldnerisch für vorsätzlich oder grob fahrlässig unwahre und nicht vollständige Angaben, sofern diese für die Beurteilung des Wertpapiers (nicht der Unternehmung!) relevant sind. Des weiteren unterliegt das Unternehmen der Publizitätspflicht: Es hat die Emission im amtlichen Börsenblatt rechtzeitig bekanntzugeben.

Die Mitglieder der Zulassungsstelle rekrutieren sich aus Banken, die selbst nicht direkt am Börsenhandel beteiligt sind. Diese hohen Anforderungen haben zur Folge, daß sich nur Großunternehmen diesem Verfahren unterziehen. So findet man im amtlichen Handel auch ausschließlich ihre Anteile.

Der geregelte Markt

Die hohen Anforderungen der Zulassung zum amtlichen Handel und die damit verbundenen Kosten (ca. 6–12 % der Emissionssumme) riefen die Notwendigkeit eines zweiten, börsenrechtlich geregelten Marktes mit erleichterten Zulassungsbedingungen auf den Plan. Als Vorbilder dienten der »second marche« in Frankreich, der »parallel market« in den Niederlanden oder der »unlisted securities market« in England. Der geregelte Markt ist eine Nebenbörse mit einer zwar nichtamtlichen, aber trotzdem börsengesetzlich geregelten Notierung. Die Kurse werden von amtlichen Maklern oder durch Freimakler festgestellt. Eine erleichterte Zulassung und das Entfallen von Publizitätspflicht und Prospekthaftung machen den Gang an die Börse damit auch für mittlere Unternehmen interessant, da die Kosten erheblich niedriger liegen.

Der Freiverkehr

Der Freiverkehr geschieht ohne amtliche Zulassung und Notierung und entbehrt auch einer börsengesetzlichen Regelung, lehnt sich jedoch an die Bestimmungen des amtlichen Handels an. Zugang erhalten die Interessenten über die Freiverkehrsausschüsse des jeweiligen Börsenplatzes durch ein Einbeziehungsverfahren. Beizubringende Unterlagen sind lediglich Handelsregisterauszug, Satzung und Geschäftsbericht. Das macht diesen Weg sehr kostengünstig.

Die Kursnotierung der Aktien des geregelten Freiverkehrs erfolgt als Spannenkurs (Brief zu Geld), wobei innerhalb dieser Spanne tatsächlicher Handel erfolgen mußte. Eine Einheits- oder variable Notierung wird nicht festgestellt, und der Auftraggeber hat keinen Anspruch auf Ausführung seiner Order.

b. Privatrechtlich organisierte Segmente

Neben den drei gesetzlichen Marktsegmenten bemüht sich jede Börse, eigenständige, privatrechtlich organisierte Segmente zu schaffen, die für sie einen Wettbewerbsvorteil gegenüber den anderen Börsen bringen. So hat beispielsweise die Deutsche Börse AG eine Unterteilung in den DAX, MDAX, SMAX und Neuen Markt unternommen. Ihr neuestes Produkt ist mit XTF der Fondshandel an der Börse.

DAX

Der DAX ist das Segment der Blue Chips. Er enthält die 30 größten und umsatzstärksten Werte, die im amtlichen Handel oder im geregelten Markt der Frankfurter Wertpapierbörse zugelassen sind.

Die Auswahl der DAX-Werte findet aufgrund des Börsenumsatzes und der Marktkapitalisierung statt und ist an weitere Voraussetzungen geknüpft wie beispielsweise die Pflicht zur Erstellung von Quartalsberichten, die Durchführung von Analystenveranstaltungen oder das Anerkennen des Übernahmekodex der Börsensachverständigenkommission.

Über Veränderungen im DAX entscheidet der Vorstand der Deutsche Börse AG. Er wird beraten vom Arbeitskreis Aktienindizes, der Maßnahmen zur Aktualität und Berechnung des Index und zu dessen Zusammensetzung empfiehlt.

MDAX

Der MDAX ist das Segment der Midcaps. Er enthält die 70 Werte, die von ihrer Größe her den DAX-Werten folgen. Alle Werte des MDAX müssen im amtlichen Handel oder im geregelten Markt der Frankfurter Wertpapierbörse (FWB) zugelassen sein.

Die Auswahl der MDAX-Werte findet ebenfalls nach Börsenumsatz und Marktkapitalisierung statt, und auch hier müssen weitere Voraussetzungen erfüllt sein.

Neuer Markt

Der Neue Markt ist das Börsensegment für junge und innovative Wachstumsunternehmen. Der Start des Handels erfolgte am 10. März 1997 mit zwei Unternehmen. Die Zahl der notierten Gesellschaften wächst stetig: Ende Juli 2001 waren bereits über 300 Unternehmen am Neuen Markt gelistet.

Der Neue Markt verlangt die höchsten Zulassungs- und Publizitätsanforderungen aller Börsensegmente. Es ist ein eigenständiges Handelssegment innerhalb des Freiverkehrs. Die Emittenten tragen im Neuen Markt auch erhöhte Folgepflichten wie z. B. Jahresabschlüsse nach internationalen Standards, Quartalsberichte, Analystenveranstaltungen und die Herausgabe eines Unternehmenskalenders mit wichtigen Daten. Die höhere Transparenz im Neuen Markt sorgt für die Verbesserung der Investor Relations, eine bessere internationale Vergleichbarkeit und eine Steigerung des Shareholder Value. Die Deutsche Börse möchte die Qualität der im Neuen Markt notierten Unternehmen noch weiter verbessern. Man überlegt daher, die Zulassungskriterien noch enger zu fassen und nur Gesellschaften in dieses Marktsegment aufzunehmen, die bislang mindestens zwei Jahre an der Börse notiert waren. Der Neue Markt bietet große Gewinnaussichten, mit denen allerdings auch höhere Risiken verbunden sind. Die Kurssteigerung einzelner Titel liegt hier in der Spitze bei fast 700 %. Die Umschlagshäufigkeit der Aktien im Neuen Markt entspricht in etwa der Größenordnung bei den DAX-Werten.

Die Liquidität am Neuen Markt ist durch Betreuer sichergestellt, die sich verpflichtet haben, auf Anfrage verbindliche Geld- und Briefkurse zu stellen. Ein Betreuer ist ein an der Börse bereits zugelassenes Unternehmen, das primär als Ansprechpartner für den Handel und als Experte für den jeweiligen Wert fungiert. In der Regel handelt es sich bei dem Betreuer um die Bank, die den Börsengang begleitet hat. Vielfach treten auch mehrere Banken oder Maklerfirmen als Betreuer für einen Aktienwert auf.

SMAX

Das von der Deutsche Börse AG entwickelte Qualitätssegment SMAX richtet sich an etablierte Unternehmen aus mittelständischen Branchen. SMAX soll ein Gütesiegel sein und zeichnet Unternehmen aus, die sich freiwillig zur Einhaltung besonders hoher Transparenz- und Liquiditätsstandards verpflichten. Smallcaps bietet SMAX seit April 1999 eine geeignete Plattform, um sich aus der breiten Masse der Nebenwerte abzuheben und das Interesse von Investoren und Analysten auf sich zu ziehen. Auch hier verpflichten sich die gelisteten Unternehmen zur Einhaltung spezieller Anforderungen. Voraussetzung für die SMAX-Teilnahme ist eine Zulassung für den amtlichen Handel oder den geregelten Markt an der Frankfurter Wertpapierbörse. SMAX steht auch ausländischen Unternehmen offen.

XTF

Die Deutsche Börse AG bietet mit Exchange Traded Funds (XTF) ein Marktsegment für börsengehandelte Fondsanteile an. Investoren können die Fondsanteile einfach und schnell wie Aktien erwerben. Die Fonds werden während des gesamten Handelstages auf Xetra und im Präsenzhandel fortlaufend notiert. Die Teilnahme der Wertpapiere am Segment setzt eine Zulassung zum amtlichen Handel oder zum geregelten Markt voraus. Ein Kauf- oder Ausgabeaufschlag fällt nicht an. Für ausreichende Liquidität sorgen auf Xetra wiederum Betreuer. Bei Indexfonds wird die Fondszusammensetzung täglich an die Gewichtungen der Indizes angepasst und folgt in der Performance den zugrunde liegenden Indizes. Aktiv gemanagte Fonds können dagegen mit ihrem Portfolio einen von der Deutschen Börse als Benchmark gegenübergestellten Index übertreffen oder unterschreiten.

c. Termingeschäfte

Neben den Segmenten des Kassamarktes sind die Termingeschäfte zu nennen. An dieser Stelle werden die Urheber dieses Börsenzweigs, die Warentermingeschäfte, nur erwähnt, die Aufmerksamkeit gilt hier jedoch den inzwischen bedeutender gewordenen »*Finanztermingeschäften*«. Gegenstände börslicher Termingeschäfte sind standardisierte Kontrakte mit offizieller Zulassung.

Außerbörsliche Termingeschäfte, auch OTC-Geschäfte genannt, sind individuell geprägt und auch nicht Gegenstand dieses Buches.

Je nachdem, ob der Finanzkontrakt beide Seiten oder nur die eine allseits verpflichtet, wird nach *Fixgeschäften (Futures)* und *Optionen* unterschieden. Die meisten Termingeschäfte in Deutschland und Europa werden über die Eurex, eine reine Computerbörse, abgewickelt. Die Eurex ist ein Tochterunternehmen der Deutschen Börse AG und der Schweizer Börse. An ihr werden Aktienoptionen, Futures und Optionen auf Aktienindizes sowie Futures auf Geld- und Kapitalmarktprodukte im Zinsbereich gehandelt.

1.2.3 Die Makler an den deutschen Börsen

Damit der Handel reibungslos abläuft, muß man eine exzellente Kenntnis der Kapitalmärkte und eine völlige Beherrschung der Börsentechnik bei einem Börsenmakler voraussetzen, eine angemessene finanzielle Ausstattung kommt hinzu. Nur unter diesen Bedingungen erhält man eine Zulassung zur Börse. In erster Linie finden sich dort die Besitzer und Vertreter von Banken, Bankboten und Pressevertreter.

Man unterscheidet bei den Maklern zwei Arten:

● den amtlichen und
● den freien Makler.

Die *amtlichen Makler* werden durch die Landesregierung bestellt und haben die Aufgabe, den Kurs der amtlich gehandelten Wertpapiere festzustellen und die Kauf- und Verkaufsorders dieser Papiere auszuführen.
Freie Makler sind nicht vereidigt und wirken bei der Kursfeststellung und Orderausführung von solchen Wertpapieren mit, die nicht zum amtlichen Verkehr zugelassen sind.
In Berichten über das Börsengeschehen ist auch häufiger von der »Kulisse« oder dem »Berufshandel« die Rede. Damit meint man die Käufe und Verkäufe der Börsenhändler, die Orders auf eigene Rechnung ausführen, um am Verlauf der Kurse zu verdienen. Die Bedeutung der »Kulisse« liegt darin, daß ein Marktausgleich herbeigeführt wird und damit gegen einen unerwünschten Trend gehandelt wird. Allerdings können die Aktivitäten der Kulisse kurzfristig auch die Kurse beeinflussen.

1.2.4 Deutsche Börsenplätze

In der Bundesrepublik Deutschland sind derzeit acht Börsenplätze eingerichtet:

● Frankfurt/Main (Hauptbörse und Eurex),
● Berlin,
● Bremen,
● Düsseldorf,
● Hamburg,
● Hannover,
● München,
● Stuttgart.

Der Anteil, den diese Börsen am Gesamthandel in Aktien und festverzinslichen Wertpapieren haben, ist sehr unterschiedlich. Der bedeutendste Umsatz findet in Frankfurt/Main statt. Hier werden ca. 80 % aller Wertpapiere gehandelt. Viele Regionalbörsen haben sich deshalb auf eine bestimmte Nische spezialisiert; so existiert z. B. an der Bayerischen Börse in München der Prädikatsmarkt, dessen Zielgruppe mittelständische Unternehmen aus der Region sind.

In Stuttgart wurde innerhalb des Freiverkehrs ein eigenes Segment für den Optionsscheinhandel (Euwax: European Warrant Exchange) eingerichtet. Etwa die Hälfte aller Orders für Optionsscheine läuft über die Börse in Stuttgart.

Andere Börsen sind in bestimmten Segmenten Kooperationen eingegangen, um die notwendigen Investitionen in die Computersysteme tätigen zu können. Die Börsen in Hannover und Hamburg zum Beispiel haben aus diesem Grund eine enge Allianz vereinbart.

1.3 Börsen in Europa

Die europäische Börsenlandschaft ist bislang noch sehr national geprägt. So existiert in jedem Land eine Börse, an der die größten inländischen Unternehmen gehandelt werden. Die wichtigsten Börsenplätze in Europa sind:

- London,
- Frankfurt,
- Paris,
- Mailand,
- Amsterdam,
- Zürich.

Die nationalen Märkte werden allerdings zunehmend harmonisiert. Der wichtigste Integrationsschub bei diesem Prozeß kam sicherlich durch die Einführung des Euros. Mit einer gemeinsamen Währung fallen das Risiko und die Kosten, die bei der Anlage in ausländischen Märkten entstehen. Daher wird es auch für Privatanleger immer attraktiver, bei der Anlage ihres Kapitals in europäischen Dimensionen zu denken.

Die Marktharmonisierung wird durch grenzüberschreitende Kooperationen und Fusionen immer weiter vorangetrieben. So haben sich die Börsen Paris, Brüssel und Amsterdam zu Euronext zusammengeschlossen und sind wie auch ihre Konkurrenten in London und Frankfurt mittlerweile ein börsennotiertes Unternehmen.

Für die großen Investmenthäuser und auch die kleineren Privatanleger ist eine engere Kooperation auf den Gebieten Handel, Clearing und Settlement aber sehr zu begrüßen und macht ökonomisch Sinn, so daß mit weiteren Zusammenschlüssen in Europa zu rechnen ist. Im Vergleich mit den USA, wo es drei landesweite und fünf regionale Börsen gibt, ist die Börsenlandschaft in Europa mit über 30 Handelsplätzen noch immer deutlich zu hoch.

Auch in anderen Marktsegmenten wächst der europäische Kapitalmarkt zusammen. Wichtigste Terminbörse in Europa ist die Eurex, eine gemeinsame Tochtergesellschaft von Deutscher Börse und Schweizer Börse. Die Eurex ist als reine Computerbörse mit Knotenpunkten in sieben europäischen Ländern vertreten und auch mit New York und Chicago in Nordamerika vernetzt.

Auch der Neue Markt in Frankfurt hat zusammen mit dem Nouveau Marché in Paris, dem Euro.NM Belgium in Brüssel und dem NMAX in Amsterdam die Gemeinschaftsinitiative Euro.NM für Wachstumswerte gegründet. Auch hier ist eine Anpassung und Standardisierung angestrebt.

Die europäische Börsenlandschaft wird sich daher in Zukunft durch Kooperationen und Konzentrationen verändern. Nur diejenigen Börsen, die eine hohe Liquidität in den gehandelten Wertpapieren aufweisen und Aufträge kostengünstig und effizient ausführen können, werden am Ende den europäischen Kapitalmarkt auch dominieren.

1.4 Börsen in den USA

1.4.1 Besonderheiten des amerikanischen Börsengeschäftes

Die amerikanische Effektenbörse unterscheidet sich von der deutschen Börse wesentlich in Umfang, Handelsform, Effektenarten und Ausbau.

Die amerikanischen Wertpapierhandelsplätze sind Unternehmen, deren Gesellschafter die Mitglieder der Börse selbst sind, und zwar Brokerfirmen, selbständige Makler oder vermögende private Investoren.

Es gibt hier folgende Maklerarten:

● Commission Broker,
● Two-Dollar-Broker (Floor Broker),
● Specialists.

Commission-Broker führen ausschließlich die Kauf- und Verkaufsaufträge der Kunden ihres Brokerhauses gegen Kommission aus.
Two-Dollar- oder *Floor-Broker* übernehmen von Commission-Brokern Teile der Kundenorders.
Specialists sind auf bestimmte Aktien oder Branchen spezialisierte Makler, die auf eigene Rechnung handeln, schwierige Kundenaufträge ausführen, aber auch Kurspflege in der von ihnen betreuten Aktie vornehmen und gegebenenfalls durch Käufe oder Verkäufe gegen den Trend wirken und damit für eine ausgeglichene Kursentwicklung sorgen.

1.4.2 Struktur des US-Marktes

Der amerikanische Effektenmarkt gliedert sich in acht Nationalbörsen, wobei die Hauptbörse die NYSE ist, Nebenbörse ist die AMEX. Die übrigen Börsen sind relativ unbedeutend.

NYSE Die New York Stock Exchange ist der Mittelpunkt der amerikanischen Börsen und die Welt-Leitbörse (80 % der amerikanischen Aktienumsätze). Die hier zum amtlichen Handel zugelassenen Effekten unterliegen der strengen Kontrolle durch die SEC. An der NYSE werden alle Titel gehandelt, die zum amtlichen Handel zugelassen sind. Dies sind vorwiegend die Aktien der großen, etablierten Gesellschaften, die die Zulassungs- und Publizitätsvorschriften erfüllen.

AMEX Die American Stock Exchange ist die zweite New Yorker Börse. Für die Effekten, die hier gehandelt werden, gelten weniger strenge Zulassungs- und Publizitätsvorschriften. Dies ist wohl ein Grund dafür, daß an der AMEX vorwiegend kleine und mittelgroße Gesellschaften gehandelt werden. Ein weiterer Schwerpunkt der AMEX ist der Handel mit Optionen und ausländischen Aktien.

Neben diesen staatlich regulierten Börsen findet der Handel auch privat statt. Besonders bedeutend in diesem sog. Over-The-Counter-Markt (OTC) ist die NASDAQ, an der viele junge, innovative Unternehmen gelistet sind. Für deutsche Unternehmen gibt es die Möglichkeit, hier in Form von American Depository Receipts (ADR) gehandelt zu werden, sofern sie sich nicht den strengen Anforderungen der amerikanischen Börsenaufsichtsbehörde SEC unterwerfen wollen und ein Listing an der NYSE anstreben.

OTC   Der Over-The-Counter-Markt (Über-den-Tisch-Markt) ist keine eigentliche Börse und wird außerhalb der Börsenräumlichkeiten durchgeführt. Hier findet der Handel mit Effekten statt, die nicht offiziell zum Börsenverkehr zugelassen sind. Die Schwerpunkte des OTC liegen bei festverzinslichen Wertpapieren und sonstigen, nicht zum Börsenverkehr zugelassenen Effekten, z. B. Aktien kleinerer Gesellschaften, die die Zulassungs- und Publizitätsvorschriften der Börse nicht erfüllen. Außerdem werden hier auch die Aktien junger Gesellschaften gehandelt, für die der OTC-Markt eine erste Bewährungsprobe darstellt, nachdem sie zum offiziellen Börsenhandel zugelassen wurden.

Der OTC läuft in der Art des deutschen Telefonhandels und ist ein durchaus relevanter und leistungsfähiger Markt. So werden an den OTC-Märkten etwa 25.000 Aktientitel gehandelt, also das Zehnfache des amtlichen Handels an der NYSE.

Die Grundlage des OTC bildet das NASDAQ-System, das »National Association of Securities Dealers Automated Quotations«-System, ein computergestütztes Online-Kommunikationssystem, das die laufende Kursermittlung in umsatzstarken OTC-Werten gewährleistet und von Wertpapierhändlern wie auch interessierten Privatinvestoren benutzt wird. Die Kurse für die nicht im NASDAQ-System enthaltenen OTC-Werte ermit-

teln die Wertpapierhändler nach wie vor im Telefonver-
kehr.

ADR   Die ADR (American Depository Receipts) sind Zertifikate großer US-Banken auf deren nichtamerikanische
Aktienbestände. Diese Zertifikate erlauben einen Handel in nichtamerikanischen Wertpapieren außerhalb der
etablierten Börse. Dort können auch deutsche Standardwerte gehandelt werden.

Beim Engagement in ausländische Aktien ist zu beachten, daß
zum Ertrag aus dieser Anlage auch noch Gewinne oder Verluste
aus der Umrechnung der jeweiligen Landeswährung in Euro entstehen können.

2. Was an der Börse gehandelt wird

2.1 Wertpapiere – ein Oberbegriff für vieles

Wertpapiere (auch: Effekten) sind Urkunden, die private Vermögensrechte verbriefen. Das aus der Urkunde hervorgehende Recht kann nur von demjenigen ausgeübt werden, der berechtigt ist, über die Urkunde zu verfügen.

Es lassen sich drei Arten von Wertpapieren unterscheiden:

- Wertpapiere der Kapitalbeschaffung und -anlage; dazu zählen Aktien, Obligationen, Investmentzertifikate, aber auch Grundschuldbriefe.
- Wertpapiere des Zahlungs- und Kreditverkehrs; dies sind zum Beispiel Schecks, Wechsel, Sparbücher, Überweisungen.
- Wertpapiere des Güterverkehrs; sie heißen Lagerschein, Ladeschein oder Konnossement (Frachtbrief).

Wenn ein Börsianer von Wertpapieren spricht, so meint er selbstverständlich die der Kapitalanlage und -beschaffung, und davon wiederum nur die mit der Eigenschaft, sich innerhalb ihrer Gattung gegenseitig vertreten zu können. Man sagt: »Die Effekten sind fungibel«, was die gegenseitige Vertretbarkeit innerhalb der Gattung bedeutet.

Die Effekten sind Gegenstand des Börsenhandels. Voraussetzung für einen reibungslosen Handel ist die Vertretbarkeit der Wertpapiere, wobei die gehandelten Güter nicht gegenständlich anwesend sein müssen.

Eine andere Unterteilung der Effekten geschieht nach der Art des verbrieften Rechts:

- Mitgliedschafts- oder Anteilspapiere (Aktien und Fondsanteile),
- Forderungspapiere (Schuldverschreibungen).

Weiterhin kann man nach der Übertragbarkeit unterscheiden: Inhaber-, Rekta- und Orderpapiere.

Zu den *Inhaberpapieren* gehören Inhaberaktien (Beispiel siehe Abb. 2.1) und Inhaberschuldverschreibungen. Sie lauten auf den Inhaber, das heißt: Der jeweilige Besitzer ist nicht namentlich genannt, sondern jeder, der das Papier besitzt, kann das Recht aus

Abb. 2.1 Inhaberaktie

46

ihm geltend machen, also verkaufen oder sonstwie darüber verfügen sowie Dividenden und Zinsen kassieren. Das verbriefte Recht wird durch Einigung und Übergabe übertragen.

Die Mehrzahl der gehandelten Effekten sind Inhaberpapiere, durch deren einfache Übertragbarkeit die umfangreichen Umsätze überhaupt erst möglich sind.

Zu den *Rektapapieren* zählen wir die vinkulierte Namensaktie (vinkuliert = an die Genehmigung des Emittenten gebundenes Übertragungsrecht). Rektapapiere bezeichnen den Inhaber der Urkunde namentlich. Hier kann, im Gegensatz zum Inhaberpapier, nur der bezeichnete Inhaber das Recht aus dem Papier geltend machen. Die Weitergabe eines Rektapapiers erfolgt durch eine Zession (Abtretung). Beispiel siehe Abb. 2.2.

Rektapapiere sind wegen des erschwerten Eigentumswechsels im Börsenhandel selten, werden aber von bestimmten Branchen bevorzugt, z. B. bei Versicherungsgesellschaften und Zuckerfabriken. Für solche Papiere ist der Markt sehr eng.

Beispiele für *Orderpapiere* sind die Orderschuldverschreibung und die Namensaktie. Orderpapiere bilden eine Zwischenform von Inhaber- und Rektapapier. Zwar wird der Berechtigte der Urkunde gundsätzlich mit Namen genannt, der Schuldner bzw. der Verpflichtete des Orderpapieres ist jedoch verpflichtet, auch an denjenigen zu leisten, den der Berechtigte durch seine Order bestimmt hat. Die Übertragung eines Orderpapieres erfolgt durch Indossament (Übertragungsvermerk), Einigung und Übergabe.

Effekten können auf unterschiedliche Weise *Ertrag* bringen: Da gibt es

- den festen Ertrag (z. B. Schuldscheine),
- den variablen Ertrag (bei Aktien geschäftsabhängig) sowie
- Mischformen wie Gewinnschuldverschreibungen und Genußscheine.

Letztlich bietet die *äußere Form* eine Unterscheidungsmöglichkeit der Effekten. Sie bestehen prinzipiell aus »Mantel« und »Bogen«. Der Mantel ist die eigentliche Urkunde und verbrieft das Hauptrecht, und das kann sein:

- Forderungsrecht (Schuldverschreibungen),
- Anteilsrecht (Aktien),
- Miteigentumsrecht (Investmentanteil).

Abb. 2.2   *Namensaktie*

48

Der Bogen verbrieft Nebenrechte wie Zinsansprüche, Gewinn-anteile oder Ertragsanteilsrechte in Form von Zinsscheinen (Coupons) zu Schuldverschreibungen, Dividendenscheinen von Aktien sowie Ertragsanteilen von Investmentzertifikaten. Das sind selbständige Wertpapiere, die nicht an den Mantel gebunden sind.

Dem Bogen ist meist ein Erneuerungsschein oder Talon angefügt, mit dem man neue Zins- oder Ertragsscheine einlösen kann. Der Talon ist aber kein selbständiges Wertpapier, daher ist bei Benut-zung des Erneuerungsscheines stets der Mantel, in dem das Hauptrecht verbrieft ist, erforderlich.

Solche effektiven Stücke aus Mantel und Bogen sind heute aber eher selten, da die Kosten für die Übertragung im Falle eines Ver-kaufs viel zu hoch sind.

Die Stücke werden daher zentral gelagert, oder sämtliche Aktien-rechte werden in einer Globalurkunde verbrieft. Die Aktionäre erhalten dann nicht mehr die effektiven Stücke, sondern bekom-men eine Depotgutschrift über ihren Aktienbestand bei einem Kreditinstitut.

Das Kreditinstitut kümmert sich bei der Verwahrung und Verwal-tung der Wertpapiere seiner Kunden auch um die Einlösung der Zins- und Dividendenscheine und überwacht wichtige, mit den Aktien zusammenhängende Termine wie z. B. Bezugsrechte und Teilrechte aus Kapitalerhöhungen.

2.2 Aktien

Aktien sind Wertpapiere, die das Mitgliedschaftsrecht an einer Aktiengesellschaft verbriefen. Durch ihren Kauf beteiligt sich der Aktionär am Grundkapital der Aktiengesellschaft und wird da-durch ihr Teilhaber (Beispiel siehe Abb. 2.3). Sein Risiko ist be-grenzt auf den totalen Verlust des Wertes seiner Aktie. Die Motive für einen Aktienkauf können sein:

- Beteiligung am Gewinn (Dividende etc.) der Aktiengesell-schaft,
- Erzielen von Kursgewinnen,
- Einflußnahme auf das Unternehmen, z. B. als Großaktionär.

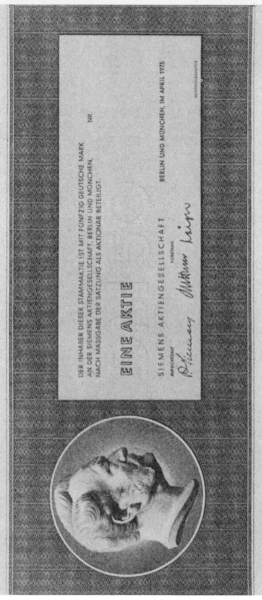

Abb. 2.3 *Siemensaktie*

Die wesentlichen Rechte des Aktionärs sind:

- Beteiligung am Gewinn (Dividendenrecht),
- Teilnahme an der Hauptversammlung,
- Stimmrecht in der Hauptversammlung,
- Auskunft durch den Vorstand,
- Bezug junger Aktien (Bezugsrecht),
- Anteil am Liquidationserlös.

Eine Aktiengesellschaft verfügt über folgende Organe:

Vorstand: der alleinig zur Geschäftsführung bestimmt und berechtigt ist und die AG nach außen vertritt; er wird durch den Aufsichtsrat bestellt.

Aufsichtsrat: Er überwacht die Geschäftsführung des Vorstandes und ist das Kontrollorgan der AG.

Hauptversammlung: Sie ist das beschlußfassende Organ der AG und besteht aus der Gesamtheit der Aktionäre.

Die Aufgaben der Hauptversammlung sind im wesentlichen:

- Wahl der Kapitalvertreter des Aufsichtsrats,
- Entlastung des Vorstands und des Aufsichtsrats,
- Beschlußfassung über die Verwendung des erwirtschafteten Gewinns.

Bei der Abstimmung über einen Punkt entscheidet die Mehrheit der Stimmen. Jede Aktie stellt eine Stimme dar, wodurch also der Aktionär um so mehr Einfluß hat, je mehr Aktien und damit Stimmen er besitzt.

Durch die Ausgabe von Aktien verschafft sich die Aktiengesellschaft das zu Finanzierungen benötigte Eigenkapital. Aktien dürfen nicht unter ihrem Nennwert ausgegeben werden, eine Ausgabe über pari ist möglich und üblich. Der Teil des Aktienpreises, der den Nennwert übersteigt (das Agio), wird in die Rücklagen eingestellt. Ist der Nennwert einer Aktie noch nicht voll eingezahlt, so müssen diese Aktien als Namensaktien behandelt werden. Von der AG wird ein Aktionärsbuch, ein Verzeichnis der Namensaktien und der zugehörigen Aktionäre, geführt.

Abb. 2.4   *Vorzugsaktie*

Aktiengesellschaften sind untereinander vielfältig und verschieden, und so gibt es auch Unterschiede bei den Aktien. Man kann differenzieren nach:

- Emittent oder Emittentengruppe,
- Branchen (z. B. »die Metallaktien«),
- Volkswirtschaften (z. B. »die Japaner«),
- Größe und Bedeutung der Unternehmen (»Standardwert«, »Spezialpapier«),
- Art der Übertragung (Inhaberaktie, Übertragung durch Einigung und Übergabe).

Neben den »*Stammaktien*«, die dem Inhaber die normalen Rechte verbriefen, werden von manchen AGs unter bestimmten Umständen »*Vorzugsaktien*« ausgegeben, die dem Aktionär zwar gewisse Vorrechte bei der Gewinnausschüttung einräumen, jedoch sein Stimmrecht einschränken oder gar ausschließen. Anlaß für eine solche Maßnahme kann das Bestreben sein, die Kontrolle über das Unternehmen zu behalten. Denn erst wenn die Vorzugsdividende mehrere Male nicht gezahlt wurde, lebt das Stimmrecht wieder auf. Gerade für Familienunternehmen ist die Vorzugsaktie eine Möglichkeit, Geld am Kapitalmarkt aufzunehmen und dennoch die Entscheidungsgewalt zu behalten. Beispiel siehe Abb. 2.4.

Benötigt eine Gesellschaft weiteres Eigenkapital, kann sie eine Kapitalerhöhung durchführen, die von der Hauptversammlung beschlossen werden muß. Das Unternehmen gibt dann *junge Aktien* heraus. Ist die Differenz zwischen dem Ausgabekurs der jungen Aktien und dem aktuellen Kurs der bisher emittierten Aktien nicht vernachlässigbar gering, so steht den Altaktionären ein Bezugsrecht zu. Dieses Recht wird auch an der Börse gehandelt. Mit ihm kann man je nach Bezugsverhältnis eine bestimmte Anzahl junger Aktien erwerben.

Eine besondere Art der Kapitalerhöhung ist die Kapitalberichtigung. Sie wird in Fällen erforderlich, wo das Unternehmen Rücklagen mobilisiert und in dividendenberechtigtes Kapital umwandelt. Die notwendig werdenden neuen Anteilsberechtigungen heißen: »*Berichtigungs*«-, »*Gratis*«- oder »*Zusatzaktien*«. Diese werden an die bisherigen Aktionäre gemäß ihren Anteilen ausgegeben. Dabei ändert sich natürlich der Wert des Unternehmens nicht, verteilt sich aber auf mehr Aktien. Das drückt deren Kurs.

Früher gab es in Deutschland nur Aktien mit einem Nennwert von DM 5 oder einem Vielfachen davon. Wegen der Einführung des Euro muß dieser Nennwert von DM auf Euro umgestellt werden. Weil es hierbei zu Rundungsdifferenzen kommt, die eine Kapitalberichtigung erforderlich machen würden, sind in Deutschland jetzt auch nennwertlose Aktien erlaubt. Dabei unterscheidet man echt und unecht nennwertlose Aktien.

Die echt nennwertlose Aktie lautet auf »Stück«. Hier fehlt jede Angabe über die Höhe des Betrages oder den Umfang der Beteiligung. Das Grundkapital der Gesellschaft ist variabel und richtet sich danach, wieviel Kapital auf die bestehenden Aktien eingezahlt ist.

Die unecht nennwertlose Aktie lautet ebenfalls auf Stück, es ist jedoch ein Quotient eingetragen, der angibt, wie hoch der Anteil der Aktie am Grundkapital ist. Das Grundkapital ist der Höhe nach bestimmt. Die unecht nennwertlose Aktie wird auch als »Quotenpapier« bezeichnet.

Eine Besonderheit ausländischer Aktien ist, daß mitunter keine Bardividende ausgezahlt wird, sondern Stockdividenden ausgegeben werden. Das sind junge Aktien aus einer Kapitalerhöhung, wobei das Kapital der Erhöhung die nicht ausgezahlte Dividende ist. Durch diese Technik wird die Liquiditätslage der Gesellschaft nicht beeinträchtigt.

2.3   Anleihen

2.3.1 Allgemeines zu festverzinslichen deutschen Anleihen

Anleihen verbriefen eine schuldrechtliche Verpflichtung und geben dem Inhaber den Anspruch auf die Rückzahlung und die Verzinsung des betreffenden Betrages. Das Forderungsrecht auf Rückzahlung kann der Inhaber des Wertpapiers auch im Falle eines Konkurses des Schuldners geltend machen. Die Motive für den Kauf festverzinslicher Wertpapiere sind:

● Kapitalverzinsung zu erhalten und
● Kursgewinne zu erzielen.

Die festverzinslichen Wertpapiere werden sowohl von Unternehmen als auch vom Staat emittiert, um sich damit Fremdkapital zu verschaffen. Je nach dem Emittenten spricht man von:

Begriff	Emittent
Staatsanleihe, Kassenobligationen	Bund sowie dessen Sondervermögen
Bundesschatzbriefe	Bund (Beispiel siehe Abb. 2.5)
Kommunalanleihen	Gemeinden und Gemeindeverbände (Beispiel siehe Abb. 2.6)
Pfandbriefe	Private und öffentlich-rechtliche Realkreditinstitute (Beispiel siehe Abb. 2.7)
Industrieobligationen	Industrieunternehmen
Bank- und Sparkassenobligationen	Banken und Sparkassen

Anstelle von »Obligation« verwendet man auch »Schuldverschreibung«, »Rente« oder »Anleihe« als synonyme Begriffe. Die Konditionen, mit denen eine Anleihe ausgestattet ist, sind sehr unterschiedlich und von der Lage des Kapitalmarktes abhängig: Verzinsung, Laufzeit, Tilgung und sonstige Kriterien variieren zum Teil erheblich.

Hier eine Kurzbeschreibung typischer Merkmale von Anleihen:

Die zugesicherte *Verzinsung* des Anleihebetrages, die Nominalverzinsung, ist ein wichtiges Kriterium der Anleihe, entscheidend jedoch ist die *»Rendite«*, die neben der Nominalverzinsung auch Kursgewinne bzw. -verluste bis zur Auszahlung mit einschließt. Zieht man von der Nominalverzinsung den durch die Steuer abfließenden Anteil ab und addiert dazu den (steuerfreien) Kursgewinn bzw. -verlust, so erhält man die *Nettorendite* oder *Rendite nach Steuern.*
Der Zeitpunkt der Zinszahlungen wirkt sich auf die Effektivverzinsung aus! Üblich sind nachschüssige Zahlungen (also erst nach

Verstreichen des Zinszeitraumes) mit jährlichem oder halbjährlichem Turnus, neuerdings aber auch quartalsweise.

Darüber hinaus gibt es Anleihen, bei denen die Zinsen in einer Summe am Ende der Laufzeit oder zu einem bestimmten Termin gezahlt werden, was jedoch selten ist. Eine Besonderheit bilden die »Zerobonds«. Bei diesen »Null-Kupon-Anleihen« erfolgt keine Zinsauszahlung. Hier ergibt sich die Rendite aus einem entsprechend hohen Unterschied zwischen Ausgabekurs und Nennbetrag-Rückzahlung (Einzelheiten hierzu siehe Ziffer 2.3.7).

Neben den kurzfristigen Geld- und Offenmarktpapieren mit *Laufzeiten* von drei Monaten bis zwei Jahren stehen die mittelfristigen Anleihen mit vier- bis fünfjähriger Laufzeit sowie die langfristigen Anleihen mit einer Laufzeit von über fünf Jahren. Was kurz-, mittel- und langfristig ist, findet man nirgendwo genau definiert, die obengenannten Angaben stellen die in der heutigen Praxis übliche Abgrenzung dar. Für den Anleger spielt die Gesamtlaufzeit aber meist eine untergeordnete Rolle; entscheidend ist die Restlaufzeit, also der Zeitraum bis zur Endfälligkeit der Anleihe.

Die *Tilgung*, also die Rückzahlung des Anleihebetrages, kann auf verschiedene Arten erfolgen, fließt aber immer mit in die Effektivverzinsung ein. Es lassen sich drei Tilgungsarten erkennen:

- Tilgung mit festem Tilgungsplan,
- Tilgung ohne Tilgungsplan,
- Endfällige Tilgung.

Tilgungen mit festem Tilgungsplan treten in zwei Formen auf: der Raten- und der Annuitätentilgung. Bei der *Ratentilgung* wird regelmäßig ein gleichbleibender Betrag der Anleihe zurückbezahlt. Da die Zinsen von der Restschuld berechnet werden, und diese durch die Ratenzahlungen kleiner wird, nimmt für den Emittenten im Laufe der Zeit die Belastung ab.

Bei der *Annuitätentilgung* dagegen wird ein über die gesamte Laufzeit gleichbleibender Betrag regelmäßig zurückbezahlt, der sich aus Zins- und Tilgungsanteil zusammensetzt.

Eine Tilgung ohne Tilgungsplan kann über Auslosung, Kündigung oder freihändigen Rückkauf erfolgen. Bei der *Auslosung* werden jährlich einige Serien regelrecht ausgelost. Die so ermittelten Anleiheserien werden dann zum Rücknahmekurs (meist 100 %) zurückgekauft. Bei der *Kündigung* kauft der Emittent die Anleihe

Abb. 2.5   Staatsanleihe Bund

Abb. 2.6   *Kommunalschuldverschreibung*

58

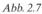
Abb. 2.7   *Bank-Pfandbrief*

zum Rücknahmekurs zurück. Der *freihändige Rückkauf* geschieht über die Börse: Dort kauft der Emittent die Anleihestücke zum Börsenkurs zurück.

Die *Tilgung bei Endfälligkeit* ist die am meisten verbreitete Form der Anleihentilgung. Am Ende der Laufzeit wird dem Eigentümer der Anleihe der Anleihebetrag zurückgegeben.

Manche Anleihen weisen besondere Eigenschaften auf wie:

● Mündelsicherheit,
● Deckungsstockfähigkeit.

Mündelsichere Papiere sind solche, die ein Vormund mit dem Geld des Mündels verzinslich anlegen muß. *Deckungsstockfähig* besagt, daß diese Papiere z. B. im Deckungsstock einer Versicherung angelegt werden dürfen.

Die Besicherung der Anleihen geschieht über:

● Bürgschaft des Landes oder des Bundes,
● durch Bildung von Deckungsmassen oder
● durch Negativklausel.

Die *Negativklausel* besagt, daß im Falle späterer Anleihen zur selben Sache der früheren eine gleichwertige Sicherheit im nachhinein eingeräumt wird.

Macht der Emittent von seinem Kündigungsrecht Gebrauch und bietet er gleichzeitig eine neue, niedriger verzinsliche Anleihe an, so spricht man von einer *Konvertierung* oder *Konversion*. Eine solche Aktion wird von einem Emittenten dann durchgeführt, wenn das Zinsniveau gegenüber dem Zeitpunkt der Anleihe stark gefallen ist und der Emittent sich zu den aktuellen, niedrigeren Zinsen verschulden möchte. Das Konvertierungsangebot muß vom Inhaber der alten Anleihe nicht angenommen werden. Eine Sonderform der Konvertierung bildet die *Staffelanleihe*. Hier gilt eine Zinsgleitklausel. Dies hat zur Folge, daß bei einer signifikanten Zinsveränderung die Nominalverzinsung der Anleihe automatisch an das aktuelle Zinsniveau angepaßt wird.

Eine *Konsolidierung* liegt vor, wenn die Reste mehrerer alter Anleihen zu einer neuen zusammengefaßt oder wenn kurz- oder mittelfristige Anleihen in eine längerfristige umgewandelt werden. Anleihen können sowohl einen festen Zins zu den Zinsterminen beziehen als auch variabel verzinslich ausgestattet sein. Bei variabel verzinslichen Anleihen wird in der Regel alle drei bis sechs Monate ein neuer Zins festgesetzt, der sich am dann aktuellen Zinsniveau orientiert. Bei Begebung der Anleihe wird in einem solchen Fall ein Referenzzinssatz wie z. B. der Euribor, der Interbankenzinssatz der im Euro-Währungsraum ansässigen Kreditinstitute, bestimmt und zu diesem eine genau spezifizierte Marge addiert. Durch die häufige Anpassung des Zinssatzes an das Marktniveau unterliegen variabel verzinsliche Anleihen nur einem sehr geringen Kursrisiko.

Obligationen mit Festzinssatz steigen dagegen in ihrem Kurswert, wenn das Zinsniveau für die entsprechende Restlaufzeit fällt: Diese Anleihen bieten jetzt eine unverändert hohe Nominalverzinsung, die bei neu emittierten Anleihen gleicher Laufzeit nicht mehr zu bekommen ist. Auf der anderen Seite verringert sich der Kurswert der Festzinsanleihen aber bei steigenden Zinsen.

2.3.2 Genußscheine

Der Genußschein ist ein Gläubigerpapier, das zusätzlich mit bestimmten Nebenrechten ausgestattet ist. Dies können Gewinnbeteiligung oder Beteiligung am Überschuß bei Liquidation sein. Trotz des Beteiligungsaspektes bleiben die Genußscheine reine Gläubigerpapiere, die keinerlei Mitgliedschaftsrechte wie Stimmrecht oder Teilnahme an der Hauptversammlung verbriefen.

2.3.3 Gewinnschuldverschreibungen

Die Gewinnschuldverschreibung ist ein Gläubigerpapier, das neben dem Anspruch auf Zins und Tilgung ein Anrecht auf gewinnabhängige Zusatzverzinsung verbrieft.

2.3.4 Wandelanleihen

Der Convertible Bond ist eine Anleihe, die dem Inhaber neben den Gläubigerrechten (aus der Anleihe) das Recht einräumt, die Anleihe anstelle der Tilgung in Aktien der Gesellschaft umzuwandeln. Das Wandlungsrecht ist unentziehbar und kann innerhalb eines bestimmten Zeitraumes geltend gemacht werden. Durch die Wandlung wird der Obligationär zum Aktionär, das Forderungsrecht wird in ein Mitgliedschaftsrecht gewandelt.

Die Ausgabe einer Wandelanleihe setzt eine bedingte Kapitalerhöhung voraus. Bedingung ist, daß eine Erhöhung des Grundkapitals nur dann und in dem Umfang erfolgt, wie Anleihen in
Aktien gewandelt werden. Durch die bedingte Kapitalerhöhung
erhält jeder Aktionär ein Bezugsrecht auf die Wandelschuldverschreibung. Der Aktionär muß es nicht selbst ausüben, er kann
es an der Börse verkaufen. Kaufen werden diejenigen, die die
Wandelanleihe zeichnen wollen, denn das Bezugsrecht berechtigt zum Kauf der Wandelanleihe. Die Wandelanleihe ist mit
einer festen, relativ niedrigen Verzinsung ausgestattet. Die
Tilgung erfolgt in Raten, endfällig oder durch Auslosung. Wird
die Serie ausgelost, so kann der Eigentümer sofort die Rückzahlung seines Kapitals oder die Wandlung in junge Aktien verlangen.

Bei den meisten Anleihen ist es innerhalb einer bestimmten Frist
direkt nach der Ausgabe der Wandelanleihe nicht möglich, von
seinem Wandlungsrecht Gebrauch zu machen, danach kann das
Umtauschrecht jederzeit ausgeübt werden. Wie viele junge Aktien
man für eine Wandelanleihe bekommt, wird durch das Umtauschverhältnis angegeben. Ein Umtauschverhältnis von 3:2 sagt aus,
daß man für drei Wandelschuldverschreibungen zwei Aktien erhält. In der Regel ist die Umwandlung noch mit einer Zuzahlung
verbunden, die von vornherein bekannt ist. Es kann auch vereinbart sein, daß sich die Zuzahlung von Jahr zu Jahr erhöht oder verringert. (Dies übt einen Einfluß darauf aus, wie schnell gewandelt
wird.) Grundsätzlich lohnt sich eine Umwandlung erst dann, wenn
der Börsenkurs der Aktien über dem Umtauschkurs plus Zuzahlung liegt. Dann ist der indirekte Erwerb der Aktien – über die
Ausübung des Wandlungsrechts – günstiger als der direkte Kauf
der Aktien an der Börse.

2.3.5 Optionsanleihen

Die Optionsanleihe ist eine Schuldverschreibung, die zusätzlich zu
den Forderungsrechten mit einem selbständigen Bezugsrecht,
dem *Optionsschein,* ausgestattet ist. Der Optionsschein ist ein
eigenständiges Wertpapier, das dem Inhaber das Recht einräumt,
diesen in eine bestimmte Anzahl Aktien zu einem bestimmten
Kurs innerhalb einer bestimmten Frist umzuwandeln. An der Börse werden die Optionsanleihen gehandelt:

- »cum«, d. h. Anleihe *mit* Optionsschein,
- »ex«, d. h. Anleihe *ohne* Optionsschein,
- Optionsschein *allein* (Warrant).

Der Börsenkurs des Optionsscheins richtet sich maßgeblich nach dem Börsenkurs der Aktien, zu deren Umtausch er berechtigt. Zum Optionsschein werden unter Punkt 5.5 mehr Erläuterungen gegeben.

2.3.6 Auslandsanleihen

Nicht nur der eigene Staat und die inländischen Unternehmen emittieren Anleihen. Auch ausländische Adressen sind am Kapitalmarkt zu finden und möchten Geld aufnehmen. Mit der Einführung des Euros sind viele Auslandsanleihen weggefallen, da die Zins- und Tilgungsleistungen von Emittenten im Euro-Raum jetzt in der gemeinsamen Währung gezahlt werden. Für die Börse zählen die nationalen Grenzen auf dem europäischen Kapitalmarkt also nicht mehr. Es gibt aber immer noch zwei Formen der Auslandsanleihe:

- die auf € lautende und in € zu bedienende Anleihe eines Emittenten, der nicht im Euro-Währungsgebiet ansässig ist,
- die auf ausländische Währung lautende und darin zu bedienende Anleihe eines ausländischen Emittenten.

Daneben treten auch Mischformen auf wie *Teilanleihen* oder *Parallelanleihen*. Dabei werden Teile einer Anleihe gleichzeitig in verschiedenen Ländern und Währungen aufgelegt. Sofern die Zins- und Tilgungszahlungen einer Anleihe in einer fremden Währung geleistet werden, entsteht ein Währungsrisiko.

Hinsichtlich Zinsen, Laufzeit, Tilgung und Eigenschaften gilt das bei inländischen Anleihen Gesagte gleichermaßen für die Auslandspapiere. Besondere Beachtung sollte man jedoch der Währungsrelation widmen. Ferner muß man sich darüber klar sein, wie sicher der Emittent und dessen Zins- und Tilgungszahlungen sind und wie die politischen, gesetzlichen und wirtschaftlichen Verhältnisse des Emittentenlandes erscheinen. Eine hohe Rendite muß auch hier mit verringerter Sicherheit bezahlt werden. Sonderformen der Anleihe sind neben Wandelschuldverschreibung und Optionsanleihe der Genußschein und die Gewinnschuldverschreibung.

2.3.7 Zerobonds

Zerobonds oder »Null-Kupon-Anleihen« sind eine spezielle Art von Anleihen.

Die Besonderheit der Zerobonds ist, daß die Zinszahlung nicht ausgeschüttet, sondern dem rechnerischen Wert (Kurs) der Anleihe zugeschlagen wird. Sie sind besonders interessant

- für konservative Anleger, die Steuerstundung anstreben, sowie
- für Spekulanten, die an überproportionalen Kursbewegungen interessiert sind.

Eine besondere Variante von Zerobonds sind die sogenannten »gestrippten Bonds«. Hier sind Brief (Hauptrecht) und Mantel (Zinsscheine) getrennt. Der gestrippte Bond besteht nur aus dem Brief, ihm fehlt der Mantel mit der Verzinsung.

Die Zerobonds sind eine relativ junge Anlageform, die 1981 auf den amerikanischen Markt kam. Die Laufzeiten liegen zwischen drei und 30 Jahren, die meisten Zeros laufen zwischen zehn und 15 Jahren.

Ein Pluspunkt des Zerobonds liegt in der Besteuerung der Erträge. So findet man die Zeros in vielen Steuermodellen und Vorsorgeplänen mit Wertpapieren wieder.

2.4 Termingeschäfte

An bestimmten Börsen, in Deutschland an der Eurex, können Interessenten mit unterschiedlichen Zukunftserwartungen und Zielsetzungen über die Entwicklung von Effekten und Finanzinstrumenten miteinander Terminkontrakte abschließen.

Die beiden Grundtypen dieser Konstruktion sind:

- *»Fixgeschäfte« (= »Futures«)* – sie binden beide Parteien an die Vereinbarung, ein bestimmtes Geschäft zu einem bestimmten Zeitpunkt und zu einem festgelegten Preis zu machen.
- *»Optionen«* – auch hier gilt: bestimmtes Geschäft und bestimmter Preis, aber hier hat der Käufer mehr Freiheiten. Er kann das Recht während der gesamten Laufzeit der Option ausüben, verkaufen oder am Ende verfallen lassen. Der Verkäufer *(= »Stillhalter«)* muß dem Verlangen des Käufers jederzeit nachkommen.

Für das Recht auf dieses Geschäft bezahlt der Käufer an den Verkäufer eine Prämie, den Future- bzw. Optionspreis.

Außerdem gibt es »*Optionsscheine*«, Wertpapiere, die aus der Optionsanleihe hervorgegangen und in ihrer Funktion den Optionen sehr ähnlich sind.
Den Eigenarten der Termingeschäfte ist in diesem Buch das 5. Kapitel gewidmet.

2.5 Edelmetalle

Während Metalle im allgemeinen nur in standardisierten, relativ großen Einheiten gehandelt werden, macht man bei einigen Edelmetallen eine Ausnahme und bietet sie in kleineren Stücken an. So ist es auch dem »kleinen Mann« möglich, sich einen physischen Bestand an Gold oder Silber anzulegen. Das wiederum verhilft diesen Edelmetallen zu einer Sonderstellung. Während nahezu alle Metalle über die Warenterminmärkte gehen, werden vorrangig Gold und Silber an vielen Effektenbörsen mitgehandelt.

Da Gold und Silber als besonders wertbeständige Anlagen gelten, genießen sie beim Publikum hohes Interesse. Die Nachfrage nach Gold steigt besonders in Krisensituationen, da es sich als ausgezeichnete Fluchtwährung etabliert hat. Ein Goldbarren ist relativ klein, kann also leicht transportiert und gelagert (versteckt?) werden, und der Wert des Goldes wird in allen Ländern der Erde anerkannt. Goldbarren besitzen einen direkten Substanzwert, damit ist Gold so etwas wie eine internationale Währung. Diese Eigenschaften machen das Gold zu einer idealen Krisenanlage.

Die Barreneinheiten, die derzeit bei deutschen Banken erhältlich sind, reichen von einem Gramm bis 12,5 kg. Oft stößt man bei Gold auf die Gewichtseinheit »Unze« oder »Feinunze«, das sind 31,1 Gramm.

Wer Gold in der Erwartung eines Goldpreisanstieges kauft, der sollte alternativ den Erwerb von Goldminenaktien betrachten. Es könnte der interessantere Weg sein, denn Goldminenaktien haben einen deutlich »längeren Hebel« bei der Veränderung des Goldpreises. Tritt der erwartete Goldpreisanstieg ein, so macht man mit dem Kauf von Goldminenaktien leicht den doppelt so hohen Gewinn wie beim Kauf von Goldbarren.

3. Wissenswertes über Kurse

3.1 Was sind Börsenkurse, und wie werden sie ermittelt?

Der Kurs bezeichnet den aktuellen Preis der Ware »Wertpapier« oder eines anderen Börsenobjektes. Er legt den Wert offen, der dem betreffenden Papier seitens der Kauf- oder Verkaufsinteressenten beigemessen wird.

Der zuständige Makler setzt den Kurs für sein Wertpapier anhand der vorliegenden Kauf- und Verkaufsaufträge so fest, daß möglichst alle vorliegenden Aufträge ausgeführt werden können. Es gilt das Prinzip des größtmöglichen Umsatzes. Wenn nicht alle Aufträge ausgeführt werden konnten, so erhält der Kurszettel einen entsprechenden Vermerk. Das der Kursermittlung zugrunde liegende Prinzip kann aus der Beispieltabelle in Abb. 3.1 ersehen werden:

	Kurs/ Limit DM	Kaufaufträge		Verkaufsaufträge		Anzahl der realisierbaren Aufträge
		Stück je Limit	Stück kumul.*	Stück je Limit	Stück kumul.*	
1	bestens	–	–	100	100	0
2	200	30	260	10	110	110
3	202	10	230	0	110	110
4	205	20	220	25	135	135
5	206	10	200	0	135	135
6	208	10	190	0	135	135
7	**210**	**40**	**180**	**20**	**155**	**155**
8	215	30	140	25	180	140
9	217	0	110	12	192	110
10	219	0	110	10	202	110
11	220	10	110	50	252	110
12	billigst	100	100	–	–	0

Abb. 3.1   * kumuliert

Kumulation:

● Kaufaufträge in Richtung niedrigerer Kurse kumuliert (nach oben),

● Verkaufsaufträge in Richtung höherer Kurse kumuliert (nach unten).

Der Makler wird im Beispiel den Kurs auf 210 DM festsetzen, weil er mit 155 Stück die höchstmögliche Zahl von Aufträgen realisieren kann, mehr als zu jedem anderen Kurs. Allerdings werden 25 Kaufaufträge unberücksichtigt bleiben müssen.
Kurse werden »notiert«. Dabei unterscheiden wir zwei Notierungsarten:

● Kassa- (= Einheits-)Kurse und
● variable (= fortlaufende) Notierungen.

Der *Kassa- oder Einheitskurs* wird in einer Auktion für Aufträge ermittelt, die nur einen geringen Umsatz ausmachen.
Für diese Geschäfte wird an jedem Börsentag zu festgelegten Zeiten aufgrund der vorliegenden Aufträge ein Einheitskurs festgesetzt.
Zu diesem Kurs werden dann *alle* Kauf- und Verkaufsaufträge ausgeführt, vorausgesetzt, es steht dem kein Limit entgegen.
Wesentlich flexibler, weil der jeweiligen Marktlage nachkommend, sind die *fortlaufenden* oder *variablen Notierungen.* Hierbei werden während der gesamten Börsenzeit laufend die Kurse für das bestimmte Wertpapier wie oben erläutert ermittelt, heutzutage natürlich per Computer.

3.2 Veröffentlichungen über Kurse und Tendenzen

3.2.1 Börsenbericht

Die allgemeine Tendenz an der Börse findet Niederschlag im täglichen Börsenbericht. Hier findet man knappe, aber präzise Angaben zum Tagesgeschehen.
Im Beispiel Abb. 3.3 schildert die Frankfurter Allgemeine Zeitung die Situation.
In Börsenberichten werden oftmals Begriffe benutzt, die teilweise ihre börsenspezifische Bedeutung haben:

Begriff	Bedeutung im Börsengeschehen
Hausse:	Sehr starke Kurssteigerungen um etwa 10 % des Kurswertes, anhaltender Kursanstieg
Fest:	Gewinne von ca. 2–5 % des Kurswertes
Anziehend:	Gewinne bis ca. 2 % des Kurswertes
Freundlich:	Kleine Kursgewinne, zunehmende Nachfrage
Erholt:	Steigende Kurse nach einem Rückgang
Gehalten, behauptet:	Trotz starkem Angebot nur kleine Verluste
Lustlos:	Kaum Nachfrage, geringe Umsätze
Abbröckelnd:	Kurse gehen stetig leicht zurück
Leichter, nachgebend:	Kursverluste bis etwa 1 % des Kurswertes
Schwächer:	Bis ca. 2 % Kursverluste
Schwach:	Etwa 3–5 % Kursrückgänge
Baisse:	Verluste von über 5 %, anhaltender Kursrückgang

3.2.2 Aktienkurszettel

Neben diesen Tendenzaussagen, die die gesamte Börse betreffen, gibt es zu jeder einzelnen Aktie noch Anmerkungen. Die wichtigsten Kürzel sind in der folgenden Tabelle zusammengefaßt.

Bezeichnung	Erklärung
G Geld	Nur Nachfrage. Umsätze wurden nicht getätigt. Es wird das höchste Limit der vorliegenden Kaufaufträge als (Geld-) Kurs notiert.
B Brief	Nur Angebot, keine Umsätze getätigt. Es wird das niedrigste Limit der vorliegenden Verkaufsaufträge als (Brief-) Kurs notiert.
b (bez) bezahlt	Angebot und Nachfrage waren ausgeglichen. Umsätze fanden statt. Es wurden ausgeführt: a) *Kaufaufträge:* unlimitierte, zum notierten Kurs oder höher limitierte. b) *Verkaufsaufträge:* unlimitierte, zum notierten Kurs oder niedriger limitierte. Zum festgesetzten Kurs lagen keine weiteren Kauf- und Verkaufsaufträge vor.
bG bezahlt Geld	Umsätze fanden statt. Zum notierten Kurs bestand noch weitere Nachfrage. Es wurden ausgeführt: a) *Kaufaufträge:* unlimitierte und höher limitierte voll, zum Kurs limitierte zum Teil. b) *Verkaufsaufträge:* unlimitierte, zum Kurs oder niedriger limitierte.
bB bezahlt Brief	Umsätze fanden statt. Zum notierten Kurs lag noch weiteres Angebot vor. Es wurden ausgeführt: a) *Kaufaufträge:* unlimitierte, zum Kurs und höher limitierte. b) *Verkaufsaufträge:* unlimitierte und niedriger limitierte voll, zum Kurs limitierte zum Teil.
ebG etwas bezahlt Geld	Es fanden geringe Umsätze statt. Die zum festgestellten Kurs limitierten Kaufaufträge konnten nur zu einem geringen Teil ausgeführt werden. Es wurden ausgeführt: a) *Kaufaufträge:* unlimitierte und höher limitierte wurden voll ausgeführt, von den zum notierten Kurs limitierten nur ein Teil. b) *Verkaufsaufträge:* alle unlimitierten, zum Kurs oder niedriger limitierten.
ebB etwas bezahlt Brief	Es fanden geringe Umsätze statt. Die zum festgestellten Kurs limitierten Verkaufsaufträge konnten nur zu einem geringen Teil ausgeführt werden. Es wurden ausgeführt: a) *Kaufaufträge:* alle unlimitierten zum Kurs oder höher limitierten. b) *Verkaufsaufträge:* unlimitierte und niedriger limitierte voll, von den zum Kurs limitierten nur ein kleiner Teil.

Bezeichnung		Erklärung
ratG	rationiert Geld	Die zum Kurs und darüber limitierten Kaufaufträge konnten nur beschränkt ausgeführt werden. a) *Kaufaufträge*: unlimitierte, zum notierten Kurs oder höher limitierte alle nur teilweise. b) *Verkaufsaufträge:* unlimitierte, zum Kurs oder niedriger limitierte.
ratB	rationiert Brief	Die zum Kurs und niedriger limitierten sowie die unlimitierten Verkaufsaufträge konnten nur beschränkt ausgeführt werden. a) *Kaufaufträge*: unlimitierte, zum notierten Kurs oder höher limitierte. b) *Verkaufsaufträge:* unlimitierte, zum Kurs oder niedriger limitierte alle nur teilweise.
*	Sternchen	Kleine Beträge konnten nicht gehandelt werden.
–	gestrichener Kurs	Keine Umsätze: es liegen keine Aufträge vor, ein Kurs konnte nicht festgestellt werden.
–G	gestrichen Geld	Ein Kurs konnte nicht festgestellt werden, da überwiegend Nachfrage bestand.
–B	gestrichen Brief	Ein Kurs konnte nicht festgestellt werden, da überwiegend Angebot bestand.
T	Taxe	Es fanden keine Umsätze statt, der Kurs ist geschätzt.
ex D oder ex Div.	ausschließlich Dividende	Kursnotiz am Tage des Dividendenabschlages.
ex B oder ex Bez.	ausschließlich Bezugsrecht	Kursnotiz am Tage des Bezugsrechtsabschlages.

Abb. 3.2

Auf den folgenden Seiten finden sich Beispiele zu Aktienkurszetteln aus verschiedenen Tages- und Wochenzeitungen.

Verbesserte Konjunkturaussichten beleben

Ein überraschender Anstieg des Ifo-Geschäftsklimaindex hat am Mittwoch die Talfahrt bei den deutschen Standardwerten gestoppt. Händler sagten, die Ifo-Zahlen hätten den Markt aus seiner zuvor negativen Stimmung herausgerissen. Es sei aber zu früh, um von einer Trendwende am Markt zu sprechen. Der Deutsche Aktienindex Dax schloß mit 5220 Punkten leicht über dem Vortagesniveau. Im frühen Handel war der Dax nach den schwachen Vorgaben der Wall Street bis auf 5142 Zähler gefallen.

Größter Tagesverlierer waren die Aktien von MAN, die zeitweilig auf das Jahrestief von 22,80 Euro absackten. Am Vormittag hatte der Maschinenbau- und Nutzfahrzeug-Konzern neben der Vorlage enttäuschender Quartalszahlen eine Warnung abgegeben, daß der Gewinn im Gesamtjahr 2001 unter den Erwartungen liegen dürfte. Susanne Schwartze, Analystin bei M.M. Warburg in Hamburg, sagte, vor allem das Geschäft mit Nutzfahrzeugen sei deutlich schwächer ausgefallen als erwartet. Unterdessen waren die Titel der Lufthansa einer der Favoriten des Tages. Der Flugkonzern hatte Zahlen vorgelegt,

die im Rahmen der Erwartungen lagen. Größter Gewinner unter den Dax-Titeln war die Deutsche Post, die 4 Prozent zulegte. Von den verbesserten Konjunkturaussichten profitierten die Auto-Werte. Daimler-Chrysler und BMW verbuchten Tagesgewinne.

Hingegen ist die Aktie der Deutschen Telekom im Lauf des Nachmittags unter Verkaufsdruck geraten und unter den Schlußstand des ersten Handelstages am 18. November 1996 gefallen. Laut Presseberichten – die von der Telekom allerdings zurückgewiesen wurden – steht der geplante Verkauf des Kabelfernsehnetzes an Liberty Media in Frage.

Die Aktien der Allianz lagen 0,8 Prozent im Minus bei 309 Euro. Einem Magazinbericht zufolge will der Konzern die neu gebildete Großkundensparte der Dresdner Bank mittelfristig wieder abgeben. Der Bereich „Corporates & Markets", der durch die Zusammenlegung des Firmenkundengeschäfts und des Investmentbankings entsteht, solle nach einer Übergangszeit von drei bis vier Jahren entweder verkauft oder an der Börse plaziert werden, berichtet das Magazin vorab, allerdings ohne Quellen zu nennen. Sprecher von Allianz und Dresdner Bank lehnten ei-

DEUTSCHE POST

nen Kommentar zu dem Bericht ab. In Hamburg, Bremen und München zeigten sich die Regionalwerte uneinheitlich. *(bf.)*

Bezugsrechte (Konditionen und Kurse): Allgäuer Alpenwasser (Bez.-Frist 16.8.-3.9.), 10 zu 3 : 3 Euro, 0,30 Euro. TAG Tegernsee (Bez.-Frist 13.8.- 5.9.), 4 zu 1 : 42 Euro, 0,14 Euro.

Abb. 3.3

Inländische Aktien

Emittent WKN W-Typ [Dividende/Nominal] Börsenkap. Kennzeichen

Börse	Letzter	Vortag	T-Hoch/T-Tief	Ums./St.
Alle Börsen			HT seit 2. 1. 01	Gesamt

A

A.A.A. Allg.Anlagev. 722800 [**30.8.**/DEM50] 12,37

Fr	6,45	6,45	6,45 / 6,25	200
Fr		Xe	6,45 / 4,–	200

Aach.Straßenbahn 820000 [DEM0,20▶ex3.7.01/r2,56] 39,98

Dü	17,– -T	17,– -T	17,– / 17,–	0
Bl:	Dü		24,– / 11,–	0

Aach.u.Münch.Lebensvers. 845392 [DEM22,35▶ex24.5.01/ r25,56] 262,94 Ü

Fr	415,– -BT	425,– -BT	415,– / 415,–	0
Bl	Dü Fr Hb:		Xe	455,– / 325,–	0

Aach.u.Münch.Vers. 841080 vNA [DEM25,–ex3.4.01/r28,13] 346,03

Fr	300,– B	305,–	300,– / 300,–	0
Bl	Dü Fr Hb	Mü	Xe	320,– / 221,–	0

ABB 529100 [7,16ex12.4.01/r25,56] 1.657,65 Ⓛ

Fr	253,–	250,–	253,– / 253,–	68
Bl	Br:	Fr	Hb: Hn: Mü:	Xe	339,– / 188,–	68

Achterbahn 500740 [HV3.8.01/r1] 71,22 ⊖

Fr:	26,98	27,– bB	26,98 / 25,–	2.654
Xe:	24,50	27,50	24,50 / 24,50	29
Bl	Dü: Fr: Hb:	Mü: St: Xe:	28,– / 15,–	3.280

Abb. 3.4

Quelle: Börsenzeitung

72

Kursteil Aktien

Erläuterungen:

Der Kursteil enthält in den Abschnitten In- und Ausländische Aktien, Genußscheine und Aktienoptionsscheine alle Notierungen des Amtlichen Handels sowie alle Preise des Geregelten Markts, des Neuen Markts und des Freiverkehrs aller Börsen.

Die Abschnitte werden wie folgt sortiert: nach Emittent, Wertpapiertyp und ISIN (Int. Wertpapier-Kenn-Nummer) aufsteigend.

Zum Kursteil Aktien erscheinen ergänzend zweimal jährlich (Juni und Dezember): "Erläuterungen zum Kursblatt der Börsen-Zeitung – Aktien –."

Namenszeile des Aktienkursteils: Ü = Unternehmen hat Übernahmekodex der Sachverständigenkommission anerkannt. Nach dem Namen der Gesellschaft und dem Wertpapiertyp (ohne Kennzeichnung = Aktien) folgen: ■ = Eurex-Deutschland-Wert, ● = Dax- und Xetra-Wert, ○ = MDax- und Xetra-Wert, ① = Nemax 50-Wert, ◐ = Smax-Wert ☉ = Euro-Stoxx/Stoxx 50 u. Xetra-Wert, ⊿ = Xetra-Wert, Wertpapier-Kenn-Nummer und das Börsen-Kürzel.

In eckiger Klammer werden aufgeführt: [letzte Dividende, Ex- bzw. HV-Termin + Dividendenscheinr.; V = Div.-Vorschlag und Tag der bevorstehenden HV; a.o. = außerordentliche HV; ► = Div. für freie bzw. Minderheitsaktionäre; ★ = Div. auf das berichtigte Kapital; ◆ = wahlweise Bonusaktien].

In runder Klammer folgen: Stückzahl der emittierten nennwertlosen Stückaktien pro Gattung oder bei Aktien mit Nennwert der Nominalwert bzw. die Anzahl der in Deutschland notierten Titel dieser Gattung; Nennwert je Stück/Kursnotiz oder kleinste handelbare Einheit bei Prozentnotiz; △ = Vorzugsaktien der Gesellschaft nicht notiert; "bed." bzw. "res." = bedingtes bzw. reserviertes Kapital. Z = Zwischenbericht mit Ausstellungs- bzw. Berichtsmonat gem. Bekanntgabe durch die Heimatbörse.

Börsenplätze und Art der Notierung: Genaue Angaben zum Mindestschluß, insbesondere bei ausländischen Aktien, Genuß- und Optionsscheinen, siehe in den Erläuterungen zum Kursblatt der Börsen-Zeitung (Teilausgaben Aktien bzw. Optionsscheine). Freiverkehr der Börsen Frankfurt (nur ausländische Aktien) und Hamburg: Tages- und Vortageskursspalten enthalten jeweils keine Notierung, da keine Einheitspreise festgestellt werden.

Kurse: Bei fehlendem Tageskurs/-preis wird der Vortages- oder der zuletzt gelieferte Kurs/Preis in der Spalte "Letzter" veröffentlicht. Das Entstehungsdatum dazu steht in der Spalte "Kassa". Sie werden in DM pro Stück des kleinsten Nennwerts notiert. In der runden Klammer wird ggfs. die abweichende Währung des Nennwerts genannt; "%Not." weist auf prozentnotierte Aktienwerte hin.

Die Kursveröffentlichung erfolgt im Anschluß an die Stammdateninformationen und wird in den folgenden Zeilen fortgesetzt.

Höchst-/Tiefstkurse: Diese werden in der Namenszeile ganz rechts aufgeführt und sind errechnet aus den Einheitskursen (amtl.) und Preisen des Geregelten Markts und des Freiverkehrs aller Börsen; eine Bereinigung erfolgt bei Kapitalveränderungen und Notizumstellungen unter Beachtung des Dividendenvor- und -nachteils; jeweils zum 1.4. wird die Basis umgestellt. Höchst-/Tiefstkurse des Vorjahres sind in Euro umgerechnet.

Börsenplätze und Art der Notierung: Amtliche Notierung: Kennzeichnung in fetter Schrift, BI= Berlin, Br= Bremen, Dü= Düsseldorf, Fr= Frankfurt, Hb= Hamburg, Hn= Hannover, Mü= München, St= Stuttgart, Xe= Xetra.

Geregelter Markt: Kennzeichnung in fetter Schrift mit Doppelpunkt, z.B. BI:= Berlin.

Neuer Markt Frankfurt: Kennzeichnung in fetter Kursivschrift ohne Doppelpunkt, z.B. *Fr.*

Freiverkehr: Kennzeichnung in fetter Kursivschrift mit Doppelpunkt, z.B. *Dü:*= Freiverkehr Düsseldorf.

Kurse: Die Kursnotierungen erfolgen ab 4.1.1999 in Euro. **Kursteil Aktien:** Es werden Eckdaten gem. der Überschrift des Spaltenkopfs veröffentlicht.

Kommen in Xetra keine Umsätze zustande, so entfällt die Veröffentlichung des gesamten Börsenplatzes.

Komplette Kursinformationen über alle Wertpapiere und Börsenplätze stehen im Internet unter der Adresse: http://www.boersen-zeitung.com. Es sind alle Kurse/Preise aller an den acht deutschen Wertpapierbörsen gehandelten Aktien, Optionsscheine und Festverzinsliche Wertpapiere abrufbar. Die Kursketten der variablen Notierungen werden mit Zeitstempel dargestellt.

Kurszusätze: b oder ohne Zusatz (bei fortlfd. Notierungen) = bezahlt; G = Geld; B = Brief; bG bzw. bB = bezahlt Geld bzw. Brief; ratG bzw. ratB = rationiert Geld bzw. Brief; ebG bzw. ebB = etwas bezahlt Geld bzw. Brief; ★ = kleine Beträge ohne Umsatz; – – = Kurs gestrichen; –G bzw. –B = Kurs gestrichen Geld bzw. Brief; –T = gestrichen Taxe; –GT = gestrichen Geld/Taxe; –BT = gestrichen Brief/Taxe;

Hinweise: ex A = ex Aus schüttung; ex BA = ex Berichtigungsaktien; ex BR = ex Bezugsrecht; ex D = ex Dividende; ex AZ = ex Ausgleichszahlung; ex BO = ex Bonusrecht; ex abc = ex versch. Rechte; ex SP = ex Split; C = Kompensationsgeschäft; H = Hinweise. ■ = der Kurs wurde berichtigt; ausg. = Notierung ausgesetzt.

Abb. 3.5   Quelle: Börsenzeitung

Aktienkurse aus aller Welt

Deutschland

Umsätze der 30 DAX-Werte Börse Frankfurt

Dax-Index 4.08.: 5799,88 (28.07.: 5880,14)   MDax-Index 4.08.: 4569,01 (28.07.: 4704,98)

Höchst/Tiefst 1996	Ultimo-kurs 1997	Max. Streu-besitz	28.07.	4.08.	Name (Branche, Stückzahl)	Letzte Divi-dende 1996	95/96 1996	96/97 1997	97/98 1998	98/99 1999	Letztes Bezugs-recht	Kurs-chance
281-172	–	34%	235,0	224,5	1&1 (Dienstleister, 5)		1,60	2,30	2,90	3/98	B−
331-228	236,6	69%	247,5	265,0	adidas-Salomon (Sportart., 5)	1,65	6,93	10,25	Vert.	15,20	11/95	B
55-31	34,0	40%	52,7	46,0	AGIV (Holding, 5)	1,00	0,20	2,20	3,00	3,00	9/93	A−
384-281	210,0	40%	358,0	354,0	Alxtron (Halbleiter)			1,28	2,30	3,30	6/98	B−
680-457	466,0	45%	653,0	641,0	Allianz (Vers.-Holding, 5)	1,90	9,09	10,15	10,90	12,00	3/98	B−
157-121	123,5	49%	132,8	128,3	Altana (Diätet., 5)	1,60	4,25	5,10	6,00	7,30	11/93	B−
255-193	196,5	33%	232,0	254,9	AMB Nam. (Versich., 5)	1,70	7,10	8,35	8,40	8,70	2/94	B−
148-100	–	50%	124,6	124,0	Augusta Bet. (Info.techn., 5)			1,50	3,60	4,17	5/98	C
735-469	463,5	19%	648,0	635,0	AVA (Handel, 50)	0,00	7,50	7,90	14,10	25,50	1/92	B
280-153	122,0	25%	262,0	239,0	Axa Colonia St. (Versich.)	2,00	8,75	10,20	10,20	11,10	1/95	A−
236-149	172,0	100%	201,0	184,0	dgl. Vz.	2,10	9,75	10,20	10,20	11,10	1/95	A−
49-35	39,6	23%	36,6	34,8	Bankges. Berlin (5)	1,10	Vert.	2,50	2,50	3,00	6/94	B−
93-60	63,8	88%	81,9	70,9	BASF (Chemie)	2,00	4,40	4,51	5,75	7,00	9/85	A−
97-64	67,2*	95%	83,5	80,3	Bayer (Chemie)	1,90	3,75*	4,05*	4,50	4,75	1/86	A−
138-83	87,8	20%	123,5	125,2	Bayerische Hypobank (5)	1,45	2,40	3,04	5,20	6,20	9/94	B+
184-110	117,7	79%	165,3	167,0	Bayerische Vereinsbank (5)	1,60	2,83	3,21	5,20	6,20	10/97	B
126-75	78,0	30%	121,0	111,0	Beiersdorf (Kosmetik, 5)	1,00	2,63	2,72	3,10	3,80	8/96	B
124-61	67,0	30%	104,0	101,6	Bertrandt (Autozulief., 5)	0,80	1,64	1,22	2,10	2,70	10/96	B
89-52	144,5	63%	53,0	52,6	Beta Systems (Comp.)			2,28	3,03	3,66	7/96	B−
92-51	54,4	25%	81,5	71,0	BEWAG (Elektrizität, 5)	1,00	2,22	2,29	2,36	2,50	10/83	B
87-49	51,0	60%	85,5	83,9	BHF-Bank (5)	1,45	1,74	1,90	2,20	3,10	1/94	B
34-29	29,5	30%	30,9	30,1	BHW (Bauspar 5)	0,95	1,23	1,29	1,45	1,85	4/97	B−
1966-1008	1345	39%	1752	1636	BMW St. (Auto, 50)	20,00	48,70	69,20	72,50	90,90	6/98	B
1290-706	919,0	39%	1075	995,0	dgl. Vz. (50)	21,00	48,70	69,20	72,50	90,90	6/98	B
925-805	806,0	65%	690,0	860,0	Buderus (Heizungstechn., 50)	22,00	47,00	46,00	50,00	53,00	6/02	B
295-185	–	36%	197,0	210,0	CE Computer Equipment (5)			0,37	3,00	4,21	4/98	B−
384-219	–	40%	277,5	265,0	Cenit (Software, 5)			1,98	4,05	4,80	9/98	B
76-64	70,8	96%	68,9	66,3	Commerzbank	1,50	2,98	2,46	3,70	3,90	10/97	B
63-40	39,7	52%	82,1	58,5	Continental (Reifen, 5)	0,70	2,32	2,64	4,00	4,80	10/47	B
203-117	126,2	50%	182,3	177,5	Daimler-Benz (Auto, 5)	21,60	5,37	6,15	6,90	6,20	6/98	B
825-588	580,0	19%	752,0	760,0	DBV-Winterthur (Holding, 50)	12,00	31,46	39,00	54,00	48,00		B
120-90	90,0	61%	112,0	111,5	Degussa (Chemie/Pharma, 5)	1,80	3,90	4,40	5,55	6,15	9/32	B−
157-108	106,6	48%	154,5	156,6	DePfa-Bank (Hypobk., 5)	1,50	5,12	6,35	7,35	7,95	3/96	B−
140-90	105,0	83%	134,6	126,0	Deutsche Babcock (Masch., 50)	0,00	Vert.	Vert.	2,25	4,15	3/97	B
163-109	127,0	95%	146,3	137,8	Deutsche Bank **	1,80	4,44	1,07	8,70	7,20	3/97	B
55-31	33,9	26%	51,9	51,0	Deutsche Telekom (5)	1,20	1,13	1,43	1,60	1,84	10/96	B
27-12,5	13,2	50%	24,8	24,0	Deutz (Motor./Anlageb., 5)	0,00	Vert.	0,29	1,60	2,10	7/95	B
354-190	205,0	75%	345,0	348,5	DLW (Linoleum, 50)	5,00	Vert.	8,40	19,00	22,00	6/93	B
103-52	54,3	43%	82,5	62,6	Douglas Hold. (vorm. Hussel,5)	7,40	2,95	3,75	3,57	4,06	7/98	B
113-75	83,0	56%	105,5	105,0	Dresdner Bank	1,55	2,87	2,99*	0,76	0,90	9/97	B
77-53	59,3	20%	65,1	61,0	Dürr (Lackieranlagen, 5)	1,50	2,50	3,41	4,20	4,80	6/92	B
670-490	508,0	49%	631,0	645,0	Dyckerhoff St. (Zement, 50)	14,00	43,00	48,63	53,50	58,00	7/86	B
788-475	475,0	49%	705,0	730,0	dgl. Vz. (50)	14,00	43,00	48,63	53,60	58,00	7/96	B
380-220	–	36%	323,5	318,0	Ergo Versicherung (5)	1,50	5,74	7,61	7,80	8,20	2/98	B−
315-237	244,0	56%	257,0	257,0	Escada St. (DOB, 50)	7,30	16,11	20,26	24,20	25,00	6/91	B
300-208	203,0	71%	250,0	252,0	dgl. Vz. (50)	8,00	18,11	20,26	24,20	26,90	6/91	B
31-22	23,8	93%	26,8	25,2	FAG Kugelfischer (Kugelf., 5)	0,60	1,75	1,92	2,05	2,25	9/98	B−
70-36	40,3	64%	62,0	61,0	Fielmann Vz. (Optik, 5)	1,20	2,62	1,00	1,90	2,10	9/94	B
400-288	303,0	17%	302,0	297,0	Fresenius St. (Pharma, 5)	2,10	7,05	10,65	12,20	15,20	4/97	B
439-309	331,0	100%	335,0	317,0	dgl. Vz. (5)	2,00	7,05	10,65	12,20	15,20	4/97	B
144-106	119,5	12%	111,0	106,0	Fresenius Medical Care St. (5)	1,00	1,03§	1,165	1,805	2,025	–	B
114-80	97,0	100%	83,8	81,5	dgl. Vz. (5)	1,10	1,03§	1,165	1,805	2,025	–	B
81-61	68,0	25%	90,0	81,0	Gea St. (Maschinenbau)	1,20	3,02	4,53	4,58	5,62	3/94	B
76-57	58,2	100%	66,5	61,0	dgl. Vz.	1,30	3,02	4,53	4,58	5,62	3/94	B
108-91	90,0	39%	101,0	106,2	Gehe (Pharmazie, 5)	1,30	3,75	4,20	4,80	5,10	6/93	B
29-24	25,1	39%	26,0	25,3	Gerresheimer Glas (5)	0,40	2,25	0,80	1,00	1,40	3/96	B
177-93	98,0	61%	160,0	155,0	Gildemeister (Masch., 50)	0,00	Vert.	6,16	7,00	8,00	2/98	B
650-470	436,0	90%	583,0	620,0	Grohe Vz. (Sanitär, 50)	21,00	27,20	30,90	35,00	38,00	–	B
257-142	168,0	30%	229,0	241,0	Hannover Rück (Versich., 5)	3,15	6,06	6,60	7,70	9,00	9/97	B−
170-94	99,0	15%	152,0	140,0	Heidelberger Druck (5)			5,99	7,88	9,00	2/98	B

* bezogen auf 5-DM-Aktie; ** Ergebnis je Aktie nach IAS; *** BA 1:1; Douglas: 10:1,32,50

Abb. 3.6   Quelle: Effecten-Spiegel

NYSE COMPOSITE PRICES

2000 High	Low	Stock	Div	Yld %	P/E	Vol 100s	High	Low	Close Quote	Ch'ge Prev. Close

- T -

2000 High	Low	Stock	Div	Yld %	P/E	Vol 100s	High	Low	Close Quote	Ch'ge Prev. Close
$32\frac{15}{16}$	18	TCF Financ x	0.85	2.7	14	695	$32\frac{3}{16}$	$31\frac{3}{4}$	$31\frac{13}{16}$	$-\frac{1}{4}$
65	$39\frac{3}{4}$	TRW x	1.32	2.6	8	2969	$51\frac{7}{16}$	$49\frac{15}{16}$	$50\frac{3}{4}$	+1
$56\frac{1}{4}$	$27\frac{3}{16}$	TaiwSemi				13327	$35\frac{1}{8}$	$34\frac{7}{16}$	$35\frac{1}{8}$	$+1\frac{7}{16}$
65	$28\frac{1}{4}$	Talbots	0.56	0.9	26	933	$62\frac{13}{16}$	$61\frac{1}{4}$	$62\frac{9}{16}$	$+\frac{7}{8}$
40	14	TrgtCp x	0.22	0.8	19	67678	$26\frac{5}{16}$	$25\frac{13}{16}$	$26\frac{1}{16}$	$+\frac{1}{16}$
$12\frac{5}{8}$	$9\frac{3}{4}$	Taubmn	0.98	9.0		438	$11\frac{1}{16}$	$10\frac{15}{16}$	$10\frac{15}{16}$	$-\frac{1}{8}$
27	13	TDWths♣			39	3860	$18\frac{7}{8}$	$17\frac{5}{8}$	$18\frac{7}{8}$	$+1\frac{5}{16}$
$151\frac{1}{2}$	$89\frac{1}{8}$	TDK Corp A	0.37	0.3	39	10	$144\frac{5}{8}$	$144\frac{5}{16}$	$143\frac{3}{8}$	$-\frac{5}{8}$
$25\frac{9}{16}$	$17\frac{1}{4}$	TecoEngy	1.34	5.3	15	2413	$25\frac{3}{16}$	$25\frac{1}{16}$	$25\frac{3}{16}$	$-\frac{1}{16}$
$87\frac{5}{16}$	$34\frac{3}{8}$	Tktrmx	0.48	0.7		5122	$67\frac{1}{4}$	64	$66\frac{11}{16}$	$+2\frac{1}{2}$
98	$47\frac{7}{8}$	TelCntSul	1.09	1.3		1193	$77\frac{1}{4}$	$73\frac{3}{4}$	$76\frac{5}{8}$	$+1\frac{3}{8}$
$49\frac{11}{16}$	$28\frac{5}{8}$	TeleDa	0.49	1.6	34	141	$30\frac{7}{8}$	$29\frac{5}{8}$	30	$-\frac{1}{16}$
$29\frac{9}{16}$	$14\frac{5}{8}$	TelNrtLes	0.33	1.2		9697	$27\frac{3}{8}$	$26\frac{3}{8}$	$27\frac{5}{16}$	$+\frac{7}{16}$
$63\frac{1}{8}$	$23\frac{7}{8}$	TelSudste x	0.21	0.8		298	$26\frac{5}{8}$	$25\frac{11}{16}$	$26\frac{1}{8}$	$+\frac{11}{16}$
$168\frac{5}{16}$	$84\frac{1}{4}$	Telbrs	2.11	2.2		5045	$96\frac{7}{16}$	$93\frac{11}{16}$	96	$+1\frac{1}{8}$
$46\frac{3}{4}$	22	TelArgtna	1.36	6.1		2384	$22\frac{5}{8}$	$22\frac{3}{8}$	$22\frac{7}{16}$	$+\frac{1}{16}$
$203\frac{1}{2}$	$118\frac{1}{8}$	Telcmlt	2.10	1.7	65	260	$126\frac{7}{8}$	$124\frac{13}{16}$	$126\frac{1}{16}$	$-1\frac{7}{16}$
$94\frac{15}{16}$	$53\frac{3}{16}$	TeleEspSA	0.87	1.3	50	23702	$68\frac{1}{16}$	$64\frac{1}{16}$	$64\frac{7}{8}$	$-4\frac{5}{16}$
$39\frac{1}{2}$	$26\frac{1}{8}$	Telflx	0.60	1.7	13	590	$36\frac{1}{8}$	$35\frac{1}{2}$	$35\frac{3}{4}$	$-\frac{7}{16}$
50	$28\frac{1}{8}$	TelfncaArg	1.40	4.3	14	149	$32\frac{1}{16}$	$31\frac{15}{16}$	$32\frac{1}{16}$	$+\frac{5}{16}$
$21\frac{3}{8}$	$9\frac{1}{2}$	TelPeru	0.41	4.2		85	$10\frac{1}{4}$	$9\frac{13}{16}$	$9\frac{13}{16}$	$-\frac{1}{8}$
37	$18\frac{1}{8}$	Telglbe	0.34	1.6		344	$20\frac{1}{16}$	$20\frac{1}{16}$	$20\frac{11}{16}$	$+\frac{3}{8}$
$67\frac{1}{2}$	$30\frac{1}{16}$	Telesp	0.13	0.3		3546	$36\frac{11}{16}$	$35\frac{15}{16}$	$36\frac{1}{16}$	$-\frac{9}{16}$
$37\frac{7}{8}$	$15\frac{1}{16}$	TlspTelSP x	1.10	5.8		3838	$18\frac{15}{16}$	$17\frac{7}{8}$	$18\frac{7}{8}$	$+1\frac{15}{16}$
$77\frac{3}{4}$	$44\frac{9}{16}$	Telmex	0.91	1.7	43	11845	$52\frac{3}{4}$	$51\frac{13}{16}$	$52\frac{3}{8}$	$+\frac{1}{16}$
$67\frac{11}{16}$	$40\frac{3}{4}$	TempInl♣	1.28	2.8	10	1853	$46\frac{3}{4}$	45	$45\frac{9}{16}$	$-\frac{7}{8}$
$6\frac{3}{8}$	$5\frac{1}{2}$	TrnplGlb x	0.60	9.8		548	$6\frac{5}{16}$	$6\frac{1}{8}$	$6\frac{1}{8}$	
$32\frac{11}{16}$	$16\frac{15}{16}$	TenetHlth			32	10978	$30\frac{15}{16}$	$29\frac{5}{16}$	$30\frac{7}{8}$	$+\frac{1}{4}$
$11\frac{1}{2}$	$5\frac{1}{4}$	TenncoA	0.20	2.9		5848	$7\frac{1}{8}$	7	7	
$26\frac{1}{2}$	19	Teppco Pts	2.00	7.8	13	146	$25\frac{7}{8}$	$25\frac{1}{16}$	$25\frac{3}{4}$	$+\frac{1}{4}$
$115\frac{7}{16}$	46	Terdyn			29	29659	$64\frac{1}{2}$	$59\frac{1}{2}$	$63\frac{5}{8}$	$+3\frac{1}{2}$
$28\frac{7}{8}$	$11\frac{1}{8}$	TerexCp♣				249	$17\frac{11}{16}$	$17\frac{5}{16}$	$17\frac{11}{16}$	$+\frac{1}{4}$
13	$8\frac{1}{8}$	Tesoro				238	$9\frac{3}{4}$	$9\frac{1}{2}$	$9\frac{5}{8}$	$+\frac{1}{16}$
$61\frac{7}{16}$	$44\frac{1}{4}$	Texaco x	1.80	3.3	15	28999	$54\frac{5}{8}$	$52\frac{1}{2}$	$53\frac{13}{16}$	$+2\frac{1}{8}$
$43\frac{3}{8}$	$28\frac{1}{16}$	Texas Ind x	0.30	0.9	10	564	$34\frac{5}{16}$	$34\frac{1}{8}$	$34\frac{3}{8}$	$-\frac{1}{4}$
100	$45\frac{1}{4}$	TxInst x	0.08	0.1	43	70073	$68\frac{5}{8}$	$65\frac{1}{2}$	$67\frac{1}{16}$	$+1\frac{13}{16}$
$77\frac{1}{2}$	51	Textm♣	1.30	2.2	13	4068	$60\frac{1}{2}$	$58\frac{1}{4}$	$59\frac{1}{2}$	$+\frac{7}{8}$
$26\frac{7}{8}$	14	ThrmElect				8622	$21\frac{1}{4}$	$20\frac{1}{16}$	$21\frac{1}{8}$	$+1\frac{1}{16}$
$34\frac{3}{8}$	$17\frac{5}{8}$	ThomBetts	1.12	5.7	7	1808	$19\frac{15}{16}$	$19\frac{5}{16}$	$19\frac{11}{16}$	$+\frac{3}{8}$
$40\frac{1}{8}$	$25\frac{3}{16}$	Tidwtr x	0.60	1.6	31	11534	$38\frac{1}{4}$	$36\frac{3}{8}$	$38\frac{3}{8}$	$+1\frac{7}{8}$
$45\frac{3}{8}$	$27\frac{1}{8}$	Tiffany	0.16	0.4	36	14566	$41\frac{1}{2}$	$38\frac{9}{16}$	$40\frac{1}{2}$	$+1\frac{15}{16}$
$39\frac{3}{4}$	$18\frac{1}{8}$	Tmbrlnd			18	1518	$39\frac{3}{4}$	$36\frac{7}{8}$	$39\frac{1}{16}$	$+2\frac{1}{16}$
$105\frac{1}{2}$	$63\frac{1}{16}$	TmWarn	0.18	0.2		20334	$80\frac{13}{16}$	$79\frac{1}{16}$	$80\frac{13}{16}$	$+\frac{5}{16}$
$21\frac{13}{16}$	$13\frac{1}{2}$	Timken♣ x	0.72	4.2	14	977	$17\frac{1}{16}$	17	$17\frac{1}{16}$	$-\frac{1}{4}$
$24\frac{9}{16}$	$13\frac{15}{16}$	TJX x	0.16	0.9	10	27418	$17\frac{13}{16}$	$17\frac{1}{16}$	$17\frac{5}{16}$	$+\frac{1}{4}$
$30\frac{1}{16}$	16	TollBro			9	207	$29\frac{1}{8}$	$28\frac{3}{8}$	$28\frac{3}{8}$	$-\frac{1}{16}$
$23\frac{3}{4}$	$6\frac{5}{16}$	TomHfr			6	3580	$9\frac{1}{16}$	$9\frac{1}{16}$	$9\frac{1}{4}$	$-\frac{1}{8}$
42	$28\frac{1}{16}$	Tootsie Rl	0.28	0.7	28	688	u$42\frac{1}{16}$	$41\frac{1}{16}$	$42\frac{7}{16}$	$+\frac{15}{16}$
$29\frac{1}{4}$	$18\frac{3}{4}$	Tchmrk	0.36	1.3	10	2733	$27\frac{5}{8}$	$26\frac{1}{2}$	$26\frac{15}{16}$	$-\frac{1}{8}$
$37\frac{1}{2}$	$27\frac{1}{4}$	Toro Corp	0.48	1.6	9	825	30	$28\frac{1}{8}$	$29\frac{11}{16}$	$+1\frac{13}{16}$
$27\frac{15}{16}$	$22\frac{3}{4}$	TorDomBk	0.51	1.9	8	1629	$26\frac{7}{8}$	$26\frac{7}{16}$	$26\frac{11}{16}$	$+\frac{3}{4}$
$33\frac{13}{16}$	$24\frac{1}{16}$	Tosco	0.28	0.9	7	4371	30	$29\frac{3}{4}$	$29\frac{3}{4}$	$+\frac{1}{4}$
$80\frac{1}{2}$	$61\frac{1}{8}$	TotFin	0.91	1.1	35	2068	u$80\frac{1}{2}$	$79\frac{13}{16}$	$80\frac{3}{8}$	$+\frac{7}{8}$
$7\frac{13}{16}$	$2\frac{1}{16}$	TotRnlCre				740	$6\frac{3}{4}$	$6\frac{3}{8}$	$6\frac{9}{16}$	
$20\frac{5}{8}$	15	TotalSyst	0.05	0.3	42	83	18	$17\frac{11}{16}$	$17\frac{13}{16}$	$-\frac{3}{16}$

Abb. 3.7

Quelle: Financial Times

3.2.3 Optionskurszettel

Der Optionsmarkt wird durch andere Merkmale bestimmt als der Aktienmarkt, auch wenn es sich um Aktienoptionen handelt. Aus diesem Grund sehen die Optionskurszettel anders aus. Hier zunächst zwei deutsche Beispiele als Muster:

Consors Discount-Broker   22.08.2001   12,90   CSO

						Sep 01						
0	38	1,26	0,00	0,00	0,00	**13,00**	1,15	1,15	1,15	0,00	23	1
						Dec 01						
3	0	0,00	4,20	4,13	4,13	**10,00**	0,00	0,00	0,00	0,00	10	0
15	20	1,73	1,85	1,85	1,85	**15,00**	0,00	0,00	0,00	0,00	25	0
0	70	0,00	0,00	0,00	0,00	**18,00**	5,76	5,76	5,76	0,00	79	6
						Mar 02						
1	35	0,00	1,35	1,35	1,35	**20,00**	0,00	0,00	0,00	0,00	25	0

Range:Sep'01(1,00 – 130,00)Oct'01(12,00 – 18,00)Dec'01(10,00 – 70,00)Mar'02(12,00 – 42,00)Jun'02(13,00 – 28,00)

Daily Volume:19   Open Interest:4879   Daily Volume:7   Open Interest:2322

DaimlerChrysler   22.08.2001   49,35   DCX

						Sep 01						
0	88	0,00	0,00	0,00	0,00	**40,00**	0,10	0,10	0,10	0,10	2872	10
0	16	0,00	0,00	0,00	0,00	**42,00**	0,15	0,15	0,15	0,16	2774	2
44	163	0,00	5,29	5,16	5,29	**44,00**	0,33	0,33	0,44	0,35	9171	128
126	3958	0,00	4,74	3,97	4,73	**46,00**	0,70	0,55	0,83	0,66	12169	195
50	4968	2,81	2,84	2,81	2,81	**48,00**	1,10	1,00	1,48	1,22	20054	789
434	17357	1,77	2,10	1,18	1,83	**50,00**	2,00	1,78	2,20	0,00	26511	1078
535	7551	0,77	1,00	0,62	0,80	**52,50**	3,41	3,25	3,41	0,00	5992	55
541	26058	0,33	0,40	0,20	0,35	**55,00**	5,71	5,29	6,98	0,00	18560	67
244	5966	0,12	0,16	0,12	0,13	**57,50**	0,00	0,00	0,00	0,00	1354	0
766	29445	0,07	0,07	0,03	0,07	**60,00**	10,24	10,12	10,24	0,00	3385	8
162	13860	0,02	0,04	0,01	0,01	**65,00**	0,00	0,00	0,00	0,00	1539	0
						Oct 01						
0	0	0,00	0,00	0,00	0,00	**44,00**	0,75	0,74	0,97	0,71	150	665
21	43	0,00	4,61	4,61	4,61	**46,00**	1,07	1,07	1,49	1,17	2508	68
149	229	3,61	3,97	3,45	3,52	**48,00**	1,51	1,51	1,99	1,79	2213	3
87	1761	2,51	2,79	2,38	2,79	**50,00**	2,41	2,41	2,73	0,00	3392	21
69	561	1,47	1,69	1,37	1,37	**52,50**	0,00	0,00	0,00	0,00	0	0
1262	4538	0,79	0,92	0,52	0,75	**55,00**	5,51	5,51	5,51	0,00	575	20
1	526	0,00	0,20	0,20	0,20	**60,00**	10,42	10,42	10,42	0,00	87	2
						Nov 01						
0	0	0,00	0,00	0,00	0,00	**44,00**	0,95	0,95	1,30	1,03	1	71
63	0	0,00	5,00	4,91	4,91	**46,00**	0,00	0,00	0,00	1,55	24	0
147	70	1,25	1,40	1,04	1,40	**55,00**	5,85	5,85	5,89	0,00	0	32
						Dec 01						
0	167	0,00	0,00	0,00	0,00	**38,00**	0,46	0,39	0,47	2,20	2405	295
0	254	0,00	0,00	0,00	0,00	**42,00**	0,96	0,90	1,17	1,00	5642	198
0	139	0,00	0,00	0,00	0,00	**44,00**	1,50	1,50	1,50	1,39	9601	10
0	278	0,00	0,00	0,00	0,00	**46,00**	1,84	1,84	2,15	1,97	16974	17
127	2441	4,80	4,54	4,00	4,53	**48,00**	2,42	2,42	2,94	2,69	14079	32
2034	24513	3,75	4,00	3,46	4,00	**50,00**	3,39	3,37	3,80	3,75	50108	3038
3217	24902	1,77	1,99	1,52	1,75	**55,00**	6,49	6,25	7,20	4,70	19176	85
1273	47177	0,75	0,85	0,68	0,80	**60,00**	10,30	10,30	10,50	0,00	25776	34
11	11448	0,52	0,29	0,29	0,29	**65,00**	15,10	15,00	16,50	0,00	318	26
12	20039	0,40	0,16	0,14	0,16	**70,00**	20,58	19,99	20,58	0,00	2505	8
						Mar 02						
50	82	6,06	5,48	5,48	5,48	**48,00**	0,00	0,00	0,00	3,51	2928	0
7	13445	2,87	2,55	2,55	2,55	**55,00**	7,00	7,00	8,12	0,00	16045	24
3507	16472	1,43	1,60	1,54	1,54	**60,00**	10,65	10,65	11,36	0,00	2230	63
1510	2252	1,05	0,75	0,75	0,75	**65,00**	0,00	0,00	0,00	0,00	433	0
0	3163	0,83	0,00	0,00	0,00	**70,00**	20,00	20,00	20,30	0,00	802	18
						Jun 02						
0	218	0,00	0,00	0,00	0,00	**42,00**	0,00	0,00	0,00	0,00	7047	1500
0	29203	0,00	0,00	0,00	0,00	**50,00**	0,00	0,00	0,00	0,00	32988	1000
1583	9132	0,00	3,50	3,20	3,20	**55,00**	0,00	0,00	0,00	0,00	30499	0
20	24426	0,00	2,10	2,08	2,10	**60,00**	0,00	0,00	0,00	11,13	14877	0
20	3247	0,00	1,20	1,20	1,20	**65,00**	16,35	16,35	16,35	0,00	3393	3
0	12605	1,00	0,00	0,00	0,00	**70,00**	21,20	21,20	21,20	0,00	1894	13
1	3249	0,00	0,23	0,23	0,23	**80,00**	0,00	0,00	0,00	0,00	723	0
						Dec 02						
50	12904	0,00	6,70	6,70	6,70	**50,00**	0,00	0,00	0,00	0,00	7539	0
15	31113	0,00	3,60	3,10	3,60	**60,00**	0,00	0,00	0,00	0,00	4712	0
4	21465	0,00	1,60	1,60	1,60	**70,00**	21,03	21,03	21,03	0,00	1214	1
						Jun 03						
0	572	0,00	0,00	0,00	0,00	**46,00**	0,00	0,00	0,00	0,00	294	1000
0	17043	0,00	0,00	0,00	0,00	**60,00**	14,00	14,00	14,00	0,00	551	20

Range:Sep'01(1,00 – 85,00)Oct'01(44,00 – 70,00)Nov'01(44,00 – 55,00)Dec'01(38,00 – 90,00)Mar'02(44,00 – 70,00)Jun'02(38,00 – 80,00)Dec'02(38,00 – 70,00)Jun'03(42,00 – 70,00)

Daily Volume:18142   Open Interest:516412   Daily Volume:10599   Open Interest:438213

Abb. 3.8   Quelle: Börsenzeitung

	Calls					Contract	Puts					
Vol.	Open Interest	Settlement	High	Low	Last	Month Strike Price	Last	Low	High	Settlement	Open Interest	Vol

Vol.	Open Interest	Settlement	High	Low	Last	Month Strike Price	Last	Low	High	Settlement	Open Interest	Vol
						Sep 01						
0	1	0,00	0,00	0,00	0,00	3900,00	1,20	1,20	1,20	0,00	466	20
0	11	0,00	0,00	0,00	0,00	4000,00	1,70	1,30	1,70	0,00	5252	737
0	0	0,00	0,00	0,00	0,00	4200,00	2,50	2,00	2,50	0,00	6246	1650
0	0	0,00	0,00	0,00	0,00	4300,00	3,40	3,40	5,00	0,00	3136	105
0	81	0,00	0,00	0,00	0,00	4400,00	5,00	4,00	5,00	0,00	3305	175
0	1	0,00	0,00	0,00	0,00	4500,00	9,50	6,00	12,00	0,00	1052	637
0	65	0,00	0,00	0,00	0,00	4600,00	12,00	8,50	16,50	12,80	16883	1230
0	3	0,00	0,00	0,00	0,00	4700,00	19,20	12,00	26,50	19,20	3372	3048
0	75	0,00	0,00	0,00	0,00	4800,00	29,00	18,00	39,60	29,00	22362	6342
0	124	0,00	0,00	0,00	0,00	4900,00	43,00	28,50	55,50	43,00	6318	2240
1249	397	234,60	369,00	255,00	317,50	5000,00	61,00	39,00	81,00	61,00	32050	7401
236	248	0,00	284,00	220,00	242,20	5100,00	88,00	58,50	116,70	88,00	13029	6050
6258	5363	165,00	226,00	130,00	162,00	5200,00	124,00	83,00	157,00	124,00	32153	6766
115	336	150,00	191,00	139,00	150,00	5250,00	125,00	114,50	126,20	0,00	2175	178
5432	3625	113,00	161,90	83,00	113,00	5300,00	170,00	113,80	207,00	170,00	21063	3882
667	1602	0,00	125,00	66,00	125,00	5350,00	157,00	157,00	236,50	0,00	643	18
8436	15009	73,00	109,00	50,00	73,00	5400,00	238,00	-167,00	275,00	238,00	30949	2192
10	192	0,00	59,00	59,00	59,00	5450,00	219,80	219,80	219,80	0,00	1427	1
4481	13848	44,00	69,00	31,00	44,00	5500,00	315,00	240,00	344,00	0,00	27928	93
127	559	0,00	49,00	22,60	33,00	5550,00	0,00	0,00	0,00	0,00	592	0
7674	34008	24,30	41,00	16,00	24,30	5600,00	380,00	304,00	450,00	0,00	29582	1066
610	4722	19,30	28,00	12,40	19,30	5650,00	0,00	0,00	0,00	0,00	350	0
4100	21388	12,90	22,50	8,50	12,90	5700,00	447,00	387,00	540,00	0,00	16809	78
84	8409	0,00	15,50	10,00	11,00	5750,00	0,00	0,00	0,00	0,00	192	0
3215	31193	7,00	12,00	5,20	8,00	5800,00	542,00	485,00	587,00	0,00	30846	1512
20	1404	0,00	3,50	3,50	3,50	5850,00	0,00	0,00	0,00	0,00	4111	0
459	26070	3,90	6,30	2,70	5,90	5900,00	581,00	575,00	730,00	0,00	12848	18
50	1986	0,00	3,00	3,00	3,00	5950,00	0,00	0,00	0,00	0,00	2496	0
685	48694	2,35	3,30	2,00	2,60	6000,00	684,00	683,50	790,00	775,00	40074	16
60	585	0,00	2,00	1,50	1,50	6050,00	0,00	0,00	0,00	0,00	469	0
62	18013	0,00	2,00	1,00	2,00	6100,00	822,00	822,00	822,00	0,00	10548	2
54	27860	0,75	1,20	0,50	1,00	6200,00	944,00	860,00	1020,00	0,00	15263	5
10	28368	0,60	0,70	0,70	0,70	6300,00	999,00	982,00	1090,00	0,00	6560	69
10	27056	0,70	0,40	0,40	0,40	6400,00	1080,00	1080,00	1080,00	0,00	19199	25
0	13721	0,85	0,00	0,00	0,00	6500,00	1180,00	1180,00	1180,00	0,00	8533	20
10	13435	0,80	0,50	0,50	0,50	6600,00	1280,00	1280,00	1280,00	0,00	6096	25
0	33480	0,55	0,00	0,00	0,00	6800,00	1532,00	1532,00	1532,00	0,00	5179	1
0	27306	0,00	0,00	0,00	0,00	7000,00	1750,00	1682,00	1750,00	0,00	4900	5
0	4109	0,00	0,00	0,00	0,00	7400,00	2145,00	2084,60	2145,00	0,00	972	10
						Oct 01						
0	0	0,00	0,00	0,00	0,00	4100,00	7,70	7,70	7,70	0,00	381	183
0	0	0,00	0,00	0,00	0,00	4200,00	9,00	9,00	12,20	0,00	2759	607
0	0	0,00	0,00	0,00	0,00	4400,00	14,30	14,30	23,00	0,00	1637	82
0	0	0,00	0,00	0,00	0,00	4500,00	25,00	25,00	30,00	0,00	1302	35
0	0	0,00	0,00	0,00	0,00	4600,00	30,50	24,00	30,50	32,90	7290	662
0	0	0,00	0,00	0,00	0,00	4700,00	40,00	33,20	47,00	44,50	518	714
40	13	0,00	555,50	550,00	555,00	4800,00	53,50	43,00	72,40	58,50	10523	1428
0	0	0,00	0,00	0,00	0,00	4900,00	74,80	59,00	74,80	77,10	9528	276
9	172	0,00	335,00	315,00	335,00	5000,00	101,00	77,50	120,40	100,90	14584	536
1	75	0,00	330,00	330,00	330,00	5100,00	123,00	100,00	161,50	130,00	6665	512
1265	953	229,25	280,00	185,40	231,50	5200,00	158,00	131,00	199,00	167,00	2007	2036
0	55	0,00	0,00	0,00	0,00	5250,00	173,90	173,90	173,90	0,00	35	20
490	612	175,50	205,50	141,00	178,00	5300,00	220,00	172,00	254,00	210,00	2074	326
0	0	0,00	0,00	0,00	0,00	5350,00	216,00	216,00	216,00	0,00	149	40
126	3373	126,50	165,00	100,00	125,00	5400,00	212,20	212,20	230,00	0,00	9144	170
0	115	0,00	0,00	0,00	0,00	5450,00	264,70	264,70	264,70	0,00	0	20
1065	4085	92,50	112,50	75,40	98,50	5500,00	300,00	300,00	300,00	0,00	4159	10
1106	8993	62,50	85,50	48,00	66,00	5600,00	447,00	447,00	447,00	0,00	2090	5
25	66	0,00	63,00	50,10	50,10	5650,00	0,00	0,00	0,00	0,00	60	0
3107	5397	40,50	56,00	29,60	39,50	5700,00	0,00	0,00	0,00	0,00	6473	0
868	5512	25,00	36,00	24,00	25,00	5800,00	0,00	0,00	0,00	0,00	1114	0
421	7787	16,30	22,50	15,50	16,60	5900,00	0,00	0,00	0,00	0,00	784	0
356	5201	11,20	13,50	6,30	10,50	6000,00	675,00	675,00	675,00	0,00	991	10
94	4790	6,60	7,70	4,50	7,00	6100,00	0,00	0,00	0,00	0,00	363	0
60	4499	0,00	5,00	4,70	5,00	6200,00	870,00	870,00	870,00	0,00	251	30
0	1266	0,00	0,00	0,00	0,00	6400,00	1125,00	1125,00	1125,00	0,00	1418	1
						Nov 01						
0	0	0,00	0,00	0,00	0,00	3600,00	5,00	4,20	5,00	0,00	0	536
0	0	0,00	0,00	0,00	0,00	4300,00	23,20	22,90	23,20	0,00	0	26
0	0	0,00	0,00	0,00	0,00	4500,00	40,00	40,00	41,90	0,00	0	27
0	0	0,00	0,00	0,00	0,00	4600,00	50,00	44,00	55,00	0,00	0	24
0	0	0,00	0,00	0,00	0,00	4800,00	81,60	71,00	94,80	85,20	154	424
0	0	0,00	0,00	0,00	0,00	4900,00	89,00	89,00	115,00	0,00	0	7
0	0	0,00	0,00	0,00	0,00	5000,00	140,00	110,00	150,00	132,75	194	308
2000	0	0,00	0,00	0,00	0,00	5100,00	138,50	132,50	140,00	163,50	425	2044
2280	7	280,25	318,50	247,50	277,50	5200,00	195,00	174,50	210,00	201,25	555	2333
0	0	0,00	0,00	0,00	0,00	5250,00	204,00	204,00	204,00	0,00	0	40
2591	0	226,25	258,00	196,00	250,00	5300,00	212,00	212,00	212,00	0,00	0	2001
2365	3081	176,75	218,80	189,50	189,50	5400,00	0,00	0,00	0,00	0,00	360	2000

Abb. 3.9   Quelle: Börsenzeitung

In amerikanischen Fachblättern findet man weitere Varianten für die Gestaltung von Optionskurszetteln. Auch hier stellt man sich die Aufgabe, ein Maximum von Informationen auf einem Minimum an Papier wiederzugeben.

Als Beispiel ist eine Veröffentlichung von der Chicagoer Optionsbörse in Abb. 3.10 dargestellt.

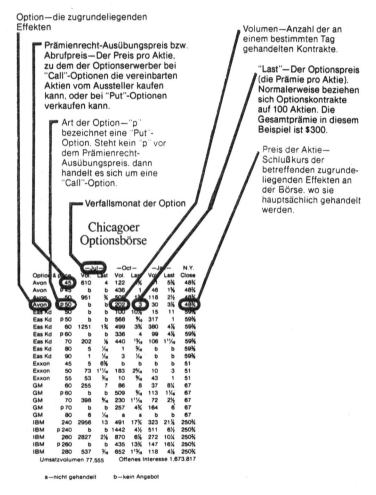

Abb. 3.10

3.2.4 Andere Kurszettel

Das Beispiel in Abb. 3.11 gibt einen Kurszettel für Investmentfonds wieder.

INVESTMENTFONDS / SONSTIGE FONDS

tägliche Anteilspreisveröffentlichungen – mitgeteilt von vwd Vereinigte Wirtschaftsdienste GmbH

Name	Whrg.	Ausg.	Rückn.	Rückn.
*Preise v. Vortag/letzt verfügbar 22.8.01				21.8.01
INVESTMENTFONDS ①				
ABN AMRO Investment Funds S.A.				
AAF Asia Bond Fd.	USD*	69.14	65.69	65.25
AAF Asian Tig. Eq.	USD*	38.23	36.29	36.29
AAF Belux Finance.	EUR*	38.63	34.80	34.40
AAF Belux Fin.Jap.	JPY*	5382.73	5095.23	5070.83
AAF Biotech.	EUR*	34.00	32.30	32.30
AAF Brazil Eq.Fd.	USD*	36.63	34.80	34.80
AAF China Eq.Fd.	USD*	51.24	48.68	48.51
AAF Eastern Eur.Eq.	EUR*	93.07	88.43	87.78
AAF Euro. Bd.Dis.	EUR*	56.93	54.09	54.19
AAF Euro Bd.Fd.	EUR*	64.78	61.55	61.67
AAF Europe Bd.Fd.	EUR*	55.17	52.40	51.54
AAF Europe Eq.Fd.	EUR*	35.67	130.36	128.67
AAF Euroliquity	EUR*	34.97	33.23	32.71
AAF Far East Eq.	USD*	181.79	172.72	172.19
AAF Global Bd.Fd.	USD*	76.94	73.03	73.08
AAF Gl.Em.M.Bd.	USD*	85.24	80.99	80.99
AAF Gl.Em.M.Eq.	USD*	39.69	37.71	37.71
AAF Global Eq.Fd.	USD*	50.75	48.22	48.34
AAF Gl.Life Soc.Eq.	USD*	59.55	56.58	56.38
AAF Gl. Property Eq.	USD*	58.12	55.22	54.81
AAF Gl.Resources Fd.	USD*	67.69	64.31	64.71
AAF Gl.Technology	USD*	50.40	46.79	47.78
AAF High Yield Bd.	EUR*	49.23	46.55	48.55
AAF Interest Eq.	EUR*	57.94	54.25	55.28
AAF Interest Gr.	USD*	76.65	74.42	74.41
AAF Jap.Al.Amer.	USD*	112.26	106.66	106
AAF Japan Eq.Fd.	USD*	42.99	40.85	40.42
AAF Lat.Amer.Bd.	USD*	69.28	65.82	66.33
AAF Latin Amer.Eq.	USD*	48.30	45.89	46.33
AAF Nethrl.Eq.Fd.	EUR*	53.05	50.40	49.75
AAF N.Amer.Eq.	USD*	117.07	112.16	112.16
AAF Pharma.	USD*	51.19	48.64	48.64
AAF Sm.Co.Eur.Eq.	EUR*	45.99	43.14	42.48
AAF Switzerl.Eq.	CHF*	244.56	232.36	234.16
AAF US Bond Fd.	USD*	83.72	79.54	79.48
Activest Institutional Invest. GmbH				
DollarRent	USD	59.53	57.80	57.76

Name	Whrg.	Ausg.	Rückn.
Europa+Strat. 9/04	EUR	39.67	39.67
EuroWähr.Gar.x/03	EUR	47.48	37.48
Jap. Plus 5/05	EUR	37.11	37.11
Japan 30.5/2005	USD	23.10	21.77
Nasdaq+12/03	USD	31.24	31.09
Neuer Markt+11/04	EUR	23.14	22.96
Plutos Internat.	EUR	45.10	45.25
Portfolio-Chance	EUR	32.15	31.34
Portfolio-Ertrag	EUR	26.86	26.32
Portf.-Wachstum	EUR	30.74	30.04
Rent	EUR	83.15	80.87
System 5/2002	EUR	65.23	64.53
System 9.10/2002	EUR	50.58	50.61
System E 5/2003	EUR	50.63	50.61
System Japan 2/02	USD	51.83	51.79
System Welt 10/03	EUR	51.39	51.26
Syst.Euro.Stars3/05	EUR	45.73	45.71
Syst.-90G. J.2/02.	EUR	45.93	45.83
WeltPlus Strat.4/05	EUR		
Alger Fund			
Alger MidCap Gr. B USD*		7.00	7.06
Alger SmallCap B. USD*		3.77	3.73
Alger Larg.C.Gr.B USD*		9.70	9.81
Alger SICAV			
Am. Asset Gr. A USD*		21.36	20.39
Am. Asset Gr. B USD*		19.91	19.01
Am. Asset Gr.C.Fd A USD*		8.13	7.72
Am. LargeC. Fd A USD*		7.58	7.66
Am. LargeC. Fd B USD*		7.64	8.38
Alger Mid Cap Fd A USD*		8.26	8.32
Alger Mid Cap Fd B USD*		6.44	6.05
Alger Sm.Cap Fd.B USD*		5.99	6.10
Allgemeine Deutsche Direktbank(DIBA)			
AS Vorsorge Ml.	EUR*	52.92	52.51
Dr. Aktien Ml	EUR*	70.62	69.19
Euro Renten Ml	EUR*	53.36	53.86
Euroherm Ml.	EUR*	11.62	11.26
EuropaAS-Inv.	EUR*	51.69	51.05
Europ Aktien Ml	EUR*	47.32	47.70
Welt Aktien Ml	EUR*	66.35	65.16
Allianz KAG			
Aktiendfonds	EUR	104.41	99.44
Aktien Europa	EUR	76.92	73.26
Aktien Internat.	EUR	107.00	101.90

Name	Whrg.	Ausg.	Rückn.
Korea Trust	GBP	39.32	39.30
Lat. Amer.Gas..	EUR*	36.68	
Leading Sectors	EUR*	37.19	
North America	EUR*	72.78	
Pacific Fd.	EUR*	71.85	
Ster.World Bd.	GBP	22.96	
UK Growth T.	GBP	1.92	
US Cor. High Yield.	EUR*	9.90	
Bayern LB International Fund Management S.A.			
Balan. Stocks15 Tl.	EUR	51.18	
Balan. Stocks30 Tl.	EUR	82.33	
Balan. Stocks60 Tl.	EUR	84.86	
Corporate Bd.AL	EUR	53.36	
Corporate Bd.TNL	EUR	54.13	
Europa-Fd. AL	EUR	20.13	
Europa-Fd. TNL	EUR	19.42	
N.America. Eq-AL	EUR	34.59	
N.Märkte AL	EUR	13.08	
N.Märkte. TNL	EUR	12.59	
Pharma-Gl.Fd. AL	EUR	46.46	
Pharma-Gl.Fd. TNL	EUR	44.12	
Rendite Fonds AL	EUR	52.59	
Rendite Fonds TNL	EUR	100.18	
Short Term Fd. TL	EUR	25.66	
Tele Tech Fd. AL	EUR	25.36	
Tele Tech Fd. TNL	EUR		
BB INVEST			
Amerika	EUR	91.51	
Asien	EUR	49.93	
Best-INVEST 30	EUR	47.55	
Best-INVEST 75	EUR	46.67	
Best-INVEST 100.	EUR	36.41	
DM/Geldmarkt.	EUR	29.64	
Deutschland	EUR	71.04	
Europa	EUR	8.22	
Eu.Akt.-Kaskov4/04	EUR	8.29	
EuroRent+INVEST.	EUR	42.69	
EuropaAS-Inv.	EUR	675.53	
Eir-L) Eur-Rt. 1-3 A	EUR	595.22	
Eir-L) Eur-Rt. 1-3 B	EUR	61.39	
Eir-L) Eur-Rt. 3-6 A	EUR	43.38	
Gatrisav.-Global..	EUR	58.03	
LBB Geldmarkt.	EUR	57.09	
Lingohr-Syst..	EUR	58.20	

(Quelle: Frankfurter Allgemeine Zeitung)

Abb. 3.11 Quelle: Frankfurter Allgemeine Zeitung

Schließlich wird in Abb. 3.12 noch ein Kurszettel für Devisen gezeigt.

Euro steigt zeitweise über 0,92 Dollar

Der Euro ist am Mittwoch nach dem überraschenden Anstieg des Ifo-Geschäftsklimaindexes zeitweise um mehr als einen halben Cent auf Kurse deutlich über 0,92 Dollar gestiegen. Analysten zufolge deutet der unerwartete Index-Anstieg zwar noch nicht auf eine konjunkturelle Trendwende hin, signalisiert aber eine Bodenbildung.

Der Euro kletterte auf ein Tageshoch von 0,9239 Dollar. Die Gemeinschaftswährung hat nach Einschätzung des Bundesfinanzministeriums ungeachtet der jüngsten Kursgewinne weiteres Aufwertungspotential. Die Europäische Zentralbank

(EZB) setzte den Referenzkurs auf 0,9216 (Dienstag: 0,9128) Dollar fest. Der Dollar kostete damit 2,1222 (2,1427) DM. Im Referenzkursverfahren Euro-FX wurde der Euro mit 0,9221 Dollar festgesetzt nach 0,9130 Dollar am Dienstag.

In New York hat der Euro mit Kursen über 0,92 Dollar auf seinem höchsten Niveau seit dem 13. März in den Handel eingesetzt. Zur Eröffnung kostete der Euro 0,9207/12 Dollar nach einer letzten Notiz am Vorabend von 0,9173/78 Dollar. Am späten Abend wurde die europäische Währung nur noch mit 0,9146 Dollar gehandelt. *(dpa/Reuters)*

DEVISENMÄRKTE

Devisenkurse für 1 Euro				22.08.01		Notenpreise in DM		
Interbanken-		EZB						
kurse (20 Uhr)		Referenz-	Banken				An-	Ver-
Geld	Brief	kurs	Euro-FX	Währung	Einh.		kauf	kauf
0,9193	0,9199	0,9216	0,9221	Am. Dollar*	1		2,060	2,180
1,7122	1,7162	1,7114		Austr. Dollar*	1		1,090	1,230
2,3394	2,342			Bras. Real	1		0,790	1,660
0,6325	0,633	0,6326	0,6333	Brit. Pfund*	1		2,970	3,180
				Chin. Yuan*	100		12,301	33,150
7,4482	7,4504	7,4485	7,4486	Dän. Krone*	100		25,050	27,480
15,6158	15,6958	15,6466		Estl. Krone	100			
7,1672	7,1722	7,1883		Hongk. Dollar*	100		23,367	30,656
110,2	110,33	110,39	110,37	Jap. Yen*	100		1,690	1,850
1,4182	1,4212	1,4272	1,4283	Kan. Dollar*	1		1,300	1,440
8,343	8,423			Mex. Peso*	100			
2,0695	2,0745	2,074		Neus. Dollar*	1		0,840	1,040
8,1155	8,1255	8,1105	8,1104	Norw. Krone*	100		22,390	25,580
3,9107	3,9307	3,9383		Poln. Zloty*	100		44,451	57,524
26,869	27,169			Russ.Rubel*	100			
9,429	9,441	9,4707	9,4786	Schw. Kron.*	100		19,280	21,680
1,5209	1,5219	1,5199	1,5203	Schw. Frank.*	100		126,160	131,240
1,6092	1,6132	1,6149		Sing. Dollar*	1		1,207	1,216
43,202	43,302	43,265		Slowak. Kron.*	100		4,033	5,216
7,6971	7,7171	7,7462		Südaf. Rand*	1		0,190	0,310
40,932	41,112			Thail. Baht*	100			
34,278	34,378	34,342		Tsch. Krone*	100		5,190	6,180
13153911365391				Türk. Lira	1000		0,00131	0,00179
255,47	257,47	256,47		Ungar. Forint*	100		0,630	0,930
0,5706	0,5766	0,57366		Zypr. Pfund*	1		3,103	3,755

* Interbankenkurse von der Dresdner Bank

Termine (Swapsätze); Euro gegen Fremdwährung) 1,3,6 Monate:
Dollar: -7,6/-6,2 ; -20,3/-18,3 ; -33,6/-29,6 ; **Pfund:** 2/3 ; 7,9/10,9 ;
20,4/26,4 ; **Schweizer Franken:** -15,3/-13,3 ; -47,4/-43,4 ; -89,3/-81,3 ;

EWU-	feste	Noten-
Währungen	Umrechnungs-	kurs
22.08.	Kurse (1 Euro)	(1 DM)
Belg. Franc	40,3399	20,6255
D-Mark	1,95583	
Finnmark	5,94573	3,04000
Franz. Franc	6,55957	3,35385
Griech. Drachme	340,75	174,22
Holl. Gulden	2,20371	1,12674
Ir. Pfund	0,787564	0,402675
Ital. Lira	1936,27	989,999
Ös. Schilling	13,7603	7,03553
Port. Escudo	200,482	102,505
Span. Peseta	166,386	85,0718

CROSSRATES

22.08. €	$	¥	£	sfr
€		0,9163	110,37	0,6320	1,5214
$	1,0909		120,41	0,6892	1,6592
¥1)	9,0600	8,3010		5,7240	13,779
£	1,5835	1,4505	174,70		2,4081
sfr	0,6573	0,6022	72,524	0,4152	

1 Einheit; 1) 1.000 Einheiten;

DEVISENOPTIONEN

22.08.	1 Mon.	3 Mon.	6 Mon.	1 Jahr
DollarCall	1,02	2,06	3,11	4,45
DollarPut	1,72	2,62	3,54	4,82
PfundCall	1,90	2,52	3,13	3,81
PfundPut	0,41	1,14	1,98	3,21
Yen Call	1,56	2,60	3,77	5,29
Yen Put	1,26	2,29	3,45	4,95

Alle Prämien in Prozent vom Euro-Betrag;
Mittelkurse; Basis: Dollar 0,875; Pfund 0,625;
Yen 110,000   Quelle: WestLB;

Abb. 3.12

Quelle: Frankfurter Allgemeine Zeitung

3.3 Xetra

Xetra (Exchange Electronic Trading) ist das Handelssystem der Deutschen Börse AG für Aktien, Rentenwerte und Optionsscheine. Es hat im November 1997 das Integrierte Börseninformations- und Handelssystem IBIS als elektronisches Handelssystem abgelöst. Seit Oktober 1998 können auch kleine Orders und wenig liquide Werte von jedem beliebigen Ort in der Welt über Xetra gehandelt werden. Mittlerweile haben auch die Börsen in Wien und Dublin das System übernommen.

Xetra bietet Liquidität durch die Zusammenführung aller Orders in einem zentralen Orderbuch und sichert dadurch die Ausführung zum bestmöglichen Preis. Das Orderbuch ist für alle Marktteilnehmer einsehbar und erhöht somit den Informationsstand und die Transparenz des Marktes. In umsatzschwächeren Werten stellen Betreuer (Designated Sponsors) durch ihre Handelsbereitschaft die Liquidität sicher. Bei den DAX-Werten hat sich Xetra mit einem Marktanteil von fast 90 % klar durchgesetzt, und auch in den anderen Marktsegmenten wird der Großteil des Handels über dieses elektronische System abgewickelt.

Die Aufgabe der Betreuer ist es, temporäre Ungleichgewichte zwischen Angebot und Nachfrage in weniger liquiden Werten zu überbrücken. Es kann in einem Wertpapier einen oder mehrere Betreuer geben. Xetra ermöglicht es den Betreuern gleichzeitig, eine limitierte Kauf- und Verkaufsorder einzugeben. Anleger können sich an diesen Quotes orientieren und zu den angebotenen Kursen mit dem Betreuer handeln.

In Xetra gibt es grundsätzlich zwei Ordertypen:

- Market Orders sind unlimitierte Kauf- und Verkaufsorders, die zum nächsten ermittelten Preis ausgeführt werden sollen,
- Limit Orders sind Kauf- oder Verkaufsorders, die zum angegebenen Limit oder besser ausgeführt werden sollen.

Daneben gibt es noch sogenannte Stop Orders, die erst dann entweder als Market Order oder als Limit Order in das Orderbuch eingestellt werden, wenn ein bestimmtes Preislimit (Stop Limit) erreicht ist. Die sogenannte Iceberg-Order erlaubt einem Händler, Orders mit großen Volumina einzustellen, ohne daß dadurch seine Handelsstrategie erkennbar wird. Mit der Einführung einer Market-to-limit-Order stellt Xetra einen Ordertyp zur Verfügung, der eine hohe Ausführungswahrscheinlichkeit mit der Preissicherheit einer Limitorder verbindet. Die Market-to-limit-Order wird gegen den besten Kurs im Orderbuch gematcht. Ist die Order nicht vollständig ausgeführt, wird der Ausführungspreis als Limit für den verbleibenden Teil der Order in das Orderbuch gestellt.

Xetra ist in drei Handelsphasen eingeteilt. In der Vorhandelsphase können die Marktteilnehmer (Betreuer und Händler) Orders und Quotes zur Vorbereitung des eigentlichen Handels eingeben. Das Orderbuch ist in dieser Phase noch geschlossen, so daß die Teilnehmer keinen Einblick in die Marktlage haben. Die Vorhandelsphase beginnt um 8.50 Uhr. Der eigentliche Handel findet in der Haupthandelsphase zwischen 9.00 und 20.00 Uhr statt. An ihn schließt sich eine Nachhandelsphase an, in der die Marktteilnehmer Orders löschen oder bearbeiten können.

In Xetra sind die beiden oben beschriebenen Handelsformen der Auktion und des fortlaufenden Handels vorgesehen. Neben Eröffnungs- und Schlußauktion finden auch tagsüber Auktionen um etwa 13.00 und 17.30 Uhr statt. In den Auktionen ist das Orderbuch teilweise geschlossen. Hier werden Orders jeglicher Größe in die Preisfindung miteinbezogen, eine Mindestordergröße ist hier nicht erforderlich. Ziel dieser Auktionen ist es, möglichst viel Liquidität und damit gute Kurse anzubieten. Zwischen diesen Auktionen findet in liquiden Wertpapieren der fortlaufende Handel statt. Hier ist es allerdings nötig, eine gewisse Mindestmenge in dem jeweiligen Wertpapier (sog. Round Lots) zu kaufen. Die Mindestschlußgröße beträgt im Neuen Markt und für ausländische Aktien 1. Bei den übrigen inländischen Aktien, wie z. B. den DAX-Werten, und bei Aktienoptionsscheinen ist die Mindestordergröße 100.

4. Der Umgang mit Effekten

4.1 Vorbereitungen zum Einstieg

4.1.1 Wie kommt man an Wertpapiere?

Kaufen und verkaufen, so mag man denken, kann jeder. Bei Wertpapieren ist das anders. Sie werden ausschließlich, wie in den vorherigen Kapiteln beschrieben, an der Börse gehandelt. So kann Herr Meier nicht einfach seine Siemens-Aktien an Frau Huber verkaufen, er muß sie über das Börsenparkett laufen lassen. Das ist eine der Eigenarten des Börsengeschäftes: Jeder Besitzerwechsel ist ein Handelsvorgang, der den aktuellen Kurs mitbestimmt. Eine Ausnahme bildet der Telefonhandel: Hier spielt sich der Handel außerhalb der Börse ab.

Dem potentiellen Anleger stehen vier Wege offen:

- Er engagiert sich selbst in Einzelwerten; dazu bedient er sich der Dienste seines *Kreditinstitutes* oder einer Direktbank.
- Er legt sein Geld in Fonds an, auch dazu braucht er sein *Kreditinstitut*.
- Er vertraut sein Geld einem *Vermögensverwalter* an (ab etwa 50.000 €), der das Geld absprachegemäß für ihn anlegt.
- Er wendet sich an einen *Makler* direkt und gibt ihm seine Weisungen, der sie annehmen und ausführen wird, wenn er mehr als nur einen »kleinen« Kunden vor sich hat.

Das *Kreditinstitut* stellt dem Anleger folgenden Service bereit:

- Informationen über die möglichen Anlageformen sowie über die Situation an den Kapitalmärkten. Hierbei und erst recht bei den fallbedingten Empfehlungen spielen die eigenen Interessen des Institutes natürlich eine erhebliche Rolle. Es will seine eigenen Produkte an den Mann oder die Frau bringen, und das sind nicht unbedingt die besten auf dem Markt.
- Das Kreditinstitut übernimmt die Realisierung der Kundenaufträge, wobei es die dafür vorgesehenen Funktionen einschaltet (z. B. Börsenmakler).
- Verwahrung der gekauften Wertpapiere und Übernahme der allfälligen Überwachungsarbeiten (z. B. Dividendeneinzug). Das ist praktisch und preiswert, so daß eine eigenhändige Wahrnehmung nicht sinnvoll ist.

Kleinere Banken oder Zweigstellen haben oft nur eine kleine Abteilung bzw. wenig Personal für das Börsengeschäft. Das kann seine Tücken haben, wenn der einzige oder gewohnte Ansprechpartner überlastet, krank oder in Urlaub ist. Man sollte nicht nur eine Kontaktperson kennen.

Ein *Vermögensverwalter* sorgt für die professionelle Kontrolle und Disposition des Vermögens. Durch eine vorausgehende klare Definition der Ziele und deren konsequente Verfolgung entstehen für den Anleger Sicherheit und Transparenz, außerdem ist er natürlich zeitlich entlastet und frei von der Notwendigkeit, sich Fachwissen erwerben zu müssen. Das hat natürlich seinen Preis. Banken berechnen 0,5–1,5 % vom Volumen, bei höheren Beträgen kann man aber oft handeln.

Die Alternative zu den Banken ist bei den *unabhängigen Vermögensverwaltern* zu finden. Hier muß man schon etwas mehr Geld als 50.000 € haben, mancher Verwalter wird gar erst ab einer Million tätig. Bei solchen Beträgen kann man dann auch schon Sonderkonditionen erwarten. Das betrifft nicht nur den Gebührensatz, sondern auch die Art der Berechnung. Da kann man eine verhältnismäßig geringe Verwaltungsgebühr vereinbaren und dazu ein ergebnisabhängiges Erfolgshonorar.

Der Markt der Vermögensverwaltung ist allerdings wenig transparent, denn nicht alle Vermögensberater verdienen das volle Vertrauen. Auch hier ist von Einmannbetrieben abzuraten. Aber es gibt eine Vielzahl vermögender Leute, die sich bei einem Verwalter gut aufgehoben fühlen. Ein Gesichtspunkt bei der Auswahl eines Verwalters oder Beraters ist erst einmal die bisherige Wertentwicklung, die seine Depots vorzuweisen haben. Das ist ein Anhaltspunkt, aber noch keine eindeutige Aussage für oder gegen ihn. Die Art und Weise seiner Abrechnung (Durchschaubarkeit), die Qualifikation der Mitarbeiter sowie die Ausrüstung sind weitere Indizien. Einen Beweis haben Sie aber erst dann, wenn Sie ihn selbst ausprobiert haben und sich gut beraten fühlen. Wenn es das Volumen hergibt, ist das Ausprobieren mehrerer Verwalter/Berater zur gleichen Zeit die günstigste Empfehlung.

Nicht zu unterschätzen bei der Auswahl ist die Funktion des Erfolgshonorars als der gemeinsame Strick, an dem Anleger und Verwalter ziehen.

4.1.2 Vermögen und Vermögensaufbau

a. Grundempfehlungen

Ein wichtiger Punkt der Vorüberlegungen ist die Klärung der Frage, welche Menge Geld für das geplante Börsenengagement zur Verfügung steht. Es empfiehlt sich nicht, den so ermittelten Betrag gleich in einer Aktion in Wertpapieren zu binden. Zunächst sollte man einen Grundstock bilden, daneben aber eine »Spielreserve« für unvorhergesehene Ereignisse verfügbar halten. Es kann sich nämlich als sinnvoll erweisen, eine günstige Gelegenheit wahrzunehmen, oder es kann notwendig werden, zusätzliche Absicherungen zu kaufen. Bei der Zusammenstellung des Depots – des Portefeuilles oder Portfolios – kann sich der Einsteiger an Empfehlungen orientieren. Da gibt es zunächst eine Grundempfehlung für den Vermögensaufbau, die viele Fachleute für nützlich halten:

- Rücklagen für besondere und nicht vorhergesehene Fälle: Sofort oder kurzfristig verfügbares Geld auf Giro- oder Sparkonto, oder kurzfristiges Festgeld; Größenordnung 5.000,– bis 10.000,– €. Hauptzweck: rasche Verfügbarkeit.
- Grundstock für das optimale Depot auf der relativ sicheren Basis festverzinslicher Wertpapiere. Größenordnung 20.000,– bis 50.000,– €. Hauptzweck hier: sicherer Ertrag.
- Ausbau des optimalen Depots in Richtung einer ausgewogenen Verteilung gemäß Schema in Abb. 4.1. Ziel: Ausgewogenheit zwischen Sicherheit und Rendite.

Abb. 4.1

b. Diversifikation

Das ist die Umsetzung der Volksweisheit, daß man nicht alle Eier in einen Korb legen sollte. Der Profi trachtet danach, sein Vermögen in verschiedene Anlagen zu investieren, die eine voneinander unabhängige Entwicklung zeigen oder versprechen. Für ein Aktiendepot bedeutet dies, daß man Papiere verschiedener Branchen, Märkte und Strukturen (Standard- oder Spezialwerte) erwirbt. Bezieht man »Diversifizieren« auf das gesamte Vermögen, so bedeutet es natürlich auch das Aufteilen in (hier nicht behandelte) Immobilien und (mobile) Finanzwerte. Für zieloptimierte Portefeuilles können die in den Abb. 4.2a bis 4.2d gezeigten Faustregeln gelten.

Abb. 4.2a

Abb. 4.2b

Abb. 4.2c

Abb. 4.2d

Mit der Rendite steigt bekanntlich das *Risiko,* wobei dieses hier nichts anderes bedeutet als Fluktuation in den Einnahmen bzw. Gewinnen. Risiko hat insoweit nicht allein mit Verlusten zu tun, sondern heißt hier nur, daß man nicht mit Sicherheit vorhersagen kann, daß der Anlagebetrag x auf die Summe y ansteigen wird. Für Aktien gilt das besonders, deshalb werden sie als »Einkommen« oben auch nicht empfohlen. Trotzdem waren die Aktien in den letzten fünf, zehn und 15 Jahren allen anderen Finanzanlagen deutlich überlegen.

Bei der Auslegung *von Vermögensstrukturen* sind solche Zeiträume zugrunde zu legen. Monate oder wenige Jahre sind keine geeignete Basis für grundsätzliche Überlegungen in bezug auf Anlagestrukturen. Nur dort, wo kurz- und mittelfristige Betrachtungen es angeraten sein lassen, sollte man von diesen Grundsätzen abweichen. Als Beispiel kann die intakte Aktienhausse der Jahre 1980 bis 1985 gelten: Hier ging man mit Recht verstärkt auf Aktien. In einer historischen Hochzinsphase wie 1991 bis 1993 investiert man dagegen bevorzugt in lang laufende Anleihen. Aber auch die grundsätzliche Struktur ist nicht bedingungslos festgeschrieben, man kann sie mit besserem Wissen durchaus umschreiben.

Hat dann eine Festsetzung der Vermögensstruktur überhaupt einen Sinn? Nun, sie schützt recht gut davor, augenblicklichen Stimmungen zu folgen. Sie regt zumindest dazu an, spontane Entscheidungen am Rahmen des Ganzen zu messen. Ein markantes Beispiel dazu liefert die jüngere Vergangenheit: Viele Anleger investierten alles in Aktien, da der Aktienmarkt seit Mitte der 90er Jahre stetig nach oben wies und leichtverdientes Geld versprach. Im April 2000 platzte dann die Spekulationsblase und raffte 30 % (und in manchen Branchen wie der Telekommunikation und der Informationstechnologie auch deutlich mehr) hinweg.

Keiner Anlageart wird in den Abb. 4.2a bis 4.2d ein Anteil von 100 % zugeschrieben. Aber Sie können die angegebenen Grenzwerte getrost über- oder unterschreiten, wenn Sie bewußt einem vorübergehenden Ziel folgen. Wenn Sie zum Beispiel eine überdurchschnittliche Rendite wollen, müssen Sie sich für eine Strategie aggressiven Wachstums entscheiden. Wenn Sie dann den Aktienmarkt sehr positiv einschätzen, investieren Sie zunächst bis zu 65 % Ihres Vermögens in Aktien. Stellen sich dann die ersten Kursgewinne ein, baut man Obligationen ab, geht auf 85 % Aktien, hält aber mindestens 15 % Cash (Geldmarkt). Wenn man dann Kursgewinne realisiert, dann achtet man darauf, nicht unter 15 % liquide Mittel zu gehen und den Aktienanteil tendenziell auf 65 % zurückzufahren.

Bevor man dann neuerlich in den »roten Bereich« geht, also über 65 % Aktien, prüft man die in Frage kommenden Aktien gut! Als Dauerzustand ist dieses Verhalten nämlich nicht geeignet.

c. Disposition

Hierunter versteht der Börsianer das Umschichten von einer Anlageart in die andere, also zum Beispiel von Anleihen in Aktien oder umgekehrt. Aber auch das Umschichten innerhalb einer

Anlageart gehört zum Disponieren, zum Beispiel dann, wenn man bei fallenden Zinsen nicht in Festgeld oder kurzfristigen Anleihen investieren, sondern Geld in langfristigen Anleihen anlegen und dabei neben der Verzinsung noch beachtliche Kursgewinne erzielen will. Auch dann, wenn Sie am deutschen Markt eine Maschinenbauaktie abstoßen und eine spanische Versorgungsaktie kaufen, disponieren Sie.

4.1.3 Ziele setzen

Vor der Auswahl der »richtigen« Wertpapiere steht für den Anleger die Frage, was er erreichen will mit seinem Geld. Die zum Teil gegensätzlichen Zielrichtungen sind:

- *Rendite:* Hierunter ist die Summe aus Kursgewinn/-verlust und Dividende/Ausschüttung zu verstehen; Aktien sind z. B. gewinnträchtiger als festverzinsliche Wertpapiere.
- *Sicherheit:* Geldanlagen können verlorengehen, sei es durch Scheitern des betreffenden Unternehmens (Totalverlust) oder durch gravierende Kursstürze (Teilverlust); hier liegt bei den Aktien ein höheres Risiko als bei Festverzinslichen, die teilweise als sehr sicher einzustufen sind (z. B. Bundesschatzbriefe).
- *Liquidität:* Geld wird entweder auf bestimmte Zeit (Festverzinsliche) oder unbestimmte Zeit (Aktien) angelegt. Beim Verkauf kann man nur dann auf einen günstigen Preis hoffen, wenn man nicht unter Zeitdruck steht und warten kann. Somit wird der Rückflußbedarf in bezug auf den Zeitpunkt ein Anlagekriterium.
- *Steuer:* Die Anlageangebote auf dem Markt bieten unterschiedliche Möglichkeiten der Steuerminderung. Wer diese anstrebt, muß seine Wahl auch nach diesem Gesichtspunkt treffen.
- *Fachwissen:* Wer sich mit der Börse, ihren Produkten und dem Umgang damit auskennt, wird sein Geld spezifischer anlegen können als derjenige, der sich mit dem Fachwissen nicht auseinandersetzen will oder kann. Auch dieser Gesichtspunkt beeinflußt Art und Weise der Geldanlage.

Aus diesen Kriterien hat der Anleger zunächst die für ihn zutreffenden zu finden und zu gewichten. Unglücklicherweise konkurrieren einige dieser Kriterien miteinander:

- Höchste Sicherheit und Spitzenrendite vertragen sich nicht miteinander.
- Mangelndes Fachwissen verhindert rasches Erkennen und Reagieren auf gute Chancen bei Renditen und Steuervorteilen.
- Besondere Steuervorteile haben auf dem Markt ihren Preis: Meistens leiden Rendite und/oder Sicherheit darunter.

Um sich die Auswirkungen der genannten Kriterien bewußtzumachen, sollte der Anleger eine Weile lang die Märkte intensiv beobachten und die geplanten Schritte durchspielen. Wem die Mühen der Informationsbeschaffung und das Aneignen von Börsenfachwissen mehr denn je ein Buch mit sieben Siegeln sind, der sei an dieser Stelle auf die Möglichkeit »bequemerer« Geldanlage verwiesen: Der Kauf von Fondsanteilen kommt mit bedeutend weniger Fachwissen aus!

4.1.4 Vorausgehende Marktbeobachtungen

Nimmt der Investor die Anlage seines Geldes selbst vor, dann kommt er nicht umhin, sich ausreichend mit den relevanten Informationen zu versorgen. Will er sich nicht auf Glück und Zufall verlassen und kann er die Arbeit nicht einem Verwalter auferlegen, dann muß er eine Basisfähigkeit haben oder entwickeln:

- Alles wahrnehmen, was es über Wirtschaft und Börse im allgemeinen und über seine Gesellschaft(en) im besonderen zu wissen gibt, es auswerten, gewichten und anwenden.

Dazu dienen ihm:

- Veröffentlichungen über Kurse sowie Börsendaten in den Medien Zeitung, Zeitschrift, Radio, Fernsehen und Internet (siehe Anhang A und B),
- Wirtschafts- und Unternehmensnachrichten in denselben Medien (siehe Anhang A und B),
- Auswertungen von Informationen auf seinen Interessensgebieten mit Hilfe der in diesem Buch aufgezeigten Methoden (z. B. Wertpapieranalyse).

Der potentielle Anleger sollte sich zunächst vertraut machen mit den Veröffentlichungen und der Bedeutung der verwendeten Begriffe und Zeichen. Sodann bietet sich eine »Trockenübung« an:

Er sollte Papiere seiner Wahl in sein gedankliches Depot nehmen und dabei sowohl die Kursentwicklung, die Dividendenausschüttung als auch Unternehmensnachrichten und Gesamtentwicklung aufmerksam verfolgen. Er wird bald merken, wie sein Fachwissen wächst und seine Sicherheit zunimmt.

4.1.5 Rating

In den USA entwickelte man Instrumente zur Beurteilung der *Bonität* eines Emittenten. *»Einschätzung der Kreditfähigkeit«* wäre eine sinngemäße Übersetzung des Begriffs. Die Beurteilung wird dabei mit definierten Buchstaben- und Zahlenkombinationen vorgenommen. Um eine gute Wahl zu treffen, können diese Bewertungsmethoden wertvolle Dienste leisten. Dazu noch einige Einzelheiten:

Der Emittent eines kurzfristigen Geldmarktpapiers (Commercial Paper) oder einer längerfristigen Anleihe (Bond), der diese Schuldtitel am öffentlichen Kapitalmarkt plazieren will, bewirbt sich bei einer Rating Agency um eine Bewertung seiner Schuldtitel.

Diese erfolgt also auf Betreiben der Emittenten. Das rührt daher, daß insbesondere institutionelle Anleger nur solche Anlagen in die engere Wahl nehmen, die bestimmte Rating-Anforderungen erfüllen. Öffentlich plazierte Schuldtitel ohne Rating-Klassifizierung haben nur geringe Chancen, gezeichnet zu werden.

Zweck des Ratings sind jedoch nicht etwa Kaufempfehlungen, sondern lediglich Aussagen über die Wahrscheinlichkeit der termin- und betragsgerechten Zahlung der Zins- und Tilgungsforderungen. In der Praxis führt die Rating-Klassifizierung jedoch dazu, daß man aus ihr Rückschlüsse zieht auf Qualität und Wirtschaftskraft der Gesellschaft.

Man spricht von »A-Gesellschaften«, im Detail von Single-A-Gesellschaften sowie von Double- und Triple-A-, -B-, -C- und -D-Gesellschaften. Die Rating Agencies, also die die Rating-Beurteilung treffenden Agenturen, beziehen ihre Informationen vom Emittenten selbst und aus dessen Umfeld. Die kennzeichnenden Daten werden systematisch eingeholt und ausgewertet. Kriterien und deren Gewichtungen werden für jede Gesellschaft, differenziert nach ihrer Betriebstätigkeit, der Unternehmensbranche, nach den örtlichen Gegebenheiten und Gesetzen sowie nach der spezifischen Konkurrenzsituation, erhoben und bewertet. Besonders wird auf die finanzielle Ausstattung der Gesellschaft und die Qualität der Aktiva gesehen, außerdem nach dem Ruf und der Qualität des Managements geurteilt.

Bei der Beurteilung von Emissionen nichtamerikanischer Gesellschaften gehen auch länderspezifische Daten in die Beurteilung ein.

Die bekanntesten Rating Agencies sind *»Moody's«* sowie *»Standard & Poor's«*. Daneben haben sich Spezialagenturen für bestimmte Branchen etabliert, z. B. die IBCA (International Bank Credit Analysis), spezialisiert auf die Analyse und Beurteilung von Banken.

»Rating-Klassen«, so heißen die Abstufungen, werden bei Geldmarktpapieren (Commercial Papers) und längerfristigen Anleihen (Bonds) unterschiedlich bezeichnet. Nachfolgend sind die von *Standard & Poor's* verwendeten Rating-Bezeichnungen aufgeführt.

Rating-Legende nach *Standard & Poor's:*

Commercial-Paper-Ratings:

A-1: Rückzahlungsfähigkeit sehr stark
A-2: Rückzahlungsfähigkeit stark
A-3: Rückzahlungsfähigkeit zufriedenstellend
B: Rückzahlungsfähigkeit durchschnittlich
C: Termingerechte Rückzahlung erscheint zweifelhaft
D: Verzug bei der Rückzahlung zu erwarten oder bereits eingetreten

Bond-Ratings:

AAA: Beste Fähigkeit des Emittenten, Zinsen und Tilgung zu zahlen; Papiere praktisch mündelsicher
AA: Gute Fähigkeit, die Anleihe zu bedienen
A: Papiere verfügen über hohe Bonitätsattribute, können jedoch durch äußere politische oder konjunkturelle Einflüsse beeinträchtigt werden.
BBB: Angemessene Fähigkeit zur Zahlung von Zinsen und Tilgung. Ungünstige wirtschaftliche Verhältnisse oder Be-

	dingungen könnten aber zu einer Beeinträchtigung der Rating-Güte führen.
BB	Beginnend mit einer möglichen Beeinträchtigung zur Zahlung von Zins und Tilgung (Beginn des spekulativen Bereichs)
bis	bis
CC	Zahlung von Zins und Tilgung zumindest teilweise im tatsächlichen Verzug
C:	Gesellschaft leistet keine Zinszahlungen mehr
D:	Gesellschaft ist in allgemeinem Zahlungsverzug
NR:	(no rating) Für diese Anleihe liegt keine Bonitätsbewertung vor, bzw. der Emittent forderte keine Rating-Agentur auf, die Anleihe zu beurteilen,
+/–:	Innerhalb der obengenannten Klassifizierungen werden Zwischenstufen markiert.

Die Bezeichnungen von *Moody's* sind ähnlich, dort bedeutet das beste Commercial-Paper-Rating »P-l«, das beste Bond-Rating »Aaa«.

Naturgemäß werden die Ratings in erster Linie in den USA genutzt. Doch auch der europäische Anleger kann davon profitieren, nämlich dann, wenn er in den USA investiert oder in ein europäisches Unternehmen, das ein Rating erhalten hat.

4.2 Risiken im Wertpapiergeschäft

4.2.1 Was ist Risiko?

Vor einer Investition wird man sich einige Gedanken über den erwarteten Ertrag und die begleitenden Modalitäten machen, aber auch über das Risiko der Anlage. Während die Vorstellungen über den erwarteten Ertrag meist recht konkret sind, wird das innewohnende Risiko leicht außer acht gelassen oder übersehen. Dies ist aus der Mentalität des Anlegers heraus gut zu verstehen: Die meisten Spekulanten sind Optimisten, ein Verhaltensmuster, das sich bei einer Verlustposition als fatal erweisen kann.

Bevor man eine Position eingeht, sollte man sich deutliche Vorstellungen über das mögliche Risiko machen. Das kann man hier als die Summe der Konsequenzen aus der Fehleinschätzung künftiger Ereignisse definieren.

4.2.2 Einschätzen und Bewerten der Risiken

Das Risiko einer Wertpapieranlage hat bei genauerer Betrachtung zwei Seiten,

● das systematische und
● das unsystematische Risiko.

Auf das *systematische Risiko*, auch als Risiko des Marktes oder generelles Risiko bezeichnet, kann der Anleger keinerlei Einfluß nehmen. Es wird nämlich durch das Eintreffen von Ereignissen verursacht, die den ganzen Markt und selbstverständlich auch alle darin gehandelten Titel betreffen. Ein Marktrisiko ist zum Beispiel die Veränderung von Zinssätzen, das Eintreffen von Staatskrisen oder Kriegen oder die Änderung und das Inkrafttreten von Gesetzen und Bestimmungen. Das Marktrisiko ergreift in gewisser Weise alle Titel des Marktes, daher kann es nicht eliminiert werden. Auch ein hochdiversifiziertes Portfolio ist dem Marktrisiko ausgesetzt. Lediglich bei Optionen auf Aktienindizes ist das Risiko auf das Marktrisiko des jeweiligen Aktienindex' und dessen Markt begrenzt.

Welches Risiko dem speziellen Markt innewohnt, bestimmt der Einzelfall. Dabei sind zu prüfen:

● die Einflußfaktoren,
● die Wahrscheinlichkeit einer Veränderung,
● das mögliche Ausmaß von Veränderungen,
● das wahrscheinliche Ausmaß der Veränderungen.

Weiter sollte man die möglichen Kombinationen und deren Wirkung auf das Investment überprüfen. Das Marktrisiko kann auch anhand des Charts und dessen Interpretation analysiert und mittels Timing-Indikatoren erfaßt werden. Die Analyse des Marktes und seines Risikos sollte gründlich erfolgen, da diese eine grundsätzliche Richtung der Investitionen in Einzeltitel aufzeigt und hierdurch die Entscheidung erleichtert wird.

Das *unsystematische Risiko* wird auch als titelspezifisches, firmenspezifisches oder Individualrisiko bezeichnet. Es wird durch das nicht erwartete, aber mögliche Eintreffen von Ereignissen hervorgerufen, die speziell auf den einzelnen Titel einwirken. Beispiele für das titelspezifische Risiko sind

- der Ertragsverlauf einer Firma,
- eine sich verändernde Produktpalette,
- ein Wechsel des Managements
- und dergleichen mehr.

Bei der Analyse des titelspezifischen Risikos sind die wesentlichen Faktoren, die in ihrer Folge auf den Kursverlauf des Titels einen Einfluß haben könnten, zu untersuchen:

Welche Einflußfaktoren gibt es?

- Wie hoch ist die Wahrscheinlichkeit einer Veränderung der Einflußfaktoren?
- Welches Ausmaß könnte die Veränderung annehmen?

Das gesamte Risiko der Investition in einem Einzeltitel ist die Summe aus dem Marktrisiko und dem titelspezifischen Risiko. Um zu einem zufriedenstellenden Überblick zu gelangen, müssen die möglichen Kombinationen und deren Wirkung auf den Kursverlauf des Titels betrachtet werden. Der Anteil des individuellen Risikos an einem Portfolio kann durch die Aufnahme mehrerer Einzeltitel reduziert werden.

Beispiel: Daß alle zehn Titel in einem Depot unerwartet Konkursverlust erleiden, ist weniger wahrscheinlich als daß *eine* Gesellschaft scheitert. Dieses Beispiel läßt sich auf andere Größen wie Gewinnentwicklung oder Dividenden übertragen.

4.2.3 Risiko-Ertrags-Funktion

Tendenziell steigt mit der Ertragserwartung eines Titels auch dessen Risiko. Anders ausgedrückt: Die Sicherheit eines Titels muß man mit einer geringeren Erfolgserwartung bezahlen. Sicherheit und Erfolgserwartung stehen also in umgekehrtem Verhältnis zueinander. Für den Anleger gilt nun, diejenige Titelmischung herauszufinden, die seiner Risikobereitschaft und seinem Ertragserwartungsprofil am ehesten entspricht.

4.2.4 Nutzen aus der Risikobetrachtung

Bei maximaler Diversifikation ist das individuelle Risiko auf ein Mindestmaß reduziert. Eine maximale Diversifikation bestünde zum Beispiel in dem Kauf der gleichen Anzahl Aktien jeder an einem bestimmten Markt gehandelten Aktie. Damit hätte man sich aber »zu Tode diversifiziert«.

Abgesehen von der durchschnittlichen Wertentwicklung wird bei einer inflationären Depottitel-Anzahl ein erheblicher Verwaltungsaufwand entstehen, der das Kosten-Nutzen-Verhältnis negativ beeinflußt.

Die *optimale Zahl an Depottiteln* hängt von speziellen Faktoren ab, unter anderem von

- dem Gesamt-Depotwert,
- dem Risiko-Ertrags-Profil der Einzeltitel,
- der Korrelation der Einzeltitel zueinander,
- dem Bestehen von Nebenbedingungen,
- der verfügbaren Zeit für die nötige Verwaltungs- und Überwachungsarbeit.

Risiko des Portefeuilles in Abhängigkeit vom Diversifikationsgrad

Abb. 4.3

96

Theoretische Modelle zeigen, daß es ein nichtlineares Verhältnis zwischen Titelanzahl und dem gesamtem Individualrisiko gibt (siehe Abb. 4.3).
Eine Halbierung des Individualrisikos tritt bei etwa fünf Titeln ein. Ab 20 Titeln wird die zusätzliche Risikoreduzierung sehr gering. Bei etwa 30 Titeln verbleibt noch ein Gesamtrisiko von weniger als 4,5 Prozent.

4.2.5 Währungsrisiko

Häufig werden Wertpapieranlagen auch in anderen Ländern und deren Währungen vorgenommen. Durch die Investition in ausländischen Märkten besteht die Möglichkeit, das Wissen bzw. die Erwartung über den Verlauf des fremden Marktes gewinnbringend zu nutzen. Die Anlage an ausländischen Märkten ist oft mit größeren Ertragserwartungen verbunden als bei inländischer Investition. Durch die sich möglicherweise verändernde Währungsrelation entsteht eine zusätzliche Gewinnchance, andererseits aber auch ein grundsätzliches Währungsrisiko.

Ein einfaches Beispiel: Man kauft eine amerikanische Anleihe mit 6 % Verzinsung. Auf dem europäischen Markt wären es nur 4% Verzinsung gewesen, also gewinnt man 2 %. Um die US-Anleihe zu kaufen, wechselte man Euro zu einem Kurs von 0,90 in Dollar. Zum Zeitpunkt des Verkaufs der US-Anleihe notiert der Dollar aber nur noch bei 1,10 $ pro €. Trotz der erhöhten US-Verzinsung wäre man mit einem europäischen Engagement besser gefahren, denn der Zinsgewinn wird vom Währungsverlust aufgezehrt. Vor einem Auslandsengagement sollte man sich immer das Währungsrisiko bewußtmachen.

Die zentrale Frage ist daher, wohin sich der Devisenkurs entwickeln wird. Grundsätzlich hängt er von Angebot und Nachfrage nach der Währung ab. Der Wert einer Währung im Verhältnis zu anderen wird in der Regel aufgrund fundamentaler Daten (Sozialprodukt, Inflationsrate usw.) prognostiziert. Daneben gibt es aber zahlreiche Kapitalmarktmodelle, die die Relationen der verschiedenen Devisenkurse zueinander berücksichtigen, um einen zukünftigen Devisenkurs zu bestimmen. Bei einer gründlichen fundamentalen Analyse müßten die wesentlichen Faktoren, die auf den Devisenkurs einen Einfluß haben, ermittelt werden, dann die Möglichkeit und das Ausmaß ihrer Veränderung und die Wahrscheinlichkeit der Veränderung sowie das wahrscheinliche Maß der Veränderung.

Da eine Volkswirtschaft, die man als Teil der Weltwirtschaft sehen muß, ein außerordentlich komplexes Gebilde darstellt, ist eine solche Analyse sehr schwierig, die Wahrscheinlichkeit des Eintreffens des Erwartungswertes gering. Für den Privatanleger ist diese Art, den Devisenkurs zu prognostizieren, praktisch nicht realisierbar.

Was ihm bleibt: Er kann die Empfehlungen der volkswirtschaftlichen Abteilungen von Großbanken sowie die Beiträge einschlägiger Fachblätter durcharbeiten und sowohl miteinander als auch mit der eigenen Einschätzung vergleichen, um so zu einer Grundlage eigenen Handelns zu kommen.

Einige Analysten verwenden die charttechnische Analyse, um sich eine Vorstellung über den zukünftigen Devisenkurs zu machen, zum Teil mit ansehnlichem Erfolg. Die Ermittlung des Risikos kann mittels der Risiko-Ertragsrechnung unter Berücksichtigung unterschiedlicher Entwicklungen durchgeführt werden. Dabei wird die Wahrscheinlichkeit für eine mögliche Entwicklung, also steigende, konstante oder fallende Devisenkurse, eingegeben. Außerdem gibt man den konkreten Wert des Devisenkurses an, den man bei einem steigenden, konstanten oder fallenden Devisenkurs erwartet.

Als Ergebnis Ihrer Analysen und Recherchen sollten Sie wenigstens eine grobe Erwartung über den wahrscheinlichen Verlauf des Devisenkurses bekommen.

4.3   Die richtigen Entscheidungen

4.3.1 Auswahl der Papiere

Die Qual der Wahl hat zwei Phasen:

- Auf welche Art von Papieren soll das anzulegende Geld verteilt werden?
- Was für Titel sollen es sein?

Aus den Grundempfehlungen und den Anmerkungen zur Diversifikation einerseits sowie der Zielfindung und der Marktbeobachtung andererseits kann der Anleger nun seine Favoriten gekürt haben. Damit ist jetzt die Zeit für einen *Anlageplan* gekommen!

Hierin stellt man alle in die engere Wahl gekommenen Titel zusammen. Die nachfolgende Tabelle verdeutlicht, wie man sich auf einfache Weise einen sehr guten Überblick schaffen kann:

Titel	Stück	Kurs/Datum	Limit	Kaufwert
A	100	37,50/18.8.	38	3.800,–
B	250	39,95/18.8.	40	10.000,–
C	100	60,50/18.8.	60	6.000,–
				19.800,–

4.3.2 Timing

Der Grundgedanke des Timing ist, daß es nicht einfach gute oder schlechte Titel gibt. Oft ist das nur eine Frage des *»Zeitpunktes«*, zu dem der Titel gekauft oder verkauft wird. Für den Praktiker erweist es sich als nützlich, sich aus der riesigen Auswahl an Wertpapieren diejenigen herauszusuchen, die neben guten fundamentalen auch vortreffliche technische Voraussetzungen mitbringen. Das wird deutlich durch Einsatz der Analyseinstrumente, mit deren Hilfe sich derjenige Zeitpunkt herauskristallisieren läßt, zu dem eine bestimmte Aktie das größte Kurspotential besitzt.

Das Timing bedient sich der Indikatoren, und zwar sowohl rein technischer (Kurse, Volumen) als auch bei langfristiger Betrachtung fundamentaler (monetäre, volkswirtschaftliche, konjunkturelle, unternehmensspezifische). Zudem spielen auch börsennahe Daten eine gewisse Rolle. Den Indikatoren werden verschiedene Interpretationsregeln zugeschrieben, aufgrund deren der Analyst Kauf- und Verkaufssignale erkennen kann.

4.3.3 Der Wert professioneller Nachrichten

Was ist von einem Anlageberater oder einem Börsenbrief zu halten, der ein Jahr lang predigt:»Abwarten, wir bleiben mit 80 % in Festgeld und Renten«? Das erscheint auf den ersten Blick als alter Hut, aber die Nachricht ist möglicherweise nach wie vor aktuell! Es wäre falsch, den Berater der Untätigkeit zu zeihen oder den betreffenden Börsenbericht abzubestellen, weil »denen nichts mehr einfällt«.

Die Medien sind nämlich besonders anfällig dafür, »Neuigkeiten« zu bringen. Es ist ihre Aufgabe, zu berichten. Aber: Empfehlungen zu geben, mit denen *Sie* etwas anfangen können, und Informationen zu vermitteln, die man gründlich auf ihre Substanz geprüft hat, das ist nicht das Metier der Medien.

Aufgabe der Börse ist das Versorgen der Volkswirtschaft mit Liquidität, wobei die Preise der gehandelten Wertpapiere so festgesetzt werden, daß ein maximaler Umsatz herauskommt. Börse und Banken werden für die Transaktionen bezahlt, nicht für die Preisfindung. Hiernach sind auch die Börsennachrichten zu werten.

Schließlich sei noch Vorsicht angeraten bei den Empfehlungen, die sich einer langen Liste aussichtsreicher Titel bedienen. Die dort genannten Aktien sind nicht selten mit Stop-Kursen aufgeführt. Sobald der Kurs darunterfällt, verschwindet die Aktie aus der Liste, zurück bleiben die Gewinner. So entsteht der Eindruck, daß diese Quelle einen Riecher für Gewinner hat. Solche Tricks erkennt man, wenn man die Liste eine Weile beobachtet.

In bezug auf die Nachrichtenlage zu einem bestimmten Titel lautet die Weisheit eines mit allen Wassern gewaschenen Börsianers:

Kaufe, wenn die Nachrichten überwiegend negativ sind, die Kurse aber trotzdem nicht weiter fallen!

Verkaufe, wenn die Kurse trotz der überwiegend positiven Nachrichten nicht weiter steigen!

4.4 Abwicklung

4.4.1 Kauforder

Eine Kauforder muß folgende Angaben enthalten:

- Titel (exakt, denn bei einer Gesellschaft gibt es unter Umständen mehrere Aktienarten wie »Stämme« oder »Vorzüge«),
- Wertpapierkennnummer,
- Menge,
- Limit,
- Dauer des limitierten Auftrags (kann für den Tag gelten oder aber bis »Ultimo«, also bis zum Letzten des Monats),
- Börsenplatz.

Das Limit kann folgende Formen haben:

- »billigst«, gilt immer, wenn kein Limit gesetzt wurde,
- fester Kurswert,
- »Stop-buy«-Kurswert,
- zusätzlich: »Interesse wahrend«, d. h. bei größeren, marktbeeinflussenden Paketen im Sinne des Kunden taktierend.

Das »Stop-order-Limit« ist eine von den amerikanischen Börsen übernommene Praxis, die auch in Deutschland mit der Einführung von Xetra möglich geworden ist. Hierbei wird das Kauflimit über dem aktuellen Kurs angesetzt. Erreicht der Kurs das Limit, dann verwandelt sich die »Stop-buy-Order« in einen Billigst-Kaufauftrag. Die Effekten werden zum nächstmöglichen Zeitpunkt gekauft, und zwar ohne Garantie für den exakten Limitkurs. Die Stop-buy-Order ist nützlich, wenn man nur dann kaufen möchte, wenn der Kurs einer aufsteigenden Tendenz folgt und eine durch das Limit markierte Widerstandslinie durchbricht. Beispiel siehe Abb. 4.4.

Eine unlimitierte Kauforder wird gegeben, wenn sie sofort ausgeführt werden soll. Sie kann aber zu bösen Überraschungen führen, besonders bei Papieren mit engem Markt sowie bei Optionen und Optionsscheinen. Man sollte auch bedenken, daß bei breit veröffentlichten Empfehlungen der Kurs stark beeinflußt werden kann. Da können auch mal marktgängige Effekten teuer zu stehen kommen, wenn man nur »billigst« geordert hat.

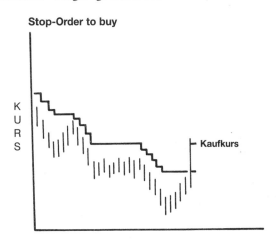

Abb. 4.4

Der erteilte Auftrag wird zum variablen Kurs abgerechnet, wenn er über festgesetzte Mindestmengen oder Vielfache davon lautet. Ansonsten gilt der Einheitskurs, auch für nicht durch die Mindestmenge teilbare Restmengen.

4.4.2 Verwahrung

Die eigenhändige Verwahrung der Effekten durch den Kunden ist nicht mehr üblich. Das würde das Kreditinstitut auch zusätzlichen Aufwand kosten (den es sich vom Kunden wieder holt), weil die Wertpapiere nicht mehr in der Bank, sondern in den Tresoren der gemeinschaftlichen Wertpapiersammelbank verwahrt werden. Da sind sie vor Diebstahl sicherer als anderswo, zumal sie nicht mehr transportiert werden müssen. Außerdem werden alle notwendigen Termine wie Hauptversammlung, Dividendenzahlung usw. automatisch überwacht und verfolgt.

Die Wertpapiersammelbanken verbuchen auf den Konten der Börsenbanken die Salden aus den jeweiligen Sachkonten, die Börsenbank bucht ihrerseits in das Depot und das Kapitalkonto des Kunden. Das Ganze nennt sich »Girosammelverwahrung«.

4.4.3 Verkaufsorder

Der Verkauf erfordert die gleichen Angaben wie die unter 4.4.1 geschilderte Kauforder. Das dringend empfohlene Limit kann hier wie folgt aussehen:

● »bestens«, gilt immer, wenn kein Limit gesetzt wurde,
● fester Kurswert,
● »Stop-loss«-Kurswert,
● Dauer des Auftrags (für den Tag geltend oder aber bis »Ultimo« (bis zum Letzten des Monats).

Die Stop-loss-Order ist das Gegenstück zum Stop-buy (siehe Abb. 4.5). Hier wird das Limit so gesetzt, daß die Effekten nach Durchstoßen einer gedachten und durch das Stop-loss-Limit markierten Widerstandslinie »bestens« verkauft werden. Zur Sicherung von Gewinnen und Schutz vor Verlusten kann man das Stop-loss-Limit einem steigenden Kurs ständig nachführen.

Die anderen zur Kauforder gemachten Hinweise gelten für die Verkaufsorder sinngemäß.

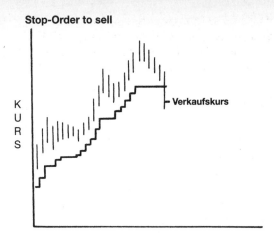

Abb. 4.5

4.4.4 Abrechnung

Die Kreditinstitute verlangen für ihre Dienste bei Aktienkauf und -verkauf Gebühren in Höhe von ca. 0,3 %–1 % des Kurswertes der gehandelten Papiere. Dazu kommt die Vergütung des Maklers (»Courtage«), die im Bereich von 0,075 ‰ des Nennwertes bei festverzinslichen Papieren bis 0,8 ‰ des Kurswertes bei Aktien liegen kann.

Weitere Gebührenquellen, die Banken gerne sprudeln lassen:

● Mindestgebührensätze, wenn es um Kleinaufträge geht,
● Limitgebühr bei nicht durchführbaren Aufträgen,
● Sonstige Spesen (dem Erfindungsreichtum sind keine Grenzen gesetzt!).

5. Terminkontrakte – Geschäfte mit der Zukunft

5.1 Termingeschäfte und ihre Formen

Der Terminhandel entstand auf den Rohstoffmärkten. Dort einigten sich Produzenten mit ihren Abnehmern über Preise und Mengen, die zu einem bestimmten Zeitpunkt gelten und das Geschäft auch für den Fall sinkender Preise im vorhinein festlegen sollten. Ebenso verfuhren Abnehmer, die steigende Marktpreise befürchteten.

Im Laufe der Zeit dehnten sich diese Geschäftspraktiken auf andere Handelsobjekte aus. So gibt es heute Terminkontrakte nicht nur mit Aktien und anderen Wertpapieren, sondern auch mit Kennzahlen wie dem Börsenindex. Ob damit eine größere Nähe zur Lotterie entstanden ist, wird den Börsianer so lange nicht interessieren, wie die Gewinnmöglichkeiten an der Börse die der Glücksspiele doch erheblich übertreffen.

Ein Termingeschäft setzt also voraus, daß bei den Kontraktpartnern gegensätzliche Erwartungen an die Marktentwicklung bestehen: Der Verkäufer rechnet mit fallenden Preisen und möchte sich zum Lieferzeitpunkt den höheren Abgabepreis sichern, der Käufer dagegen spekuliert auf steigende Preise und will einen verhältnismäßig niedrigen Einstandspreis nutzen.

Die Kontraktpartner treten jedoch nicht nur mit gegensätzlichen Zielsetzungen an, sondern auch mit unterschiedlicher Motivation und Risikobereitschaft. Der eine scheut die Gefahr der Preisänderung, nimmt dafür einen »schlechteren« Preis und eine niedrigere Prämie in Kauf und verzichtet auf die Chance eines höheren Gewinns. Der andere stürzt sich ins Risiko, um eine höhere Prämie, einen höheren Preis oder einen Gewinn zu kassieren.

Die Möglichkeiten für Gewinn und Verlust liegen also in der Preisentwicklung zwischen Abschluß und Fälligkeit des Geschäfts. Wer richtig vorausschaut, gewinnt. Für den »falschen« Propheten gibt es im Termingeschäft nicht die Chance, eine für ihn günstigere Marktsituation abzuwarten. Zum vereinbarten Termin muß er das Geschäft machen, und wenn er dabei noch soviel verliert.

5.2 Abgrenzung der Terminmärkte und Überblick

Die beiden ursprünglichen Grundarten der Termingeschäfte sind »Option« und »Future«. Ihre Merkmale sind in späteren Abschnitten näher erläutert, hier sei der Unterschied nur grob skizziert: Ein *Future-Kontrakt* bindet beide Partner auf Sache, Preis und Zeitpunkt, während die *Option* zwar den Verkäufer auch unwiderruflich bindet, dem Käufer aber freie Hand läßt, ob er vom Recht seiner Optionsausübung Gebrauch macht oder nicht. Außerdem ist die Option eine kürzer befristete (weniger als ein Jahr laufende) Vertragsform, während Future-Kontrakte bis zu zehn Jahre laufen können. Weiterer Unterschied: Futures werden nur auf Papiere ausgegeben, deren Qualität außer Frage steht.

Daß es sich bei Optionen und Futures um grundlegend andere Geschäftsobjekte handelt, wird schon daran deutlich, daß es Optionen auf Futures gibt, z. B. die Option auf den langfristigen Bund-Future oder die Option auf den DAX-Future. Hier werden die Kurswerte der Future-Papiere, die ja handelbar sind, zum Gegenstand der Spekulation gemacht bzw. abgesichert, eben mit Hilfe von Optionen.

Termingeschäfte im schematischen Überblick zeigt Abb. 5.1.

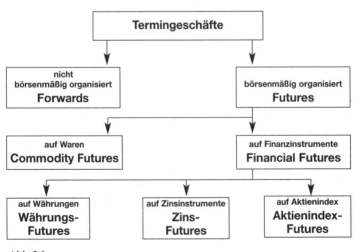

Abb. 5.1

An der Börse werden nur Vereinbarungen (Kontrakte) zentral gehandelt, die standardisiert sind. Daneben gibt es außerbörsliche Termingeschäfte (OTC-Geschäfte, Forwards). Diese Art von Kontrakt kommt nicht innerhalb der Institution und Organisation einer zugelassenen Börse zustande, ist nur beschränkt handelbar und wird in diesem Buch nicht behandelt.

Es wäre naheliegend, den *Optionsschein* für das Dokument einer Option zu halten. Das ist leider falsch. Sie sind in ihrer Funktion lediglich ähnlich. Näheres wird unter Punkt 5.5 behandelt.

Die Lektüre der Fachpresse macht deutlich, daß ständig neue Formen und Arten von Termingeschäften kreiert werden. So wurden beispielsweise Kaufoptionsscheine auf einen Schweizer Bankaktienkorb begeben, eine etwa zwei Jahre laufende Optionsscheinvariante, die aber wesentliche Züge einer Option hat. Unter der wachsenden Vielfalt leidet die Überschaubarkeit des Terminmarktes. Erhöhte Wachsamkeit für Besonderheiten und Tücken ist gefragt.

5.3 Optionen

5.3.1 Die im Optionsgeschäft verwendeten Begriffe und ihre Bedeutung

Gegenstand des Optionsgeschäftes ist das Optionsrecht, und das wird als Optionskontrakt gehandelt. Der Käufer eines Optionskontraktes (Optionsinhaber oder Optionsberechtigter) erwirbt gegen Zahlung einer Prämie das Recht,

- die bestimmte Menge eines bestimmten
- Gutes = *»Basiswert«*
- innerhalb eines bestimmten Zeitraumes = *»Laufzeit«*
- zum im voraus bestimmten Preis = *»Basispreis«*
- zu kaufen = *»Kaufoption«* oder *»Call«*
- bzw. zu verkaufen = *»Verkaufsoption«* oder *»Put«*.

Der Verkäufer eines Optionskontraktes (= *»Stillhalter«*) übernimmt die Verpflichtung, innerhalb der Laufzeit des Vertrages den Vereinbarungen nachzukommen, wenn der Käufer sein Recht in Anspruch nimmt. Der Verkäufer einer Kaufoption ist »Stillhalter in Wertpapieren«, während derjenige, der eine Verkaufsoption verkauft, »Stillhalter in Geld« genannt wird.

Für die eingegangene Verpflichtung erhält der Stillhalter vom Käufer eine Gegenleistung, den *»Optionspreis«*, auch *»Prämie«* genannt. Unter *»Volatilität«* versteht man einen Gradmesser für die Preisschwankungen des Basiswertes, also die Kursschwankungen der Aktie. Je stärker die Schwankungen, desto eher wird sich die Option für den Käufer lohnen und desto höher muß der Preis für die Option sein. Man unterscheidet eine historische und eine implizite Volatilität. Die eine basiert auf Vergangenheitsdaten, die andere wird mittels mathematischer Formeln aus dem aktuellen Marktgeschehen ermittelt.

5.3.2 Gegenstände, auf die es Optionen gibt

Beim Basiswert, also dem eigentlichen Gegenstand einer Option, kann es sich handeln um:

● Aktien bestimmter Unternehmen, aber auch Aktienindizes, die einen repräsentativen Querschnitt des Aktienmarktes darstellen,
● Währungen,
● Zinsen in Form von kurz- oder langfristigen Zinstiteln,
● Edelmetalle, z. B. Gold- und Silberoptionen,
● Future-Kontrakte, z. B. auf den langfristigen Bund-Future,
● Strom, gehandelt z. B. an der European Energy Exchange.

5.3.3 Rechte und Pflichten im Optionsgeschäft

In der Gegenüberstellung in Abbildung 5.2 werden die unterschiedlichen Rechte und Pflichten der Kontraktpartner eines Optionsgeschäfts deutlich. Sowohl bei Kauf- als auch bei Verkaufsoptionen gibt es einen Käufer, der die Optionsprämie dafür zahlen muß, daß er die Möglichkeit hat, sein Kauf- oder Verkaufsrecht auszuüben. Der Verkäufer einer Option bekommt die gezahlte Prämie gutgeschrieben, muss dafür aber auf Verlangen den Basiswert gegen den vereinbarten Basispreis kaufen oder verkaufen.

Man unterscheidet zwei Arten von Optionen hinsichtlich der Laufzeit:

● Bei amerikanischen Optionen kann der Käufer des Optionskontrakts bis zum Fälligkeitstag jederzeit von seinem Recht Gebrauch machen,

```
                    ┌──────────────────────┐
                    │      Optionen        │
                    └──────────────────────┘
```

Kaufoption CALL		Verkaufsoption PUT	
Käufer eines Call LONG CALL	**Verkäufer eines Call SHORT CALL**	**Käufer eines Put LONG PUT**	**Verkäufer eines Put SHORT PUT**
Hat das Recht, nicht aber die Verpflichtung, den Basiswert während der Laufzeit der Option zu dem im voraus festgelegten Basispreis zu kaufen.	Hat die Verpflichtung, den Basiswert zu dem im voraus festgelegten Basispreis zu verkaufen, falls der Call ausgeübt wird.	Hat das Recht, nicht aber die Verpflichtung, den Basiswert während der Laufzeit der Option zu dem im voraus festgelegten Basispreis zu verkaufen.	Hat die Verpflichtung, den Basiswert zu dem im voraus festgelegten Basispreis zu kaufen, falls der Put ausgeübt wird.

Abb. 5.2

● bei europäischen Optionen ist dieses Recht des Käufers auf den Fälligkeitszeitpunkt beschränkt.

Man kann zeigen, daß es in fast allen Fällen optimal ist, auch Optionen des amerikanischen Typs immer zum letztmöglichen Termin auszuüben, was auch in der Praxis meistens geschieht. Ausnahmen von dieser Regel sind größere Dividendenzahlungen oder ähnliches; in diesem Fall ist das Beste, kurz vor solch einer Zahlung von seinem Recht Gebrauch zu machen. An den Terminbörsen wie der Eurex werden in der Regel nur amerikanische Optionen gehandelt.

5.3.4 Grundpositionen und Grundstrategien

Mit einer Option bezieht der Anleger »*Position*«:

- eine »*Long-Position*« als Käufer *(»Inhaber«)* bzw.
- eine »*Short-Position*« als Verkäufer *(»Stillhalter«)*.

In Abb. 5.3 sind die Konstellationen schematisch dargestellt.

Der Anleger in »*Long-Call-Position*« profitiert, wenn der Basiswert über dem Basispreis notiert wird. Einen Gewinn macht er jedoch erst, wenn die Differenz größer ist als die Optionskosten (Optionspreis plus Nebenkosten). Dann sind aber durch die Hebelwirkung enorme Gewinne möglich. Der Call-Inhaber nimmt also teil am Aufschwung des Basiswertes, verlieren kann er höchstens den gezahlten Optionspreis. Läßt er die Option wertlos verfallen, ist allerdings das gesamte in die Option investierte Kapital verloren. Er kann nicht auf »bessere Zeiten« warten, wie es derjenige tun kann, der den Basiswert selbst gekauft hat.

In »*Long-Put-Position*« profitiert der Anleger vom Fallen des Basiswertkurses. Der kann zwar nicht unter Null fallen, trotzdem sind aber auch hier dank Hebelwirkung große Gewinne möglich. Davon hat der Anleger natürlich seine Optionskosten zu bestreiten.

Eine »*Short-Call-Position*« wird der Stillhalter anwenden, wenn er mit leicht fallenden oder stagnierenden Kursen rechnet. Sie lohnt sich aber für ihn nur, wenn nicht zu erwarten ist, daß der Basiswert hoch über den Basispreis steigt und damit die Optionsausübung herausfordert. Ansonsten bleibt ihm der eingenommene Optionspreis als Ertrag. Wenn sich aber eine Ausübung der Option für den Kontrahenten lohnt (weil der Basiswert weit über Basispreis notiert wird), dann kann er seine Position nur zu einem höheren Preis glattstellen. Bei Optionsausübung drohen erhebliche Verluste für den, der sich die Aktie erst noch beschaffen muß. In dem Fall erfordern Short Calls sorgfältige Beobachtung, so daß noch rechtzeitig mit Glattstellungsmaßnahmen reagiert werden kann.

Wer die »*Short-Put-Position*« bezieht, rechnet mit Profit aus stagnierendem oder nur leicht steigendem Kurs. Bewegt sich der Basiswert nicht oder wenig, dann kassiert der Stillhalter seinen maximal möglichen Gewinn, den Optionspreis. Bei sinkendem Kurs riskiert er Verluste bis zum Vielfachen des Optionspreises, wenn er nicht rechtzeitig mit Gegengeschäften für Glattstellung sorgt.

Gewinn- und Verlustprofile der vier Grundpositionen

Transaktionskosten (Gebühren und Provisionen) bleiben unberücksichtigt.

Kauf einer Kaufoption
Long Call

Verkauf einer Kaufoption
Short Call

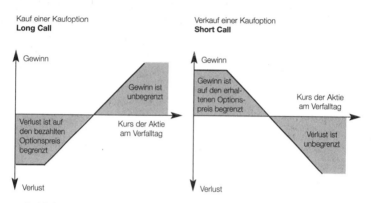

- Der Käufer einer Kaufoption erwartet einen steigenden Aktienkurs.

- Ein Gewinn wird erzielt, sobald der Aktienkurs die Summe aus Basispreis und bezahltem Optionspreis übersteigt.

- Der Verkäufer einer Kaufoption erwartet einen stabilen oder sinkenden Aktienkurs.

- Ein Gewinn wird erzielt, wenn der Aktienkurs nicht die Summe aus Basispreis und erhaltenem Optionspreis übersteigt.

Kauf einer Verkaufsoption
Long Put

Verkauf einer Verkaufsoption
Short Put

- Der Käufer einer Verkaufsoption erwartet einen sinkenden Aktienkurs.

- Ein Gewinn wird erzielt, sobald der Aktienkurs den Basispreis abzüglich des bezahlten Optionspreises unterschreitet.

- Der Verkäufer einer Verkaufsoption erwartet einen stabilen oder steigenden Aktienkurs.

- Ein Gewinn wird erzielt, wenn der Aktienkurs nicht den Basispreis abzüglich des erhaltenen Optionspreises unterschreitet.

Abb. 5.3

110

Bei allen vier Grundstrategien gilt: Der Käufer einer Option kann höchstens den Optionspreis verlieren, aber ein Vielfaches davon gewinnen. Demgegenüber kann der Stillhalter höchstens den Optionspreis verdienen, aber ein Vielfaches davon verlieren. Der Übersichtlichkeit halber wird in der Abbildung 5.3 der Kurs der Aktie am Fälligkeitstag der Option betrachtet. Im aktuellen Fall spielt natürlich der Zeitwert eine wichtige Rolle. Im Grunde genommen muß man sich im Optionsgeschäft stets fallbezogen und zeitnah Klarheit verschaffen. Nirgendwo mehr als hier bestimmt die Tagessituation das Geschehen.

5.3.5 Der Optionspreis, und wie er zustande kommt

Bei der Preisfindung für eine neue Option (Primärmarkt) bedient man sich der Berechnungsformel von den amerikanischen Professoren Black und Scholes, orientiert sich aber an ähnlichen Titeln des Marktes sowie den Marktchancen. Die Einflußfaktoren sind aus Abb. 5.4 ersichtlich.

Im Sekundärmarkt bestimmen dann natürlich Angebot und Nachfrage den Optionspreis. Um besser einschätzen zu können, ob es sich um ein gutes oder weniger gutes Angebot handelt, ist es nützlich, den Preisbestandteilen noch etwas mehr Aufmerksamkeit zu widmen.

Im Prinzip besteht der Optionspreis des Sekundärmarktes aus zwei Teilen:

»Optionspreis« = »innerer Wert« + »Zeitwert«

Der *»Zeitwert«* einer Option ist also die Differenz aus Optionspreis und dem inneren Wert, also der Betrag, den der Optionskäufer bereit ist zu zahlen, um während der verbleibenden Restlaufzeit Vorteile aus der Entwicklung des Aktienkurses zu ziehen.

Der *»innere Wert«* sagt aus, wie vorteilhaft es wäre, das Optionsrecht sofort auszuüben. Es ist der Gewinn, den der Anleger haben würde, wenn er das Optionsrecht ausüben und gleichzeitig das Basisgut beziehen würde.

Wann sollte das Optionsrecht ausgeübt werden? Bei einem Call rentiert es sich nur dann, wenn der aktuelle Aktienkurs über dem Basispreis des Call liegt. In diesem Fall ist der innere Wert des Call so hoch wie der positive Unterschied zwischen aktuellem Aktienkurs und Basispreis.

Beim Put-Käufer ist es natürlich umgekehrt: Für ihn lohnt sich eine

Ausübung nur, wenn der aktuelle Aktienkurs unterhalb vom Basispreis des Puts liegt. Auch hier ist der innere Wert gleich dem positiven Unterschied zwischen Basispreis und aktuellem Aktienkurs.

Es gibt drei Grundsituationen für den inneren Wert:

● *»In the money«:* Basispreis beim Call (Put) unter (über) dem Kassakurs des Basiswertes; Option hat einen inneren Wert,

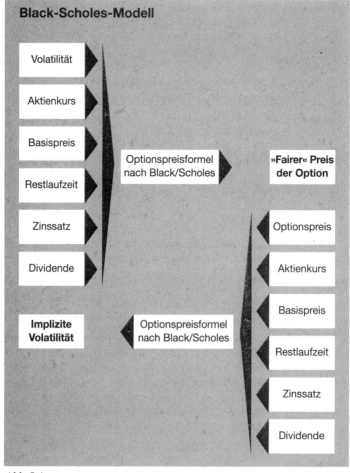

Abb. 5.4

- »*At the money*«: Basispreis und Kassakurs sind gleich; der innere Wert der Option ist Null,
- »*Out of the money*«: Basispreis beim Call (Put) über (unter) dem Kassakurs des Basiswertes; Option hat keinen inneren Wert.

Noch eine Betrachtung aus der »Money«-Sicht: Je mehr eine Option »in the money« ist, desto höher ist ihr Wert. Je weiter sie »out of the money« gerät, desto mehr läuft der Optionsinhaber Gefahr, sein eingesetztes Kapital einzubüßen.
Die Höhe des Optionspreises wird auf dem Sekundärmarkt von folgenden Faktoren beeinflußt:

- Der **Kurs des Basiswertes** beeinflußt den Tageskurs der Option über die eigene Veränderung hinaus. Man spricht von einem »*Hebeleffekt*«. Im Beispiel:
  Basiswert steigt – überproportionaler Anstieg (Rückgang) beim Call (Put)
  Basiswert fällt – überproportionaler Rückgang (Anstieg) beim Call (Put).
- Je niedriger der **Basispreis** beim Call, desto höher stellt sich der Optionspreis ein. Beim Put gilt das Gegenteil: Basispreis niedrig, Optionspreis niedrig.
- Die **Laufzeit** zehrt am Optionspreis: Mit fortschreitender Lauf-

Zeitwert in Abhängigkeit von der Restlaufzeit

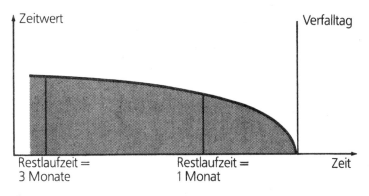

Abb. 5.5

zeit nimmt er ab, am Verfallstag ist der Zeitwert = 0 (siehe Abb. 5.5). Gegen Ende der Option ist eine Kursänderung immer weniger wahrscheinlich. Das drückt den Optionspreis.

● Unterliegt der **Basiswert starken Schwankungen,** so steigert das den Wert der Option.

● **Steigende Zinsen** wirken erhöhend auf Call-Optionen, drücken aber Puts.

● **Dividendenausschüttungen** beeinflussen den Aktienkurs (Basiswert) und damit den Optionspreis.

Hier sind einige kritische Bemerkungen zu diesen theoretisch entwickelten Modellen angebracht:

Die meisten *theoretischen Optionspreismodelle* stützen sich auf die Kapitalmarkttheorie und unterstellen weitgehend konstante und damit starre, unrealistische Prämissen:

● Leerverkäufe sind unbeschränkt möglich,

● es entstehen bei Transaktionen keine Gebühren, und es werden keine Steuern erhoben,

● der Marktzins für eine risikolose Anlage (Habenzins) und der Marktzins für eine Kapitalaufnahme (Sollzins) sind identisch und konstant,

● Dividenden oder sonstige Erträge auf die Wertpapiere werden nicht ausgeschüttet, und

● die Aktienkurse folgen einer Zufallsbewegung, die Volatilität wird als logarithmisch normal verteilte Standardabweichung vom Durchschnitt betrachtet.

Unter diesen Annahmen entwickelten auch Black und Scholes das erwähnte Optionspreismodell, welches als das bekannteste gilt und exemplarisch für alle theoretischen Optionspreismodelle steht. Die Erfinder gingen davon aus, daß man durch den Kauf einer Aktie und den Verkauf einer geeigneten Zahl von Kaufoptionen auf diese Aktien (ein Long Hedge, der über die Restlaufzeit laufend neu positioniert wird) einen risikolosen Gewinn erzielt. Dieser Gewinn sollte mindestens der Verzinsung entsprechen, die der Spekulant erzielt hätte, wenn er das Kapital für den Hedge alternativ zum laufenden Marktzins risikolos angelegt hätte. Diesen Sachverhalt setzten die beiden in eine Differentialfunktion der physikalischen Wärmeaustauschgleichung ein. Sie ermittelten auf diese Weise den Sollpreis für eine bestimmte neue Kaufoption.

5.3.6 Die Motive für den Einsatz von Optionen

Bei Optionen auf Aktien kann wesentlich differenzierter auf die Bedürfnisse und die Markteinschätzung des Anlegers eingegangen werden als beim Kauf der Aktien. Motive sind:

- *Absicherung* gegen unliebsame *Kursänderungen:* Der Aktienbesitzer läuft immer Gefahr, daß der Kurs sich nicht wie erwartet entwickelt. Kauf- oder Verkaufsoptionen bieten ihm Schutz vor Verlusten. Bei Aktien z. B. kann er sich vor rückläufigen Kursen durch den Kauf von Verkaufsoptionen absichern. Sinken die Kurse dann, so kann er seine Option ausüben und seine Aktien zum vereinbarten Basispreis verkaufen.

- *Ausnutzen des Verstärkungseffektes bei Kursbewegungen:* In der Erwartung steigender Kurse kann ein Anleger Kaufoptionen auf Aktien statt der Aktien selbst erwerben. Wenn seine Erwartung eintritt, dann nimmt der Preis der Kaufoption stärker zu als der Preis der Aktie. Sinngemäß gilt das natürlich auch für die Verkaufsposition. In diesen Fällen ist die Wertsteigerung der Option weitaus größer als die der Aktie selbst, hier haben wir wieder die »Hebelwirkung«.

- *Ausnutzen von Kursbewegungen bei minimalem Kapitaleinsatz:* Der Kauf einer Kaufoption auf 100 Aktien kostet nur einen Bruchteil von dem, was der Erwerb von 100 dieser Aktien kosten würde. Man braucht die Aktien erst bei Ausübung der Option zu bezahlen und kann sie möglicherweise gleich zum dann höheren Kurs wieder veräußern oder gleich die Option verkaufen.

- *Begrenzung des Kursrisikos:* Der Kauf oder Verkauf von Aktien birgt Verlustrisiken in sich. Wenn der Anleger lediglich Kaufoptionen erworben hat, bleibt der Verlust auf die Optionsprämie beschränkt.

- *Ausschließlicher Verdienst der Optionsprämie:* Wenn ein Portefeuille-Besitzer stagnierende Kurse erwartet und auf seine Papiere Kaufoptionen verkauft, dann verdient er durch die (sehr wahrscheinliche) Nichtausübung seitens des Optionskäufers die Prämie (zusätzliches Einkommen für das Portefeuille).

Das Optionsgeschäft bietet im übrigen nahezu unerschöpfliche Chancen des Gewinnens durch Variieren und Kombinieren der gebotenen Möglichkeiten. Deshalb kann diese Aufzählung der Motive nicht vollständig sein.

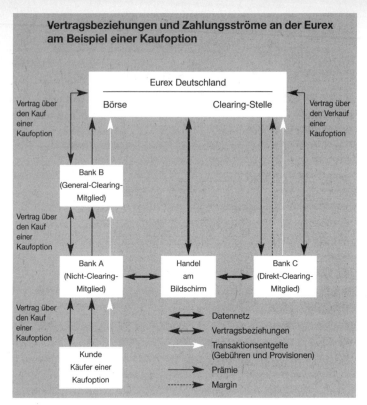

Vertragsbeziehungen und Zahlungsströme an der Eurex am Beispiel einer Kaufoption

Eurex Deutschland

Börse   Clearing-Stelle

Vertrag über den Kauf einer Kaufoption

Vertrag über den Verkauf einer Kaufoption

Bank B (General-Clearing-Mitglied)

Vertrag über den Kauf einer Kaufoption

Bank A (Nicht-Clearing-Mitglied)

Handel am Bildschirm

Bank C (Direkt-Clearing-Mitglied)

Vertrag über den Kauf einer Kaufoption

Kunde Käufer einer Kaufoption

⟷ Datennetz
⟷ Vertragsbeziehungen
⟶ Transaktionsentgelte (Gebühren und Provisionen)
⟶ Prämie
----⟶ Margin

Abb. 5.6

Erläuterung:

- *»Clearing-Mitglied«:* Inhaber einer Lizenz der Eurex zur geld- und stückmäßigen Abwicklung von Eurex-Geschäften, und zwar eigener und die seiner Kunden
- *»General-Clearing-Mitglied«:* Inhaber einer zusätzlichen Lizenz zur Abwicklung von Eurex-Geschäften von jedwedem Börsenteilnehmer ohne eigene Eurex-Clearing-Lizenz

---

5.3.7 Handhabung und Abwicklung von Optionsgeschäften

Das Optionsgeschäft wird hier am Beispiel der Eurex erläutert (Abb. 5.6). Da dort nach internationalem Standard verfahren wird, kann man die Regeln – zumindest sinngemäß – auch für andere Börsen anwenden.

Die »*Auftragserteilung*« funktioniert wie das normale Börsengeschäft: Der Anleger erteilt seinem Bankberater einen Auftrag. Nach schriftlicher/mündlicher Risikobelehrung (siehe Anhang E.2) geht die Order auf schnellstem Wege zur Ausführung in das vollelektronische Handelssystem der Eurex.

Auch die Art der Aufträge ähnelt dem Wertpapiergeschäft. Es gibt unlimitierte (»*billigst*«, »*bestens*«), aber auch »*limitierte*«, »*taggültige*« sowie »*zeitlimitierte*« Orders. Weitere optionsspezifische Anweisungen sind:

- »*Immediate or cancel*«: gesamten Auftrag sofort ausführen oder löschen,
- »*Fill or kill*«: soweit wie möglich sofort ausführen, Rest löschen,
- Kombinationen: zwei Einzelaufträge gekoppelt.

Wichtiger Hinweis bei jedem Auftrag: Handelt es sich um eine

- Eröffnung der Position (»*Opening Transaction*«) oder um
- eine Glattstellung der Position (»*Closing Transaction*«)?

Die Long- oder Short-Position einer Serie kann nur durch den Verkauf bzw. Kauf derselben Anzahl Kontrakte der entgegengerichteten Position glattgestellt werden.

Mit der Geschwindigkeit elektronischer Systeme gelangen alle eingegebenen **Aufträge** in das **Orderbuch** der Eurex. Unter Wahrung der Chancengleichheit wird automatisch der Geschäftsabschluß herbeigeführt, nicht sofort ausführbare Aufträge bleiben gemäß der jeweiligen Anweisung gespeichert.

Short-Positionen müssen mit Geld oder den zugrunde liegenden Basiswerten *besichert* werden (»*Margin*«), um das Preisänderungsrisiko abzudecken. Bei ungünstiger Kursentwicklung ist »*nachzuschießen*«. Sowohl über die »*Initial Margin*« (Anfangseinschuß) als auch den »*Margin Call*« (Nachschuß bei Wertveränderungen) wacht die Clearing-Stelle.

Wenn der Anleger sein Optionsrecht ausüben will, so geht sein Auftrag dazu über seine Bank zur Eurex. Per System wird im Zufallsverfahren ein Stillhalter ermittelt und dieser dann schnellstmöglich über die Zuteilung (»*Assignment*«) informiert und zur Erfüllung seiner Verpflichtung herangezogen.

5.3.8 Einführung in fortgeschrittene Optionsstrategien

Im folgenden werden einige Doppelstrategien erläutert.

a. Straddle

Ein Straddle ist die Kombination von Verkaufs- und Kaufoption auf dieselbe Aktie zum selben Basispreis und demselben Fälligkeitstermin. Der Käufer eines Straddle kauft eine oder mehrere Kombinationen von Kauf- und Verkaufsoption gleicher Anzahl. Diese Technik wird er anwenden, wenn er eine Kursbewegung in der Aktie erwartet, deren Richtung aber nicht einschätzen kann. Der Käufer bleibt dann verlustfrei, wenn der Aktienkurs so weit über oder unter den Basispreis geht, daß die gezahlten Prämien und Nebenkosten gedeckt sind.

Eine Kurssteigerung der Aktie wird den Wert der Verkaufsoption mindern oder ganz ausschalten. Die Kaufoption hingegen wird um so wertvoller, je höher der Aktienkurs über den Basispreis steigt. Ein Kursrückgang in der Aktie wird natürlich den Wert der Verkaufsoption um so mehr steigen lassen, desto tiefer der Aktienkurs unter den Basispreis fällt. Hier verliert die Kaufoption an Wert oder verfällt ganz.

Die obere Gewinnschwelle wird beim Straddle überschritten, wenn der Aktienkurs so weit gestiegen ist, daß die Prämien und Nebenkosten beider Optionen gedeckt sind.

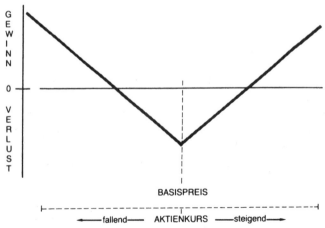

Abb. 5.7

118

Die untere Gewinnschwelle ist erreicht, sobald der Aktienkurs so weit gefallen ist, daß der Gewinn aus den Verkaufsoptionen die Prämien und Nebenkosten übersteigt. Der Kapitalbedarf für einen Straddle-Kauf ist relativ gering. Es ist die Summe aus den Prämien und den Nebenkosten für eine Kauf- und eine Verkaufsoption.

Die Höhe des Gewinns wird bestimmt vom Unterschied zwischen Kurs und Basispreis. Größter Verlust tritt ein, wenn am Ende der Laufzeit Basispreis und Kurs gleich sind. Dann ist der Einsatz (Optionspreis und Nebenkosten) verloren. Das Schema eines Straddle ist in Abb. 5.7 dargestellt.

Der Verkauf von Straddles bietet sich auch an, wenn man eine Seitwärtsbewegung des Marktes erwartet.

b. Strip

Der Strip ist eine Variation des Straddle. Der Käufer erwartet hier ebenfalls eine Kursbewegung, ist sich ihrer Richtung aber nicht sicher. Er vermutet eher einen Abwärtstrend. Aus diesen Gründen kauft er nicht die gleiche Anzahl von Kauf- und Verkaufsoptionen, sondern mehr Verkaufsoptionen, z. B. im Verhältnis zwei zu eins.

Die obere Gewinnschwelle ist beim Strip im Vergleich zum Straddle größer, aber der Aktienkurs muß sich stärker bewegen, um die Prämien und Nebenkosten zu decken. Die untere Gewinnschwelle ist vergleichsweise niedriger, und eine Abwärtsbewegung des Aktienkurses bringt den doppelten und schnelleren Gewinn.

c. Strap

Auch der Strap ist eine Variation des Straddle und das Gegenstück zum Strip. Hier ist sich der Käufer ungewiß über die Art der Kursbewegung, er erwartet am ehesten noch einen Kursanstieg. Aus diesem Grund kauft er mehr »gleiche« Kauf- als Verkaufsoptionen (z. B. eine Verkaufs- und zwei Kaufoptionen). Die obere Gewinnschwelle wird beim Strap im Vergleich zum Straddle niedriger, und ein Kursanstieg erzeugt den doppelten Gewinn schneller. Die untere Gewinnschwelle wird höher, und es wird eine größere Abwärtsbewegung benötigt, damit der Gewinn aus der einen Verkaufsoption die Prämien und Nebenkosten für die drei Optionen deckt.

d. Spread

Der Spread besteht entweder aus Calls oder Puts, jeweils mit demselben Verfallsdatum, aber unterschiedlichen Basispreisen. Beim

Bull-Spread kauft man einen Call mit tieferem und verkauft einen mit höherem Basispreis. Bei Kursanstieg ist der Gewinn zwar nur beschränkt, jedoch übersteigt der Verlust beim Kursverfall nicht die Kosten der Position. Ein Bull-Spread kann auch durch den Kauf eines Puts mit niedrigerem Preis und den Verkauf eines Puts mit höherem Basispreis dargestellt werden. Um einen Bear-Spread zu kreieren, kauft man den Call oder Put mit dem höheren Basispreis und verkauft den Call bzw. Put mit dem niedrigeren Basispreis. Bei Bear-Spreads gewinnt der Anleger die Differenz der beiden Optionsprämien, sobald der Basiswert unter den niedrigeren Basispreis gefallen ist. Bei Kursanstiegen des Basiswertes verliert er dagegen; sein Verlust ist aber beschränkt (siehe Abb. 5.8 und 5.9).

e. Long Hedge

In der fortgeschrittenen Optionsstrategie verwendet man auch den Hedge in seiner Long-Form, indem man Calls gegen eine Long-Position in Aktien stellt. Der Aktionär wird einen Long Hedge durchführen, wenn er der Meinung ist, daß sich die Aktienkurse kaum bewegen werden. In diesem Fall erhöht er seine

Abb. 5.8

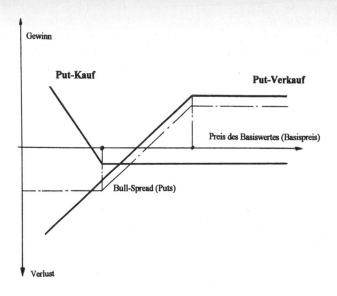

Abb. 5.9

Performance um die Prämie, die er vom Optionskäufer bekommt, und damit kann er eventuell einmal eintretende Kursrückgänge bei der Aktie kompensieren.

Das für einen Long Hedge erforderliche Kapital besteht aus dem Betrag für den Aktienkauf, für die »nackten« Kaufoptionen sowie für die Nebenkosten. Das zur Ausstellung der nackten Kaufoptionen erforderliche Kapital bildet die zu stellende Mindestsicherheit, bezogen auf den Marktwert der zugrunde liegenden Aktie, plus oder minus Gewinn/Verlust (Differenz zwischen Basispreis und Aktienkurs). Die Prämien, die der Aussteller erhält, werden davon abgezogen und die Nebenkosten dazugezählt. Zum Ende der Optionslaufzeit liegt z. B. der Aktienkurs unter dem Basispreis der Option. Keine der ausgestellten Kaufoptionen würde dann ausgeführt. Es gibt einen Gewinn in der Long-Position, falls der Kurs am Ende der Optionslaufzeit höher liegt als im Zeitpunkt des Ausstellens. Es liegt aber ein Verlust vor in der Long-Position, wenn der Aktienkurs seit dem Ausstellen der Option fiel. Steht der Aktienkurs oberhalb des Basispreises, so werden die Kaufoptionen ausgeführt werden. Dies würde für den Aussteller bedeuten, die Aktien aus der Long-Position liefern und die Aktien für die Calls kaufen zu müssen.

f. Short Hedge

Hierbei geht es um das Ausstellen von Puts gegen eine Short-Position in den Aktien. Ein Short Hedge ist eine Strategie, die aus der Kombination von einem Short-Verkauf und dem Ausstellen von Verkaufsoptionen auf dasselbe Wertpapier besteht. Dabei kann es sich um gedeckte und/oder nackte Verkaufsoptionen handeln. Um besonders für die nackten Puts die Wahrscheinlichkeit zu erhöhen, daß diese nicht ausgeübt werden, wird man diese stark überbewerten, so daß sie weit »aus dem Geld« sind. Aus der Short-Position ergibt sich die Verpflichtung, für alle Zahlungen der Gesellschaft an deren Aktionäre (z. B. Dividenden) aufzukommen; dies ist bei der Erfolgsrechnung zu berücksichtigen. Ein Short Hedge wird besonders dann konstruiert, wenn der Börsianer einen Kursrückgang erwartet.

Die untere Gewinnschwelle ist bei einem Rückgang des Aktienkurses erreicht, bei dem der Verlust aus den ungedeckten Puts gleich den Gewinnen aus der Short-Position und den Prämien abzüglich der Nebenkosten und der Dividenden ist. Die obere Gewinnschwelle wird bei einem Kursanstieg dann erreicht, wenn die Verluste aus der Short-Position so hoch sind wie die erhaltenen Prämien abzüglich der Nebenkosten.

Das erforderliche Kapital, um einen Short Hedge durchzuführen, besteht aus zwei Komponenten: Short-Position und Put. Die Short-Position erfordert einen vom Marktwert der Aktien abhängigen Kapitaleinsatz, und zwar in Höhe der vom Broker geforderten Eigenkapitalbeteiligung. Die Puts kosten den Marktwert, der den ungedeckten Aktien zugrunde liegt sowie die Sicherheitsleistung darauf.

Die Gewinn-Verlust-Situation: Liegt der Aktienkurs unter dem Basispreis, so stehen dem Gewinn aus der Short-Position und den erhaltenen Prämien die Nebenkosten und Dividenden sowie der Verlust aus der Verkaufsoption gegenüber. Handelt es sich um ungedeckte Puts, so sind nun – im Falle der Ausübung durch den Käufer der Option – die Kosten für das Eindecken der nackten Puts noch zu berücksichtigen. Stieg der Aktienkurs über den Basispreis, so stehen dem Verlust aus der Short-Position, den Dividenden und Nebenkosten die erhaltenen Prämien gegenüber.

5.4 Financial Futures (Fixgeschäfte mit Finanzinstrumenten)

5.4.1 Die im Future-Geschäft verwendeten Begriffe und ihre Bedeutung

Financial Future ist ein Sammelbegriff für börsengehandelte, standardisierte Finanzterminkontrakte. Ihnen liegt eine verbindliche Vertragsvereinbarung zugrunde,

- die bestimmte Menge eines Gutes = *»Basiswert«*,
- zu einem bestimmten Zeitpunkt = *»Liefertag«*,
- zu einem im voraus bestimmten Preis = *»Future-Preis«*,
- zu liefern = *Future-»Verkäufer«*,
- bzw. abzunehmen = *Future-»Käufer«*.

Ein solcher Kontrakt legt den Preis für das Finanzinstrument heute fest für eine Lieferung in der Zukunft. Ein wesentlicher Unterschied zu anderen Termingeschäften wie Warenterminhandel liegt in der Möglichkeit, die am Terminmarkt eingenommene Position (Kauf = Long-Position bzw. Verkauf = Short-Position) durch entsprechende Gegengeschäfte jederzeit wieder glattstellen zu können. Denn: Der Kontrakt wird in der Zukunft zu erfüllen sein *(»Andienung«)*, ist aber bis dahin an der Börse handelbar.

5.4.2 Futures-Gegenstände

Hier betrachtet werden Futures auf Finanzinstrumente wie

- Aktienindex (z. B. DAX),
- die wichtigsten Währungen,
- Zinspapiere und Zinssätze sowie
- Anleihen und Anleiheindizes.

Liegt einem Future-Kontrakt ein konkretes Handelsobjekt zugrunde, dann erfolgt die Andienung durch effektive Lieferung. Bei manchen Futures (z. B. Bund-Futures) ist jedoch nicht ein bestimmtes Kassaprodukt die Grundlage, vielmehr ist die Erfüllung des Kontraktes aus einer Mehrzahl von entsprechenden, gleichartigen Papieren möglich.

Nur etwa 5 % der gehandelten Financial Futures indes werden erfüllt, die weitaus meisten werden vor dem Erfüllungstag per Gegenposition glattgestellt.

In diesem Buch nicht behandelt werden die anderen wichtigen Terminmärkte:

- Warenterminhandel   Commodity Futures
- Edelmetallhandel   Precious Metal Futures

5.4.3 Rechte und Pflichten bei Future-Kontrakten

a. Der *Käufer* hat die Verpflichtung, am Liefertag/Erfüllungstermin den beschriebenen Basiswert zum vereinbarten Preis zu kaufen, z. B. ein Zinsinstrument in Form einer Geldmarktanlage, einer Anleihe oder eines Anleiheindexes.

b. Der *Verkäufer* ist zu Lieferung/Verkauf am Liefertag/Erfüllungstermin verpflichtet.

5.4.4 Strategien mit Futures

Beim Future beschränkt sich der strategische Spielraum auf die Kombinationsmöglichkeiten der zwei Grundstrategien (Long- bzw. Short-Position) sowie auf die Variation der Laufzeiten.

Die *»Future-Long-Position«* wird errichtet durch den Kauf einer oder mehrerer Kontrakte zum Future-Preis. Der Anleger hinterlegt dabei eine Sicherheit (*»Initial Margin«*). Sie wird von der Clearing-Stelle zur Abdeckung des Preisrisikos festgesetzt und überwacht. Nachschüsse sind fällig bei negativen Entwicklungen.

Der Anleger kann theoretisch unbegrenzt gewinnen, das hängt aber davon ab, wie weit der Future-Preis über die Gewinn- bzw. Verlustschwelle steigt. Ihm droht unbegrenzter Verlust, wenn der Future-Preis unter die Gewinn- bzw. Verlustschwelle sinkt.

Zur Errichtung einer *Future-Short-Position* verkauft der Anleger Kontrakte bei Hinterlegung einer Initial Margin. Theoretisch unbegrenzte Ertragsmöglichkeiten winken, hängen aber vom Stand des Future-Preises im Verhältnis zur Gewinn- bzw. Verlustschwelle ab. Je tiefer er unter der Schwelle liegt, desto höher ist der Gewinn. Umgekehrt ist der Verlust um so größer, desto höher die Schwelle überschritten wird. Die Abb. 5.10 zeigt die Situationen schematisch.

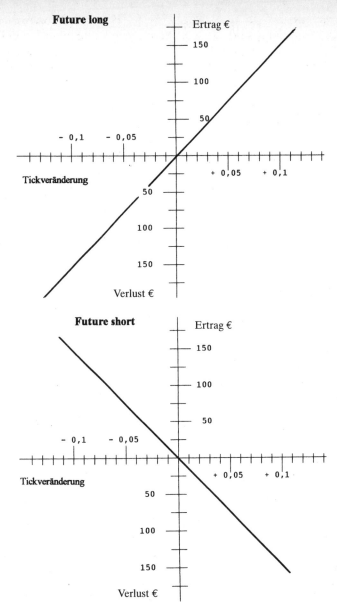

Abb. 5.10

Zusammengefaßt gilt somit:

Gewinne und Verluste ergeben sich bei Futures immer aus dem Unterschied zwischen dem Preis bei Kontraktabschluß und dem Preis am Tag der Fälligkeit oder Glattstellung.

5.4.5 Der Future-Preis am Beispiel eines Bund-Futures

Der Preis eines Futures steht in engem Zusammenhang mit der Preisbildung am entsprechenden Kassamarkt, es entsteht aber in aller Regel eine Differenz zwischen beiden, *»Basis«* genannt. Liegt der Future-Preis über dem Kassakurs, so ist die Basis positiv, im anderen Fall negativ. Die Basis unterliegt grundsätzlich zwei Einflußfaktoren, demgemäß spricht man von *»Carry Basis«* und *»Value Basis«*.

Größten Einfluß auf die Basis nehmen die Nettofinanzierungskosten, die durch das Einnehmen einer der Future-Position entsprechenden Kassaposition entstehen. Diese *»Costs of Carry«* können positiv oder negativ sein. Das hängt davon ab, ob die Finanzierungskosten (kurzfristig) höher oder niedriger sind als risikolose Zinserträge bis zum Ende der Futures-Laufzeit.

Daneben beeinflussen weitere, weniger exakt meßbare Faktoren die Preisbildung. Das sind die Erwartungen der Investoren, vorhandene Liquidität, Informationen und nicht zuletzt Angebot und Nachfrage. Diese unter dem Begriff *»Value Basis«* zusammengefaßten Einflüsse können zu erheblichen Preisverzerrungen und damit Risiken führen.

Wenn Kassa- und Terminmarkt nicht ausgeglichen sind, also der Future entweder über- oder unterbewertet ist, dann werden die Händler versuchen, dies für risikolose Arbitragegeschäfte durch entgegengesetzte Positionen am Future- und Kassamarkt zu nutzen. Das sorgt für einen Preisausgleich zurück zum *»Fair Value«*.

5.4.6 Die Motive für den Einsatz von Futures

Hier werden einige der gebräuchlichsten Motive für die Anwendung von Futures erläutert:

● *Verminderung des Zinsänderungsrisikos einer bestehenden Kassaposition:* Ein Bestand an festverzinslichen Wertpapieren unterliegt immer dem Zinsänderungsrisiko. So können in einem Zeitraum von zwei Monaten, in denen ein Unternehmen z. B. Anleihen abbauen will, die Marktzinsen gestiegen und der Kurs gefallen sein. Durch den Verkauf von Futures (Short Hedge) kann der Terminkurs für den geplanten Verkauf gesichert werden. Das geschieht dadurch, daß die Verluste aus dem Wertpapiergeschäft durch Glattstellungsgewinne aus der Future-Position ausgeglichen werden. Der Gegenwert von Futures ermöglicht es, Forderungen wie auch Verbindlichkeiten festzuschreiben und nicht der Unsicherheit von Zinsentwicklungen zu überlassen.

● *Verminderung des Zinsänderungsrisikos einer künftigen Kassaposition:* Erwartet man z. B. in einem halben Jahr einen größeren Zahlungseingang, der in Bundesanleihen angelegt werden soll, so ist er dem Risiko sinkender Zinsen und damit steigender Kurse ausgesetzt. Durch den Kauf von Bund-Futures kann man sich aber den Terminzinssatz für eine bestimmte künftige Mittelverwendung festschreiben (Long Hedge). Aus anderer Perspektive betrachtet: Durch den Verkauf von Bund-Futures kann man sich das Terminzinsniveau für eine geplante Mittelbeschaffung am Kapitalmarkt sichern. Vorteile für den Anleger: feste Kalkulationsgrundlage, Risikominderung und damit erhöhte Kreditwürdigkeit, ggf. Liquiditätsgewinn.

● *Ausnutzen des Hebels bei Kursbewegungen:* Beim Kauf von Bund-Futures z. B. lassen sich Zins- bzw. Kurserwartungen umsetzen, ohne das zugrunde liegende Wertpapier tatsächlich kaufen bzw. verkaufen zu müssen. Die Wertveränderungen des Futures betragen ein Vielfaches gegenüber einer Direktinvestition (Grund: Margin). Wenn sich der Markt gegen die eigene Position entwickelt, ist das Verlustrisiko hoch, im positiven Fall aber auch die Gewinnchance.

● *Ausnutzen von relativen Preisbewegungen innerhalb eines Kontraktes:* Wenn man erwartet, daß sich die Preisdifferenz zwischen dem näheren Erfüllungstermin (*»nearby«*) und einem entfernteren (*»deferred«*) innerhalb eines Kontraktobjektes spürbar ändert, kann man eine entsprechende Future-Position aufbauen. Verkleinert sich dann die Differenz, so verkauft man den Nearby-Kontrakt und kauft einen Deferred. Bei umgekehrtem Trend handelt man entsprechend entgegengesetzt.

- *Ausnutzen von relativen Preisbewegungen zwischen verschiedenen Märkten:* Erwartet man z. B. im September, daß bis zum folgenden März die Renditedifferenz zwischen einer zehnjährigen Bankschuldverschreibung und einer Bundesanleihe kleiner wird, so kann man zu seinem Vorteil Bankschuldverschreibungen kaufen und dagegen langfristige Bund-Future-Kontrakte verkaufen.

- *Ausnutzen von Änderungen der Zinsstruktur:* In Erwartung eines veränderten Zinssatzverhältnisses läßt sich mit Futures eine nützliche Strategie aufbauen. Werden z. B. die langfristigen Zinssätze gegenüber den kurzfristigen aller Voraussicht nach steigen, so verkauft man langfristige Futures (also acht bis zehn Jahre lang laufende) und kauft dagegen mittelfristige, also solche mit dreieinhalb bis fünf Jahren Laufzeit.

- *Ausnutzen von Preisungleichgewichten zwischen Future- und Kassamarkt:* Plötzlich auftretende Gerüchte über eine Diskontsatzsenkung veranlassen Spekulanten oft zu massiven Terminkontraktkäufen. Dann steigen auf den Future-Märkten die Preise, während der Kassahandel eher gelassen reagiert. Das kann man für eine sog. *»Cash-and-Carry-Arbitrage«* nutzen: Man verkauft überteuerte Bund-Futures und deckt sich auf dem Kassamarkt mit entsprechenden Bundesanleihen ein. Das verspricht Gewinn, da die Basis durch den Überteuerungseffekt größer sein wird als die Nettofinanzierungskosten der Neuanlage. Bei einer Unterbewertung würde man die umgekehrte Methode anwenden (*»Reverse Cash-and-Carry-Arbitrage«*).

5.4.7 Handhabung und Abwicklung von Future-Geschäften

Kauf und Verkauf der Futures geschieht über die zum Handel zugelassenen Börsenmitglieder, für den privaten Anleger ist der Berater seines Kreditinstitutes der richtige Ansprechpartner. An der deutschen Terminbörse sind die in Abb. 5.11 dargestellten Auftragsarten vorgesehen.

Geschäftsabschlüsse kommen bei der Eurex im Prinzip auf dieselbe Weise zustande wie bei Optionen (Ziffer 5.3.7), nämlich über Clear-

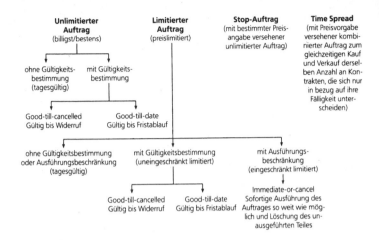

Abb. 5.11

ing-Mitglieder. Die Clearing-Stelle ermittelt börsentäglich den ein-
zuschießenden Sicherheitsbetrag, die »*Risk Based Margin*«. Dabei
erfolgt ein täglicher Gewinn- bzw. Verlustausgleich über ein Verrech-
nungskonto. Positionen, die sich ausgleichen, werden berücksichtigt,
überschüssige Margin-Beträge verfügbar gemacht, Risikoerhöhun-
gen des Tagesgeschehens aber auch belastet (Nachschuß).

Anleger mit offenen Short-Positionen müssen spätestens am letz-
ten Handelstag vor Fälligkeit der Clearing-Stelle mitteilen, welche
Papiere sie liefern wollen. Per Datenverarbeitung werden die
Papiere dann den offenen Long-Positionen zugeordnet und die
Rechnungsbeträge ermittelt. Unmittelbar darauf erfolgt dann die
Regulierung zwischen den Clearing-Mitgliedern.

5.5 Optionsscheine

Ursprünglich war der Optionsschein ein Anhängsel der Optionsanleihe: Er berechtigte zur Wandlung der Anleihe in Aktien (siehe Ziffer 2.3.5), wurde aber auch getrennt davon gehandelt. Dann
erschien vor wenigen Jahren eine neue Kreation auf dem speku-

lativen Teil des Wertpapiermarktes: der gedeckte Optionsschein (»Covered Warrant«). Hierbei verkaufen Banken Wertpapiere aus ihrem Bestand während einer bestimmten Laufzeit zum vorher festgelegten Kurs gegen Vorlage eines Optionsscheins und erhalten somit eine Prämie für die Zusicherung des betreffenden Preises. Gedeckt werden die Optionsscheine deshalb genannt, weil der Stillhalter die zugrunde liegenden Papiere in seinem Besitz hat. Diese Form des Optionsscheins liegt nun in seinen Funktionen sehr nahe bei der Option, deshalb werden hier die Unterschiede dieser beiden Wertpapierarten verdeutlicht:

Der *Optionsschein*

- ist nicht standardisiert, die Form wird vom Emittenten bestimmt,
- hat Laufzeiten bis zu vier Jahren,
- ist variabler in bezug auf den Basispreis und
- wird an der Börse oder OTC gehandelt.

Die *Option* dagegen

- ist in bezug auf Basispreis und Laufzeit stets standardisiert,
- läuft maximal sechs, in Ausnahmen neun Monate und
- wird in Deutschland nur an der Eurex gehandelt.

Im Laufe der Zeit wurde dann der Optionsschein auch zu anderen Zwecken ausgegeben. So gibt es heute:

- Zinsoptionsscheine,
- Währungsoptionsscheine,
- »Aktienkorb«-Optionsscheine,
- Optionsgenußscheine.

Der Kreativität seitens der Kreditinstitute scheinen keine Grenzen gesetzt zu sein. Diesen Optionsscheinformen ist gemeinsam, daß sie von Funktion und Abwicklung sehr den Optionen ähneln, sich aber durch das Fehlen einer Standardisierung unterscheiden.

5.6 Währungsabsicherung

Wenn man das Währungsrisiko reduzieren oder eliminieren will, so kann das z. B. darin bestehen, die erwarteten Erträge gegen einen eventuell fallenden Dollarkurs abzusichern. Bei den Absicherungsgeschäften ist es sehr vorteilhaft, wenn man von einer handfesten Vorstellung über den erwarteten Dollarrückgang ausgeht und weiß, um welchen Zeitraum es sich handelt.

Als Absicherung gegen einen fallenden Dollarkurs sind vier Techniken gebräuchlich:

- Devisenkredit,
- Devisentermingeschäft,
- Devisenterminkontrakt,
- Devisenoptionen auf einen €-Terminkontrakt.

Wenn Sie vor der konkreten Entscheidung für eine Absicherung stehen und von der Dringlichkeit der Absicherung noch nicht ganz überzeugt sind, besteht auch die Möglichkeit, nur einen Teil Ihres Dollarinvestments abzusichern. Sollte sich der Verdacht auf einen fallenden Dollarkurs verstärken, wird ein weiterer Teil oder das gesamte Dollarinvestment abgesichert. Bereits durch eine Teilabsicherung ist Ihr Währungsrisiko eingeschränkt.

a. Der Devisenkredit

Der *Dollarkredit*, die einfachste Art der Absicherung gegen einen Dollarkursrückgang, wird von den meisten deutschen Banken durchgeführt. Hierbei nimmt man in Höhe der abzusichernden Dollarsumme bei seiner Bank einen Dollar-Kredit auf. Den Kreditbetrag bekommt man in Dollar ausbezahlt, die Zinszahlungen sind in € zu leisten. Die Kreditdollar verkauft man zum aktuellen Tageskurs, den €-Gegenwert des Kreditdollarverkaufs legt man in Deutschland an, zum Beispiel als Festgeld. Die Absicherungskosten bestehen aus der Zinsdifferenz, umgerechnet in Euro, aus den Kosten für den Dollarkredit minus Zinsen für das Festgeld.

Der Zinssatz sowohl für den Dollarkredit als auch für die €-Anlage bestimmt die Absicherungskosten entscheidend. Ein Konditionenvergleich ist zu empfehlen, dabei kann man durchaus den Kredit bei der einen Bank nehmen, die Anlage aber bei einer anderen vornehmen.

b. Das Devisentermingeschäft

Das Devisentermingeschäft gilt als die klassische Absicherungsart gegen einen fallenden Dollarkurs. Es wird von den meisten deutschen Banken durchgeführt. Die von den Banken auf den aktuellen Tageskurs gemachten Kursabschläge sind nicht einheitlich, so daß sich ein Vergleich lohnen kann. Zum technischen Ablauf des Devisentermingeschäfts benötigen Sie drei Konten:

- Ein Kontokorrent- oder Girokonto,
- ein €-Terminkonto,
- ein $-Terminkonto.

Sie verkaufen Dollar am Termin x zum aktuellen Dollarkurs minus Abschlag, den Ihre Bank vereinnahmt. Die Dollars werden dem $-Terminkonto belastet, der €-Gegenwert wird dem €-Terminkonto gutgeschrieben. Spätestens zum Zeitpunkt x müssen Sie die Dollars zum aktuellen Dollarkurs des Tages x zurückkaufen. Das €-Terminkonto wird mit dem Gegenwert der Dollars belastet, im $-Terminkonto wird die Dollarsumme gutgeschrieben. Damit ist das $-Terminkonto ausgeglichen. Auf dem €-Terminkonto steht:

- im Falle eines gesunkenen Dollarkurses ein Soll-Saldo, also ein Gewinn;
- im Falle eines gestiegenen Dollarkurses ein Haben-Saldo, also ein Verlust.

Dem €-Terminkonto-Gewinn steht ein Wertverlust in der Dollaranlage (z. B. Aktien, Bonds etc.) gegenüber, während dem €-Terminkonto-Verlust ein Wertgewinn in der Dollaranlage (z. B. Aktien, Bonds etc.) entspricht.

Zur Durchführung eines €-Terminkontraktes benötigen Sie ein Futures-Konto bei einem Broker. Man kauft einen €-Kontrakt per Termin zu einem bestimmten €-Kurs. Beim €-Terminkontrakt muß man, von den Währungen her gesehen, umdenken. Man rechnet also nicht mehr € pro Dollar, sondern Dollar pro Euro. Durch den €-Kontraktkauf sichert man sich auf den bestimmten Termin für die Kontrakteinheit einen bestimmten €-Dollar-Kurs, der bereits bei Abschluß des Geschäftes festgelegt wird. Gehandelt wird auf fünf Termine im voraus: März, Juni, September, Dezember und März nächsten Jahres.

Der €-Terminkontrakt ist ein normales Termingeschäft. Mehr darüber gibt es im Kapitel »Termingeschäfte« zu lesen.

c. Die Devisenoption

Der *Kauf einer Kaufoption* (Call) auf einen €-Terminkontrakt wird über ein Optionskonto bei einem Broker durchgeführt. Auch hier gilt es wieder, die gewohnte Währungsrelation andersherum zu betrachten, also Dollar pro Euro. Beim Kauf der Kaufoption auf einen €-Terminmonat handelt es sich um ein gewöhnliches Optionsgeschäft. Der Käufer der Kaufoption bezahlt dem Aussteller die Optionsprämie, dafür bekommt der Optionskäufer das Recht, die vereinbarte Menge an € zu dem vereinbarten Kurs innerhalb der Optionslaufzeit zu fordern. Das Geschäft wird glattgestellt, indem der Besitzer die Option wieder verkauft. Dies sollte vor Ablauf der Laufzeit geschehen.

Ist der Dollar wie erwartet gefallen und damit der Euro gestiegen, so ist die betrachtete Option im Wert gestiegen, man kann sie also mit Gewinn verkaufen. Der Gewinn sollte größer sein als die Optionsprämie und die dadurch entstandenen Kosten. Der Gewinn wird gegen den Wertverlust der Dollaranlage verrechnet.

Die kleinste Kontrakteinheit lautet in Philadelphia über 62.500,– €. Handelstermine sind März, Juni, September und Dezember. US-Dollar/Euro-Optionen mit einer Laufzeit von mehr als zwölf Monaten gibt es noch nicht.

Bei dem €-Call entstehen nur die Kosten für die Optionsprämie, es können höchstens kleine Einschuß- oder Nachschußforderungen auftreten. Das Risiko ist auf die Höhe der Optionsprämie begrenzt. Insofern stellt sich der €-Call gegenüber dem €-Terminkontraktkauf meist als die vorteilhaftere und einfacher durchzuführende Absicherung dar. Einzelheiten über Optionen sind dem Kapitel »Termingeschäfte« zu entnehmen.

5.7 Zusammenfassung

Hoher Gewinn und Sicherheit schließen sich aus, diese Bauernweisheit gilt für den ganzen »Börsenacker«, aber erst recht bei Termingeschäften. Nur wer sich mit diesen Instrumenten intensiv befaßt hat und damit umgehen kann, wird vor großen Enttäuschungen bewahrt bleiben. Dem Profi jedoch sind mit Option und Future ausgezeichnete Werkzeuge an die Hand gegeben, die seine Anlagen entweder absichern oder per Spekulation vermehren können. Die rasante Entwicklung der Termingeschäftsumsätze spricht für sich, ebenso die ständig sich erweiternde Produktpalette.

6. Investmentfonds

6.1 Allgemeines zu Investmentfonds

6.1.1 Definition, Idee und Geschichte

Ein Fonds ist ein Korb mit Wertpapieren (*»Wertpapierfonds«*) oder Immobilien (*»Immobilienfonds«*). Dieser Korb, das sog. *»Fondsvermögen«*, wird von einer *»Fondsgesellschaft«* (Investmentgesellschaft) verwaltet. Eine Vielzahl von Anlegern bringt Geld in das Fondsvermögen ein und erhält dafür das *»Investmentzertifikat«*, das ihren Anteil am Fondsvermögen dokumentiert. Die Fondsgesellschaft investiert das Kapital an der Börse oder in Immobilien. Anlagen in Investmentfonds sind also eine indirekte Form der Investition.

Investmentfonds ermöglichen dem privaten Investor den einfachen und kostengünstigen Zugang zu den weltweiten Kapitalmärkten. Er erschließt sich deren attraktives Ertragspotential, und das ohne großen Kapitaleinsatz und trotzdem mit risikomindernder, breiter Streuung in verschiedene Papiere aus verschiedenen Ländern. Gleichzeitig kann er die Fachkenntnis und Erfahrung eines professionellen Fondsmanagements für seine persönliche Anlagestrategie nutzen.

Die Fondsidee kann auf eine lange Tradition zurückblicken: Bereits in der ersten Hälfte des 19. Jahrhunderts entstanden in Belgien investmentfondsähnliche Gesellschaften. Die ersten echten Investmentfonds gab es dann in der zweiten Hälfte des 19. Jahrhunderts im anglo-amerikanischen Raum. Die wohl älteste und heute zu den weltgrößten zählende Fondsgesellschaft ist die 1868 gegründete britische Foreign & Colonial Management Ltd.

6.1.2 Rechtliche Grundlagen

Rechtsgrundlage für das Geschäft der deutschen Investment-Gesellschaften ist neben dem Gesetz über das Kreditwesen (KWG) insbesondere das Gesetz über Kapitalanlagegesellschaften (KAGG). Dieses Gesetz schreibt vor, daß die von den Anlegern eingesammelten Gelder nach dem Grundsatz der Risikostreuung anzu-

legen sind. Die Investment-Gesellschaft ist deshalb gesetzlich verpflichtet, das Fondsvermögen in Wertpapieren und Vermögensge-
genständen verschiedener Aussteller anzulegen. In der Praxis
erfolgt häufig zusätzlich eine Streuung nach Branchen oder geogra-
phischen Gesichtspunkten. Die eingezahlten Gelder der Anleger
und die dafür angeschafften Vermögensgegenstände bilden ein
Sondervermögen. Dieses Sondervermögen ist von dem Betriebs-
vermögen der verwaltenden Investment-Gesellschaft getrennt zu
halten. Das Vermögen dieser Sondervermögen, der Investmentfonds, ist von einer unabhängigen Depotbank zu verwahren und
zu überwachen. Die gesamten Vermögenswerte eines Sondervermögens werden von dieser Depotbank auf einem Sperrdepot verwahrt, sofern es sich um Wertpapiere, oder auf Sperrkonten,
sofern es sich um Bankguthaben handelt. Die Depotbank hat
darüber hinaus die Aufgabe, den Anteilwert zu ermitteln, Anteilscheine gegen Zahlung der entsprechenden Ausgabepreise auszu-
geben und Anteilscheine gegen Auszahlung der entsprechenden
Rücknahmepreise zurückzunehmen. Des weiteren überwacht die
Depotbank die Einhaltung der gesetzlichen Vorschriften und der
Vertragsbedingungen durch die Investment-Gcsellschaft.
Das Rechtsverhältnis zwischen der Investment-Gesellschaft, der
Depotbank und dem Anleger ergibt sich aus dem KAGG und den
Vertragsbedingungen. In den Vertragsbedingungen für Publikumsfonds sind Angaben enthalten über die vom Fonds zu erwer-
benden Vermögensgegenstände, die anfallenden Kosten, die Höhe
der Barreserven, Modalitäten der Ausschüttung und Rechen-
schaftslegung, Höhe der Ausgabeaufschläge sowie die Form der
Rücknahme. Die Vertragsbedingungen sind Bestandteil des Ver-
kaufsprospekts. Der Verkaufsprospekt ist zusammen mit dem letzten Rechenschaftsbericht des Fonds jedem Anleger vor Erwerb
eines Anteilscheins zur Verfügung zu stellen. Der Verkaufsprospekt muss alle Angaben enthalten, die zum Zeitpunkt des Erwerbs für die Beurteilung des Anteilscheins von wesentlicher Bedeutung sind.
Die Einhaltung der Vorschriften des KAGG und des KWG wird
durch eine staatliche Aufsichtsbehörde, das Bundesaufsichtsamt
für das Kreditwesen in Bonn, überwacht. Dieses Amt hat u. a. die
Möglichkeit, bei Zuwiderhandlung gegen die Vorschriften des
KAGG und des KWG das Investmentgeschäft zu untersagen bzw.

die Geschäftsführer oder die Vorstände abzuberufen. Zur Kontrolle sind der Bankaufsichtsbehörde zu bestimmten Terminen Aufstellungen über die Zusammensetzung der Fondsvermögen und Unterlagen über die Finanzsituation der Gesellschaften vorzulegen.

Allerdings bezieht sich die Aufsicht nur auf die Einhaltung der gesetzlichen Vorschriften (z. B. vorgeschriebene Risikostreuung) und der im Verkaufsprospekt genannten Anlageziele. So kann ein Fonds, der dem Zweck der Anlage in festverzinsliche Papiere verschrieben ist, nicht plötzlich seinen Anlageschwerpunkt auf Aktien umstellen. Über den Anlageerfolg der einzelnen Fonds entscheiden jedoch allein Können und Geschick der Fondsmanager, die über die Auswahl der zu kaufenden und verkaufenden Papiere befinden. Das ist nicht Gegenstand der staatlichen Aufsicht.

6.2 Arten von Fonds

6.2.1 Grundsätzliche Unterscheidungen

Grundsätzlich muß man zwei große Typen von Fonds unterscheiden, die sich an unterschiedliche Anlegerschichten richten:

- Publikumsfonds sind Investmentfonds, deren Anteile der Öffentlichkeit, d. h. einem unbegrenzten Anlegerkreis, angeboten werden.
- Spezialfonds sind Investmentfonds, deren Anteile ausschließlich einem begrenzten Anlegerkreis angeboten werden, wie beispielsweise Versicherungen, Pensionskassen und anderen Unternehmen.

Eine weitere wichtige Unterscheidungsmöglichkeit von Fonds richtet sich nach dem Zeitraum, in dem Investmentzertifikate an diesen Sondervermögen erworben werden können:

- Offene Fonds bieten ihre Anteile jederzeit an. Anleger können diese erwerben und zu gegebener Zeit wieder zurückgeben. Das Volumen des Fonds ist damit variabel, und ein erfolgreicher Fonds kann Jahrzehnte und länger am Markt sein. Alle in Deutschland aufgelegten Investmentfonds sind nach diesem sogenannten »Open-end-Prinzip« konstruiert. Einige Investmentfonds werden an verschiedenen deutschen Börsen gehandelt.

● Geschlossene Fonds sammeln Geld nur während der Distributionsphase ein. Ein nachträgliches Investieren, aber auch ein vorzeitiges Zurückgeben der Anteile ist ausgeschlossen. Der Vorteil solcher Fonds für die Investmentmanager besteht darin, daß sie genau wissen, welchen Betrag sie für Anlagezwecke zur Verfügung haben. Solche Fonds sind in der Regel für einen bestimmten Zeitraum aufgelegt.

Eine dritte Unterscheidungsmöglichkeit von Fonds ist das Charakteristikum der Ausschüttung von Erträgen:

● Ausschüttende Fonds zahlen einmal jährlich vereinnahmte Zinsen und Dividenden an die Anleger aus.

● Thesaurierende Fonds investieren alle Zinsen, Dividenden und Kursgewinne erneut im Markt und versuchen so, eine möglichst große Wertsteigerung im Anlagezeitraum für den Anleger zu erzielen.

Je nachdem, in welche Vermögenswerte ein Investmentfonds anlegt, kann man danach die in den folgenden Unterkapiteln geschilderten Arten von Fonds unterscheiden.

6.2.2 Wertpapierfonds

Solche Sondervermögen dürfen nur aus Aktien, Anleihen, Bezugsrechten, Schuldscheindarlehen, Bankguthaben, unverzinslichen Schatzanweisungen und Schatzwechseln, Anteilen an inländischen und vertriebsberechtigten ausländischen Wertpapier- und Geldmarktfonds sowie derivativen Finanzinstrumenten (beispielsweise Optionen und Futures) bestehen. Die Wertpapiere müssen grundsätzlich an anerkannten Märkten des In- und Auslandes gehandelt werden, bzw. ihr Handel muß an entsprechenden Märkten vorgesehen sein. Man unterscheidet Wertpapierfonds noch weiter nach den Wertpapieren, in die hauptsächlich investiert wird:

● Aktienfonds investieren in Aktien inländischer und/oder ausländischer Unternehmen.

● Rentenfonds legen in verzinslichen Wertpapieren in- und/oder ausländischer Aussteller an, z. B. in deutschen oder ausländischen Staatsanleihen, Kommunalobligationen, Anleihen von Post und Bahn.

- Gemischte Fonds halten sowohl Aktien als auch verzinsliche Wertpapiere in- und/oder ausländischer Aussteller.
- Spezialitätenfonds investieren insbesondere in Wertpapiere bestimmter Branchen oder Regionen; sie spezialisieren sich auf die Anlage z. B. in Technologiewerten, Rohstoffwerten, Aktien von Banken und Versicherungen oder auf Wertpapiere eines bestimmten Landes oder einer Region.
- Kurzläufer-Rentenfonds legen hauptsächlich in Rentenpapieren mit kurzer Laufzeit an und bieten damit relativ geringe Kursrisiken.
- Geldmarktnahe Fonds dürfen bis zu 49 % ihres Fondsvermögens in Geldmarktpapieren wie Einlagenzertifikaten von Kreditinstituten sowie unverzinslichen Schatzanweisungen, Schatzwechsel und vergleichbaren Papieren anlegen.
- Aktienindexfonds haben zum Ziel, einen anerkannten Aktienindex nachzubilden.
- Die Liquiditätsreserve eines Fonds darf bis zu 49 % in Bankguthaben, Anteilen an Geldmarktfonds und kurzfristigen Geldmarktpapieren gehalten werden.

Für alle Wertpapiere gilt, dass grundsätzlich bis zu 5 % des Fondsvermögens Papiere eines Ausstellers erworben werden dürfen. Diese Grenze erhöht sich auf 10 %, sofern dies in den Vertragsbedingungen des Fonds geregelt ist. Der gesamte Bestand an Wertpapieren, die über 5 % des Sondervermögens ausmachen, dürfen zusammengerechnet 40 % des Sondervermögens nicht übersteigen.

6.2.3 Offene Immobilienfonds

Neben den Wertpapierfonds gibt es als zweite wichtige Gruppe die offenen Immobilienfonds. Bei diesen Fonds werden die Gelder der Anleger in der Praxis bevorzugt in überwiegend gewerblich genutzten Grundstücken an wirtschaftlich interessanten Standorten angelegt. Damit erhält der Anleger die Möglichkeit, bereits mit kleinen Beträgen von der aktuellen Entwicklung des Immobilienmarkts zu profitieren. Für solche Grundstücks-Sondervermögen dürfen erworben werden:

- Geschäftsgrundstücke
- Gemischt genutzte Grundstücke
- Mietwohngrundstücke
- Grundstücke im Zustand der Bebauung
- Unbebaute Grundstücke
- Erbbaurechte
- Beteiligungen an Grundstück-Gesellschaften (bis zu 20 %).

Daneben werden Barguthaben oder Anteile an Geldmarkt- und Wertpapier-Sondervermögen gehalten, um die jederzeitige Rücknahme von Anteilscheinen zu gewährleisten. Grundstücke im Zustand der Bebauung und unbebaute Grundstücke dürfen jeweils nur bis zu 20 % des Sondervermögens erworben werden. Um eine ausreichende Risikomischung zu gewährleisten, muss ein Grundstücks-Sondervermögen vier Jahre nach Auflegung aus mindestens zehn Grundstücken bestehen. Keines der Grundstücke darf zur Zeit des Erwerbs den Wert von 15 % des Sondervermögens übersteigen. Sofern die Vertragsbedingungen dies regeln, dürfen auch Grundstücke außerhalb der Bundesrepublik Deutschland erworben werden.

In EU-Ländern kann bis zu 100 % des Fondsvermögens angelegt werden. Außerhalb der EU gelegene Grundstücke dürfen bis zu 20 % des Sondervermögens erworben werden.

6.2.4 Geldmarktfonds

Geldmarkt-Sondervermögen dürfen nur aus Geldmarkttiteln (Wertpapiere und Schuldscheindarlehen mit Restlaufzeiten von höchstens zwölf Monaten oder marktgerechter Anpassung der Verzinsung mindestens alle zwölf Monate) und Bankguthaben bestehen. Sie eignen sich hervorragend als Alternative zu Festgeldern oder Sparbüchern bei Banken, da durch das Zusammenlegen der Gelder zu einer größeren Anlagesumme bessere Konditionen erreicht werden können und man unabhängig von Kündigungsfristen oder Fälligkeitsterminen ist.

Geldmarktfonds bieten sich als Liquiditätsreserve an und sind gut geeignet, Geld zu »parken«, das demnächst wieder im Aktienmarkt investiert werden soll. Geldmarktfonds sind auch in Zeiten niedriger bzw. steigender Zinsen gut geeignet, da hier keine Kurs-

verluste drohen, wie dies bei Rentenfonds mit längerem Anlagehorizont der Fall ist.

6.2.5 Dachfonds

Dachfonds sind in Deutschland erst seit 1998 zugelassen. Solche
Fonds investieren ausschließlich in Anteile an anderen Sondervermögen wie Geldmarktfonds, Wertpapierfonds, Beteili-
gungs-Sondervermögen, Grundstücks-Sondervermögen, gemischte Wertpapier- und Grundstücks-Sondervermögen sowie Altersvorsorge-Sondervermögen. Aus Gründen der Risikostreuung dürfen Dachfonds maximal bis zu 20 % des Sondervermögens in Anteilen an einem einzelnen Investmentfonds anlegen. Außerdem
dürfen höchstens 10 % der Anteile eines anderen Fonds erworben
werden. Nicht zulässig ist die Anlage in anderen Dachfonds.

6.2.6 Altersvorsorge-Sondervermögen (AS-Fonds)

Mit Altersvorsorgefonds wurden erstmals Zielfonds in das
KAGG aufgenommen. Ziel ist, ein angemessenes Altersvorsorge-
niveau mit möglichst geringem Aufwand und gleichzeitig größt-
möglicher Sicherheit zu erreichen. Sie kombinieren die hohe öko-
nomische Effizienz angloamerikanischer Pension Funds mit den
konzeptionellen Vorzügen eines Investmentfonds wie hoher An-
legerschutz, der Transparenz, Flexibilität und einfacher Handha-
bung. Ihre Anlage ist substanzwertorientiert, d. h., sie besteht aus
mindestens 51 % Aktien und gegebenenfalls Anteilen an offenen
Immobilienfonds. AS-Fonds dürfen Wertpapiere und Schuldscheindarlehen, Grundstücke, Beteiligungen an Grundstücks-Ge-
sellschaften sowie stille Beteiligungen erwerben. Der Aktienanteil
darf maximal 75 % und muss mindestens 21 % des Fondsvermögens betragen. Immobilien und offene Immobilienfonds dürfen bis
zu höchstens 30 % des Sondervermögen erworben werden. Deriva-
tive Instrumente sind nur für Absicherungszwecke einzusetzen.

Weiterhin sind für AS-Fonds folgende Charakteristika kennzeich-
nend:
● Altersvorsorge-Sparpläne für regelmäßige Einzahlungen mit
  einer Laufzeit von mindestens 18 Jahren oder mit einer Laufzeit bis mindestens zur Vollendung des 60. Lebensjahres. Auf-

grund des Cost-Average-Effektes erreicht man so einen günstigen durchschnittlichen Einstandspreis.

- Auszahlpläne: Mit einem Auszahlplan profitiert man in monatlichen »Raten« von seinem angesparten Vermögen – falls gewünscht, mit Erhalt des Kapitals für die Erben. Natürlich kann man auch vorher auf sein Geld zurückgreifen, wenn man es dringend benötigt. Es empfiehlt sich jedoch, dies nur in Notfällen zu tun, um das spätere Zusatzeinkommen nicht zu gefährden.

- Vermögensumschichtung: Dies ist hilfreich, wenn man zum Ende der Sparphase sein Vermögen und die erreichten Erträge durch die Umschichtung in andere Fonds sichern möchte. Rentenfonds und offene Immobilienfonds beispielsweise entwickeln sich stetiger als Aktienfonds. Sie helfen Ihnen, das erreichte Vermögen und damit die möglichen Auszahlbeträge abzusichern. Nach drei Vierteln der Ansparphase muß dies kostenlos erfolgen.

- Die Erträge von AS-Fonds dürfen nicht ausgeschüttet, sondern müssen thesauriert werden. Durch diese automatische Wiederanlage vermehrt sich das Kapital aufgrund des Zinseszinseffektes schneller.

- Versicherungen helfen, das Risiko in der Zeit der Ansparphase abzusichern. Zusätzlich zu dem Sparplan schließt man dazu eine Risiko-Lebens- oder Berufsunfähigkeitsversicherung ab.

Als Fazit muß man festhalten: Wie jede Aktienanlage unterliegen auch AS-Fonds Preisschwankungen. Mit der regelmäßigen Anlage gleichbleibender Beträge nutzt man allerdings das Auf und Ab an der Börse, weil bei steigenden Kursen weniger, dafür bei fallenden Kursen mehr Anteile erworben werden. Für den gleichen Sparbetrag erhält man also bei niedrigen Aktienkursen mehr Anteile und erreicht so einen günstigen durchschnittlichen Einstandspreis.

Auch die Zeit spielt für die Höhe des Vermögens eine Rolle. Ein langer Anlagezeitraum und der Zinseszinseffekt arbeiten für Sie. Je früher Sie beginnen zu investieren, desto stärker steigen Ihre Chancen auf ein hohes Vermögen im Rentenalter. Und dadurch, dass AS-Fonds ihre jährlichen Erträge automatisch wieder investieren, wächst Ihr Vermögen immer schneller an.

Wie groß Ihr Finanzpolster für den Ruhestand sein wird, hängt von verschiedenen Faktoren ab: von der Höhe Ihrer Sparrate, von der Einzahldauer und von den Bewegungen der Kapitalmärkte, in die Ihr Geld investiert ist. AS-Fonds garantieren Ihnen zu Beginn des Sparvorgangs keinen festgelegten monatlichen Betrag lebenslang. Aber das angesammelte Vermögen können Sie in ein dauerhaftes regelmäßiges Zusatzeinkommen verwandeln, das Ihnen im Ruhestand mehr Freiheiten bietet.

6.3 Nutzen und Anwendungsmöglichkeiten von Fonds

6.3.1 Professionelles Anlagenmanagement

Der wichtigste Vorteil für den Anleger liegt im professionellen Anlagemanagement durch die Fondsgesellschaft. Im Rahmen umfangreicher Analysen werden von dort die aussichtsreichsten Papiere der jeweiligen Märkte sorgfältig ausgewählt; dem Anleger wird somit die *Entscheidung* über die Titelauswahl *abgenommen*.

6.3.2 Diversifizierung

Ein weiterer wichtiger Pluspunkt ist die durch eine Fondsanlage erreichte *Diversifizierung,* d. h. die hinreichend breite Streuung des Kapitals auf verschiedene Aktien bzw. Anleihen. Mit der Konzentration auf nur wenige Papiere bestünden erhebliche *Risiken* für den Anlagebetrag, falls es bei einem Papier zu einem Kursverlust oder sogar einem Totalausfall kommt. Eine hinreichende Diversifizierung bei Aktien ist nämlich erst ab zehn verschiedenen Werten aufwärts erreichbar. Es wird daher in Zukunft immer wichtiger, die Risiken der Auswahl von Einzeltiteln – zumindest teilweise – über den Zukauf von Fonds abzufedern.

Über den Einsatz von Fonds ist darüber hinaus auch eine bequeme *Diversifizierung* in *ausländische* Märkte erreichbar. Anlagen im Ausland belohnen den Anleger auf mittlere Sicht durch eine Erhöhung des Anlageerfolges bei gleichzeitiger Verminderung des Risikos durch Kursrückschläge. Im Rückblick auf die vergangenen zwölf Jahre hat sich nämlich für einen deutschen Aktieninvestor eine Aufteilung seiner Gelder mit einer Quote von 25 % in deutsche und 75 % in weltweite Aktien bewährt. Bei dieser Quote ergab sich ein Ertragszuwachs, der über dem deutscher Aktien lag, wobei das Risiko, d. h. die Gefahr, zwischenzeitlich Kursverluste zu erleiden, ebenfalls geringer ausfiel als bei der Konzentration auf inländische Werte.

6.3.3 Kostenvorteile

Der Anleger profitiert von den *Kostenvorteilen*, die Fonds bei den Kauf- und Verkaufsgebühren für die Papiere geltend machen können. Außerdem spart er den Aufwand für Marktbeobachtung und Analyse der Einzelwerte.

6.3.4 Fonds-Picking

Mit »*Fonds-Picking*« können weltweit die chancenreichsten Märkte genutzt werden: Identifiziert der Anleger in Zusammenarbeit mit seinem Berater oder aus eigener Sachkenntnis heraus besondere Vorteile in einzelnen Märkten, so bieten sich dort Schwerpunktinvestments an. Hat man z. B. Chancen für steigende Bondskurse in Europa ausgemacht, so bietet sich der Kauf eines europäischen Rentenfonds an. Werden dagegen besondere Chancen für Aktien aus den aufstrebenden Ländern der Dritten Welt erkannt, so bietet sich der Kauf eines in diesen Ländern investierenden Fonds an.

6.3.5 Fonds-Switching und Umbrella-Fonds

Über das »*Fonds-Switching*«, das ist das Umschalten zwischen verschiedenen Fonds, kann in verschiedenen Märkten wirksam agiert werden. Häufig offerieren Gesellschaften dafür Gebührenvorteile. Typischer Vertreter dieser zukunftsträchtigen Methode ist der »*Umbrella-Fonds*«. Diese noch recht junge Kreation stellt dem Anleger unter einem »Schirm« eine ganze Familie verschiedener Fonds bereit, aus denen er sich ein individuelles Portefeuille kostengünstig zusammenstellen und auch Umgruppierungen (Switching) vornehmen kann.

Ganz nach dem Chancen-Risiko-Profil des Anlegers kann die Ausrichtung eher konservativ-defensiv (Standardfonds) erfolgen oder dynamisch-wachstumsorientiert mit dem Schwergewicht auf aussichtsreiche Themen und Märkte.

6.4 Die Anlage in Investmentfonds

6.4.1 Einmalige Anlage in Investmentfonds

Investmentanteilscheine sind Wertpapiere wie Aktien oder Anleihen. Sie können bei allen deutschen Kreditinstituten erworben werden. Daneben vertreiben verschiedene Außendienste von Versicherungen und andere Vertriebsorganisationen Investmentfonds. Der Anleger kann Anteile in beliebiger Anzahl erwerben. In der Regel werden die Anteilscheine in einem Wertpapierdepot bei einem deutschen Kreditinstitut oder bei der jeweiligen Investment-Gesellschaft, sofern sie Wertpapierdepots führt, verwahrt. Diese Art der Verwahrung ist unter Sicherheitsaspekten und Praktikabilitätserwägungen empfehlenswert. Der Anleger kann sich Investment-Zertifikate nach Erwerb ausliefern lassen und sie selbst verwahren. In diesem Fall erhält er gegen Vorlage der aufgerufenen Ertragscheine die jährliche Ausschüttung der Erträge ausgezahlt.

Der Vorteil der Anlage in Investmentfonds gegenüber dem Engagement in Einzelwerten besteht in der besseren Risikoposition. Durch den besseren Diversifikationseffekt gelingt es den Fondsgesellschaften, das Kursrisiko einer Anlage in Aktien oder das Zinsänderungsrisiko bei festverzinslichen Wertpapieren deutlich zu reduzieren, ohne auf einen Teil der Rendite verzichten zu müssen. Investmentanteile eignen sich daher hervorragend für Einsteiger in die Finanzmärkte oder (im Falle von Spezialitätenfonds wie beispielsweise ein China-Fonds oder ein Biotechnologie-Fonds) zur Beimischung in ein bestehendes Depot zur Ausnutzung von Chancen in diesen Märkten oder Sektoren.

6.4.2 Anlagepläne

Der Anleger kann frei nach seinen finanziellen Verhältnissen regelmäßig oder auch unregelmäßig bestimmte Beträge auf ein sogenanntes Investmentkonto einzahlen. Es funktioniert ähnlich wie ein normales Konto bei der Bank. Bei regelmäßigen Einzahlungen gleichbleibender Beträge können besonders günstige durchschnittliche Einstandspreise erzielt werden. Der bei einer solchen Vorgehensweise wirkende sogenannte Cost-Average-Effekt sorgt dafür, daß der Anleger um so mehr Anteilscheine und Anteilbruchteile erwirbt, je niedriger die Anteilpreise sind, und um so weniger Anteile und Anteilbruchteile, je teurer die Anteilscheine sind. Durch die Wiederanlage der Erträge zum Anteilwert (ohne den sonst üblichen Ausgabeaufschlag) erzielt der Anleger einen Zinseszinseffekt, da ausgeschüttete Erträge an künftigen Entwicklungen der Anlage teilnehmen und wieder neue Erträge hervorbringen.

6.4.3 Auszahlungsplan

Sind auf einem Investmentkonto größere Beträge durch regelmäßige oder unregelmäßige Einzahlungen angespart, kann der Anleger einen Auszahlungsplan vereinbaren. Ihm werden dann bestimmte Beträge, die er selbst festlegen kann, regelmäßig ausgezahlt. Er kann hierbei frei entscheiden, ob seine regelmäßigen Entnahmen so bemessen sind, daß das Kapital erhalten bleibt oder nach einer bestimmten Zeitdauer verbraucht ist. Bei allen Investmentkonten kann der Anleger jederzeit, d. h. börsentäglich uneingeschränkt, über seinen Anteilbestand verfügen. Dies gilt unabhängig davon, ob er mit der Gesellschaft Vereinbarungen über Einzahlungs- bzw. Auszahlungsmodalitäten abgesprochen hat. Neben der Verwendung von Auszahlungsplänen in AS-Fonds zur Altersvorsorge bieten sich solche Pläne auch zur Ausbildungsabsicherung der Kinder an. Die bis zur Volljährigkeit angesparte Vermögenssumme wird dabei während des Studiums so ausbezahlt, daß das Kapital bei dem voraussichtlichen Studienende aufgezehrt ist.

6.4.4 Worauf man beim Fondskauf sonst noch achten sollte

Prüfen und vergleichen Sie die Produkte der einzelnen Fondsgesellschaften! Informationsquellen sind die Verkaufsprospekte sowie Beschreibungen und Performance-Vergleiche in der Fachpresse. Neben der erreichten Rendite, d. h. der Wertentwicklung, sollte dabei auch der Risikograd des Produktes beachtet werden. Risiko bedeutet die Gefahr, daß der investierte Betrag im Rahmen der ganz natürlichen Aufundabbewegungen der Börsen mehr oder minder unter den ursprünglich eingesetzten Betrag fallen kann. Hier gilt folgende Faustregeln:

● Am wenigsten Risiko beinhalten Geldmarktfonds, kurz laufende Rentenfonds und Laufzeitenfonds, gefolgt von lang laufenden Rentenfonds.
● Bei den Aktien gilt: Am wenigsten Kursrisiko steckt in einem weltweit investierenden Fonds, etwas höher ist das Risiko bei den Länder- bzw. Branchenfonds.

Vergleichen der Ausgabeaufschläge der einzelnen Anbieter lohnt sich. Hierbei muß man identische Produkte miteinander vergleichen. Die Faustregeln dazu lauten:

● Je kürzer die Laufzeit der Rentenfonds, desto niedriger sollte der Ausgabeaufschlag sein.
● Bei den Aktienfonds gelten die günstigsten Preise für inländische Fonds. Branchen- und Themenfonds sind etwas teurer.

Ein Überblick über die kurzfristige und langfristige Entwicklung der einzelnen Fonds findet sich in zahlreichen Wirtschaftsfachzeitschriften (siehe Anlage A).
Als Grundlage für eine Einstiegsentscheidung sind solche Aufstellungen natürlich nur bedingt tauglich, da sie lediglich die Vergangenheit darstellen können. Man kann aber davon ausgehen, daß die Spitzenreiter der einzelnen Fondsgruppen aufgrund der bewiesenen Sachkenntnis der Verwalter auch künftig erfolgreich abschneiden werden.

6.4.5 Grundsätzliche Anlageregeln

Als Faustregel kann man unabhängig von der tatsächlichen Investitionsweise in Fonds folgendes festhalten:
● Je risikobereiter der Anleger, je länger die Gelder angelegt werden sollen und je höher sein persönlicher Steuersatz liegt, desto höher sollte der Anteil an Aktienfonds sein.
● Je größer der Anlagebetrag wird, desto sinnvoller wird die Nutzung spezieller Anlagechancen in Regional-, Länder- oder Themenfonds.
● Möchte der Anleger laufende Erträge vereinnahmen und/oder

möglichst wenig Kursrisiko eingehen, so empfiehlt sich die Konzentration auf Rentenfonds. Durch die Wahl eines Kurzläufer- oder Laufzeitenfonds lässt sich das Kursrisiko noch weiter verringern.

● Grundsätzlich empfehlenswert ist eine weltweite Streuung der Anlage.

6.5   Fazit für den Fondsinteressenten

Fonds bieten jedem Anleger reizvolle Lösungen für sein Geldanlageproblem: Einmal dem *Kleinanleger,* der kostengünstig Chancen an den Börsen nutzen will, ohne sich um die Auswahl der Titel und die tägliche Überwachung der Kursentwicklung kümmern zu müssen. Er läßt statt dessen Experten für sich arbeiten und sichert sich damit eine professionelle und recht preiswerte Verwaltung. Zum anderen nutzt der vermögendere Investor darüber hinaus noch die Vorzüge einer individuellen, auf seine Bedürfnisse zugeschnittenen Depotzusammenstellung in Form einer aktiven Asset Allocation.

7. Wertpapieranalyse

7.1 Zweck der Analyse

Mit einer Analyse will man die zukünftigen Entwicklungen der Wertpapieranlage besser, d. h. sicherer einschätzen können. Daten und Erfahrungen der Vergangenheit sowie Prognosen werden mit ihrer Hilfe zu Entscheidungsgrundlagen für die Gegenwart verarbeitet.

Vordringliche Aufgabe der Wertpapieranalyse ist es, Papiere aufzuspüren, die dem Ziel des betreffenden Anlegers am ehesten entsprechen. Da der Kurs einer Anlage an der Börse von Angebot und Nachfrage bestimmt wird, gilt diesen Marktkräften die größte Aufmerksamkeit beim Analysieren. Man will erkennen, welche Kräfte Angebot und Nachfrage maßgebend beeinflussen. Die Analysten erstellen ihre Prognosen für die wahrscheinliche Entwicklung der Aktienkurse im wesentlichen auf Basis der gefundenen Einflußfaktoren, aber auch durch Beobachtung und systematische Aufbereitung der Kursentwicklung selbst.

Der Wert von Analysen ist nicht unumstritten, aber eines ist sicher: Wer sich mit diesen Kenntnissen an der Börse engagiert, hat eher eine Gewinnchance als derjenige, der die Dinge mehr dem Zufall überläßt.

7.2 Die Methoden der Wertpapieranalyse im Überblick

Wertpapiere kann man grundsätzlich auf zwei verschiedene Arten analysieren:

- *Fundamentale Analyse:* Hier werden unternehmensbezogene sowie volkswirtschaftliche Daten und Erkenntnisse zur Bewertung herangezogen.
- *Technische Analyse:* Hier werden lediglich die börsenbezogenen Daten der betreffenden Gesellschaft (Kurse, Volumen, Kursbilder, Indikatoren, Indizes) zur Analyse und Prognose verwendet.

Es gibt keine Analysetechnik, die für jedes Papier und jeden Markt *sichere* Ergebnisse liefert. Unsicherheit geht allein schon von der Ausnutzung eines bestimmten Analyseergebnisses aus: Der Markt wird beeinflußt, denn Angebot und Nachfrage verändern sich durch die gewonnenen und umgesetzten Erkenntnisse. Deshalb sollte man grundsätzlich beide Analysearten kennen und anwenden, darüber hinaus stets die folgenden Einflußfaktoren mit in die Entscheidung einbeziehen:

● Die Lage der Weltwirtschaft und die Situation bestimmter Volkswirtschaften und Branchen,
● Die politischen Ereignisse national und international,
● Die betriebliche Situation der fraglichen Gesellschaft,
● Die Mechanismen der Börse und die Konsequenzen der Börsenpsychologie.

Die Vor- und Nachteile der einzelnen Analysemethoden in der Praxis sind (auf einen Nenner gebracht):
Eine *fundamentale Analyse* erfordert viel Mühe und Aufwand für das Beschaffen, Strukturieren und Auswerten großer Informations- und Datenmengen. Die gewonnenen Erkenntnisse daraus sind aber auch von hoher Qualität, aussagekräftig und nachvollziehbar.
Der *technischen Analyse* haften immer Mängel an, hauptsächlich wegen der relativ ungenauen Beschreibung und der unwissenschaftlichen Voraussetzungen, auf denen sie aufbaut. Dadurch, daß sie auf bereits vergangenen Ereignissen beruht, läuft die technische Analyse außerdem stets hinter den Tatsachen her. Ihr unbestreitbarer Vorteil indes ist die einfache Beschaffung und Verarbeitung der betreffenden Daten und Informationen.
Wenn man mit Börsianern über die Entwicklungen an der Börse spricht oder über einen Wertpapiertitel Ansichten austauscht, so erkennt man rasch, ob man es beim Gesprächspartner mit einem »Techniker« oder einem »Fundamentalisten« zu tun hat. Leider argumentieren viele Fachleute nur von einem dieser beiden Standpunkte aus. Die Anhänger beider Analysemethoden befehden sich mitunter leidenschaftlich und werden nicht müde, Beispiele aufzuzählen, in denen die gegnerische Analysemethode eindeutig falsche Aussagen geliefert hat. So werden die Techniker als Kaffeesatzleser belächelt, die den Ereignissen ständig hinter-

herlaufen; Fundamentalisten werden als Vielleser verlacht, die hinter den Büchern sitzen und glauben, der Börse vorschreiben zu können, wohin sie sich zu bewegen hat.

Jedoch: Mit beiden Methoden kann man Gewinne machen und Verluste erleiden; die besten Erfolge erzielt man sicherlich mit einer geschickten Kombination aus beiden. Zunächst sollen aber technische und fundamentale Analyse einmal ausführlich vorgestellt werden.

7.3 Aktienindizes

a. Ursprung, Basis und Interpretation

Die Methode der Gesamtmarktanalyse anhand von Indizes geht auf Dow zurück. Er konstruierte zwei Indizes, den Dow Jones Industrial (30 Industriewerte) und den Dow Jones Transportation (30 Transportwerte). Anhand der Wertentwicklung des Index will Dow die Entwicklung des Gesamtmarktes erkennen können. Das setzt voraus, daß die 30 beziehungsweise alle 60 Aktientitel wirklich den gesamten Aktienmarkt mit mehreren tausend Werten repräsentieren.

Die Dow-Theorie besagt, daß mit einer Änderung beider Indizes ein Wechsel im langfristigen Börsentrend einhergeht. Ein Trendwechsel des einen Index bei konstanter Entwicklung des anderen deutet aber nach seiner Meinung bereits auf eine technische Schwäche des noch laufenden Börsentrends hin und macht einen bevorstehenden Trendwechsel wahrscheinlich. Eine solche Situation nennt man die »Nichtbestätigung« eines Index. Sie hat den Charakter eines Warnsignals. Es kann davon ausgegangen werden, daß die weitere Entwicklung nur von kurzer Dauer sein wird, bis der Trendwechsel endgültig signalisiert und bestätigt wird. Die Phase läßt sich hervorragend dazu nutzen, um Positionen zu günstigen Kursen zu schließen.

Verlaufen beide Indizes in dieselbe Richtung, so spricht man von einer Bestätigung des Börsentrends. Dies weist auf eine technische Stärke hin und läßt ein Bestehenbleiben des Trends sehr wahrscheinlich erscheinen.

Durch den Einsatz der modernen Datenverarbeitung ist es ohne weiteres möglich, besondere Indizes branchenspezifisch zu berechnen. Das erlaubt dem Analysten im Sinne der Dow-Theorie eine noch differenziertere Betrachtung des Marktgeschehens. So kann man z. B. leicht erkennen, ob und wie unterschiedlich sich Branchen zueinander und zum Gesamtmarkt entwickeln. Damit lassen sich leichter Titel auswählen und Investitionsentscheidungen fällen. Branchenindizes dienen auch der Konjunkturanalyse, da sich mit ihnen leichter die Konjunkturempfindlichkeit der Gesamtmarktteile erkennen läßt.

b. Der Deutsche Aktienindex (DAX®)

Für die Berechnung eines Gesamtindex wird eine Auswahl von Titeln ausgewählt, die den Gesamtmarkt repräsentieren sollen. Als Beispiel wird hier der Deutsche Aktienindex (DAX) erläutert: 30 ausgewählte deutsche Aktien repräsentieren im *DAX* den deutschen Aktienmarkt. Dabei handelt es sich um die wichtigsten und umsatzstärksten Titel, zusammen fast 60 % des Grundkapitals der börsennotierten Gesellschaften des Inlandes:

Adidas-Salomon	Deutsche Telekom	MLP Vz.
Allianz	e.on	Münchner Rück
BASF	Epcos	Preussag
Bayer	Fresenius Medical	RWE
HypoVereinsbank	Care	SAP
BMW St.	Henkel Vz.	Schering
Commerzbank	Infineon	Siemens
DaimlerChrysler	Linde	Thyssen Krupp
Degussa	Lufthansa	Volkswagen
Deutsche Bank	MAN	
Deutsche Post	Metro	

Der DAX wird den Anlegern weltweit in Real-Time-Verarbeitung verfügbar gemacht, so daß man sich jederzeit über den aktuellen Trend informieren und Entscheidungen daran ausrichten kann. Die Anzeigetafel des DAX im Handelssaal der Börse in Frankfurt zeigt Abb. 7.1 auf der nächsten Seite.

Der DAX ist ein bereinigter Index, denn nicht vom Markt initiierte Kursveränderungen wie Dividendenzahlungen und Kapitalveränderungen werden durch die Formel bei der Berechnung berücksichtigt. Das macht den DAX über einen längeren Zeitraum vergleichbar und bewahrt ihn vor Schwankungen, die nicht die tatsächliche Börsenstimmung wiedergeben.

Ab Juni 2002 werden alle Indizes der Dt. Börse nach dem Streubesitz der im jeweiligen Index enthaltenen Aktien gewichtet.

Abb. 7.1   Quelle: Deutsche Börse AG

c. Weitere deutsche Indizes

Seit Januar 1996 gibt es in Deutschland neben dem traditionellen DAX30 einen zweiten beachtenswerten Index, den Mid-Cap-Index (MDAX). Im MDAX sind die Titel von 70 mittelgroßen Unternehmen enthalten. Damit gibt es zukünftig auch in Deutschland eine Meßlatte für die Entwicklung mittelgroßer Gesellschaften – ähnlich wie in den USA. Dort finden entsprechende Indizes beinahe die gleiche Beachtung wie der Dow-Jones-Index.

Der Mid-Cap-Index ersetzt den DAX100, der im Mai 1994 eingeführt wurde und die 100 liquidesten und größten Firmen in sich versammelte, die an der Börse gehandelt wurden. Als Barometer erwies sich der DAX100 allerdings bald als untauglich, weil die im DAX30 vertretenen größten Titel 80 % des Ergebnisses ausmachten und somit eine Entwicklung der 70 mittelgroßen Firmen aus der »zweiten Reihe« nicht ablesbar war. Dies soll künftig anders sein, weil sich der MDAX ausschließlich auf die 70 Werte, die hinter den 30 Blue Chips rangieren, konzentriert. Daß der Mid-Cap-Index vom Markt angenommen wird und eine echte Meßlatte für die Entwicklung mittelgroßer Unternehmen darstellen kann, zeigt die Auflage neuer Aktienfonds und Optionsscheine, die auf dem MDAX basieren. Das verstärkte Interesse in- und ausländischer Großinvestoren, die sich bislang nahezu ausschließlich auf Blue

Chips konzentriert hatten, an Mid-Cap-Titeln dürfte zu überproportionalen Kurssteigerungen bei den Mittelwerten führen. Analog zu dem Mid-Cap-Index existiert auch ein Small-Cap-Index (SDAX), der die 100 liquidesten Werte unterhalb der MDAX-Werte enthält. Die Deutsche Börse hat für diese Werte das Qualitätssegment SMAX geschaffen.

Speziell die Entwicklung des Neuen Marktes soll der Nemax 50 nachzeichnen, in dem die größten Werte dieses Segmentes nach ihrer Kapitalisierung gewichtet enthalten sind. Daneben gibt es noch den Nemax-All-Shares, der – wie der Name schon andeutet – die Entwicklung sämtlicher Aktien des Neuen Marktes nachzeichnen soll und zehn Branchenindizes am Neuen Markt.

Der Composite DAX (CDAX) ist ein Index aller an der Frankfurter Wertpapierbörse im Amtlichen Handel, Geregelten Markt und Neuen Markt notierten deutschen Aktien. Er setzt sich aus 19 Branchenindizes zusammen, die die Kursentwicklung der Aktien aus den jeweiligen Wirtschaftszweigen dokumentieren. Die Unterindizes sind: Automobile, Banks, Chemicals, Media, Basic Resources, Food & Beverages, Technology, Insurances, Transport & Logistics, Machinery, Industrial, Construction, Pharma & Healthcare, Retail, Software, Telecommunications, Utilities, Financial Services, Consumer Cyclical. An den jeweiligen Indizes kann man die derzeitige Bedeutung der jeweiligen Branche ablesen und sehen, wie sich das Karussell der Branchenrotation dreht und welche Branche der jeweilige Liebling der Börsianer ist.

Für Rentenwerte hat die Deutsche Börse AG den Index REX gebildet, der, aufgeteilt nach Restlaufzeiten, ein gutes Bild der Situation an den Anleihemärkten liefert.

Der VDAX ist ein Indikator für die Volatilität des Aktienmarktes. Er mißt die Schwankungsbreite der Kursbewegungen und damit das Risiko für den Anleger.

Neben diesen Indizes der Deutschen Börse AG haben viele Banken oder Tageszeitungen ihren eigenen Index entwickelt (z. B. Commerzbank-Index oder FAZ-Index).

d. Internationale Indizes

International führend ist der bereits erwähnte Dow Jones Industrial Index (DJI). Er übt eine Leitfunktion für die Weltbörsen aus. Da die Entscheidungen auf dem Börsenparkett stets mehr oder minder von einem Seitenblick auf das Umfeld beeinflußt werden, spielen die Entwicklungen auf den Weltbörsenplätzen eine nicht zu unterschätzende Rolle. Als ausdrucksstärkster Index gilt der DJI. Charles Dow führte ihn kurz vor der Jahrhundertwende für die US-Eisenbahnwerte ein. Heute ist er, basierend auf 30 amerikanischen Industriewerten, *der Index* schlechthin.

Auch jede andere Börse im Ausland hat ihren eigenen Index, der die Entwicklung der Wirtschaft in diesem Land widerspiegelt. Diese Indizes, die auch zur Performance-Messung von Fonds verwendet werden, werden im Wirtschaftsteil der Tageszeitungen veröffentlicht. Ein Index, der die Entwicklung in Europa nachzeichnen soll, ist der Stoxx 50 bzw. der Euro Stoxx 50, der sich auf Unternehmen aus den Teilnehmerländern der europäischen Währungsunion konzentriert. In der folgenden Abbildung sind die Unternehmen des Euro Stoxx 50 mit ihrer Gewichtung dargestellt.

DOW JONES EURO STOXX 50 — PARKETT FRANKFURT / KURSE IN EURO

52 Wochen Hoch	Tief	Börsenkap. Mrd. Euro	2000	2001e	2002e	KGV 2001	KGV 2002	Gewicht im Index (%)	Land	Branche		21.8.01 Schluß	22.8.01 Eröffnung	Tages Hoch	Tief	22.8.01 Schluß	Veränd. in % seit 21.8.01	Veränd. in % seit 29.12.00	Div.	Div. Rend.
29,40	18,55	26,60	2,04e	1,73	1,99	11,5	10,0	1,52	NL	Bank	ABN Amro	19,95	19,80	20,15	19,65	19,90	-0,3	-19,4	0,45	2,26
49,70	29,60	28,47	1,56	1,76	1,97	21,4	19,0	1,63	NL	Versicherung	Aegon	33,33	33,00	33,50	32,80	33,45	+0,4	-25,7	0,37	1,11
37,35	29,80	27,38	1,53	1,84	2,20	18,2	15,2	1,58	NL	Nicht-zykl. Konsum.	Ahold	33,60	33,35 -T	33,75	33,20	33,52	-0,2	-2,6	0,45	1,34
174,10	128,70	14,31	7,70	6,54	9,50	18,3	16,5	0,61	F	Chemie	Air Liquide	154,00	155,00 G	157,00	153,00	156,50	+1,6	-0,3	3,00	1,92
97,00	16,30	20,90	1,05	0,68	0,78	25,4	22,1	1,17	F	Technologie	Alcatel	17,30	16,90	17,70	16,75	17,25 G	-0,3	-72,4	0,48	2,78
415,50	280,50	44,34	14,73e	11,26	13,05	27,5	23,8	2,55	D	Versicherung	Allianz	312,00	309,30	315,40	309,50	310,00	-0,8	-22,5	1,50	0,48
43,00	33,00	39,64	1,08	1,25	1,42	28,3	24,9	2,28	I	Versicherung	Ass. Generali	35,40	35,40	35,40	35,35	35,35	-0,1	-15,8	0,26	0,73
94,50	75,05	52,34	2,33	3,47	4,48	23,9	18,6	3,22	F	Gesundheit/Pharma	Aventis	84,15	83,50	85,70	83,00	83,00 G	-1,4	-10,7	0,50	0,60
44,25	27,75	45,31	1,60	1,78	2,13	18,4	15,4	2,59	F	Versicherung	Axa UAP	32,50	32,80	33,30	32,30	32,80	+0,9	-16,4	2,00	6,10
17,45	13,26	44,42	1,09	1,02	1,27	13,6	10,9	2,50	E	Bank	Banco Bilbao Vizcaya	13,50	13,30 G	13,50	13,30	13,80	+3,0	-19,0	0,26	0,61
12,65	9,40	44,93	0,77	1,04	1,12	9,6	8,9	2,52	E	Bank	Banco Santander	9,70	9,60 G	9,95	9,60	9,95	+2,6	-11,6	0,08	0,75
50,98	38,80	24,78	2,77	2,10	3,26	21,7	14,0	1,40	D	Chemie	BASF	45,00	44,50	45,00	44,45	45,65 G	+1,4	-5,8	2,00	4,38
57,80	32,51	24,25	2,65	2,04	2,42	17,1	14,4	1,40	D	Chemie	Bayer	35,15	34,95	35,40	34,67	34,95	-0,6	-37,7	1,40	4,01
68,85	45,48	17,03	2,50	2,36	3,38	16,9	13,9	0,58	D	Bank	Bay. Hypo-Vereinsbk.	47,20 G	46,60	46,10	45,40	47,00 G	-0,4	-21,4	0,85	1,81
109,90	83,50	41,62	9,96	10,14	11,12	9,9	9,1	2,38	F	Bank	BNP Paribas	100,60	99,75	102,40	99,70	100,70	+0,1	+8,3	2,25	2,23
86,50	56,00	34,60	1,93	2,14	2,51	20,3	24,1	2,00	F	Einzelhandel	Carrefour	60,00	59,50	62,00	59,50	60,50 G	-0,7	-9,2	0,50	0,81
61,45	42,70	40,83	3,47	1,30	3,53	38,2	14,1	2,29	D	Automobile	DaimlerChrysler	48,78	48,05	50,20	48,05	49,60	+1,7	+9,7	2,35	4,74
172,00	132,00	26,53	6,22	6,92	7,74	21,2	19,9	1,20	F	Nahrungsmittel	Danone	147,50 G	146,50	150,00	146,50	146,50	-0,7	-8,4	1,90	1,30
105,70	72,70	47,78	2,92	5,15	6,10	14,9	12,6	2,67	D	Bank	Deutsche Bank	75,75	74,40	77,75	74,30	76,85	+1,5	-13,5	1,30	1,69
43,50	18,26	39,12	-0,08	-0,27	-0,16	k.A.	k.A.	2,32	D	Telekommunikation	Deutsche Telekom	17,22	16,70	17,35	16,28	16,38	-5,0	-49,0	0,62	3,79
23,40	17,10	18,61	1,03	1,23	1,23	15,0	15,0	1,04	E	Versorger	Endesa	18,15 G	18,15	18,50	18,00	18,50 B	+1,9	+2,8	0,41	2,22
9,30	6,89	34,34	0,36	0,35	0,33	23,3	23,3	0,82	I	Versorger	Enel	7,45 G	7,45 G	7,45	7,45	7,45 G	±0,00	-12,4	0,13	1,75
15,68	12,00	37,12	1,40	1,40	1,20	10,3	12,0	2,11	I	Energie	Eni	14,00 G	14,00 G	14,50	14,00	14,35	+2,5	+4,3	0,21	1,46
66,85	46,50	36,72	2,11	2,28	2,84	21,1	21,7	2,09	D	Industrielle Güter	E.on	61,00 G	60,70	62,46	60,60	61,70	+1,1	-4,3	1,35	2,19
36,90	26,00	15,69	2,30	2,49	2,79	11,6	10,3	0,91	B	Finanzdienstleister	Fortis	29,40	28,50 G	29,50	28,50	28,90	-2,0	-17,2	0,88	3,06
151,50	40,99	17,27	0,75	0,82	0,83	64,5	48,2	1,01	F	Telekommunikation	France Télécom	41,00 G	41,00	41,20	40,00	40,00 G	-2,4	-57,5	1,00	2,44
44,75	31,55	56,61	2,10	2,40	2,70	13,2		3,32	NL	Finanzdienstleister	ING Groep	36,40	36,00	36,65	35,70	35,70	-1,9	-14,8	1,09	3,02
33,50	3,95	2,10	0,36	0,11	0,22	35,9	18,0	0,18	NL	Telekommunikation	Kon. PTT Nederland	4,16	4,10	4,10	3,95	3,99 G	-5,0	-68,7	0,69	17,58
94,50	68,50	23,76	1,48	1,71	1,99	44,4	38,1	1,35	F	Nicht-zykl. Konsum.	L'Oréal	76,00 G	75,10	77,00	75,00	75,90	-0,1	-17,0	0,44	0,58
92,00	52,10	16,98	1,75	1,69	2,18	30,7	24,2	0,91	F	Zykl. Konsumgüter	LVMH Moët Hennessy	55,00	54,50	57,50	54,00	55,00	+1,8	-22,2	0,50	0,91
397,00	299,50	30,10	9,89	12,54	15,34	25,6	20,9	1,73	D	Versicherung	Münchner Rück	322,00	320,00	324,50	317,00	320,50	-0,5	-15,7	1,25	0,39
59,20	18,15	90,44	0,85	0,65	0,58	29,0	21,9	5,07	FIN	Technologie	Nokia	19,35 G	18,99	19,70	18,50	19,25	-0,5	-59,8	0,28	1,45
58,15	27,02	36,33	2,00	0,45	2,20	62,9	12,9	2,09	NL	Zykl. Konsumgüter	Philips Electronics	28,65	28,20	29,45	28,10	28,30	-1,2	-28,5	0,36	1,27
225,00	135,00	16,71	7,49	8,42	8,75	18,5		0,82	F	Einzelhandel	Pinault-Printemps	156,50 G	155,00 G	156,00	155,00	156,00 G	-0,3	-30,0	1,78	1,14
24,20	16,00	17,42	2,58	2,12	1,87	8,9	10,1	0,97	E	Energie	Repsol	18,20 -T	18,10 -T	18,80	18,10	18,80	+3,3	+10,5	0,31	1,65

Abb. 7.2 — Quelle: Frankfurter Allgemeine Zeitung

7.4 Die technische Analyse im Überblick

Mit dem Begriff »technische Analyse« wird ein Instrumentarium angesprochen, das den Börsenkurs beobachtet, aufzeichnet, damit rechnet und aus der vergangenen Kursentwicklung heraus den zukünftigen Kurs prognostiziert. Die technische Analyse fragt nicht danach, weshalb ein Kurs so ist, und forscht auch nicht nach den Bestimmungsfaktoren der Kursentwicklung. Sie erklärt den Kurs nicht, sondern nimmt ihn als gegeben hin.

Aus der rund 100 Jahre alten Tradition der Kursbeobachtung entwickelten sich Erfahrungsgrundsätze. Sie beschreiben Gesetzmäßigkeiten des Kursverhaltens nach einer bestimmten vorausgegangenen Kursentwicklung. »The same old pattern« – das gleiche alte Muster, das ist die Grundphilosophie. Die technische Analyse geht einfach davon aus, daß sich vergangene Kursverläufe wiederholen. Dies führen die Techniker auf das menschliche Verhalten beim Kaufen und Verkaufen zurück, und das ist als recht konstant einzuschätzen.

Die Anfänge der systematisch betriebenen technischen Analyse können bei Charles Dow (um 1900) angesetzt werden. Seine Theorie wurde in der Folgezeit erweitert und vertieft. Das Axiom der technischen Analyse ist, daß man aus der bloßen Beobachtung des vergangenen Kursverlaufs die kommende Kursentwicklung vorhersehen kann. Dabei werden folgende Annahmen getroffen:

● Der Index oder Kurs berücksichtigt alle Faktoren, die den Kurs beeinflussen.
● Die Kursentwicklung erfolgt in Trends.

Das technische Instrumentarium läßt sich gliedern in:

● Charts (siehe Ziffer 7.5),
● aus Charts abgeleitete Formationen (siehe Ziffer 7.6),
● Indikatoren (siehe Ziffer 7.7).

7.4.1 Darstellung und Deutung von Trends

Am Chart in Abb. 7.3 kann man einen langen Aufwärtstrend und einen langen Abwärtstrend beobachten. Diese beiden Bewegungen stellen jeweils einen Major- oder auch Primär-Trend dar. Er beinhaltet einige kürzere Aufundabwärtsbewegungen, die Secon-

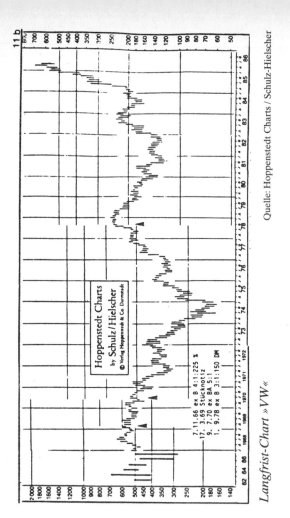

Langfrist-Chart »VW«

Abb. 7.3

dary- oder Sekundär-Trends. Diese bestehen wiederum aus vielen kleineren Bewegungen, den Minor- oder Tertiär-Trends.

Wann spricht man von welchem Trend?

Ein Major-Trend ist eine Kursbewegung, die sich meist über mehr als ein Jahr auf- oder abwärts bewegt. Während dieses Major-Trends entsteht in der Regel eine Wertveränderung der Aktien um mehr als plus/minus 20 %, selten weniger.

156

Der Secondary-Trend ist dem Major untergeordnet und meist von dreiwöchiger bis dreimonatiger Dauer. Die Secondary-Trends verlaufen den Major-Trends entgegengesetzt. Es sind Kursbewegungen, deren Ausmaß häufig etwa bis zur Hälfte der letzten Primärbewegung reicht.

Die Secondary-Trends gemeinsam mit dem von ihnen eingeschlossenen Teil des Major-Trends werden als Intermediate-Trend bezeichnet. Secondary-Trends können auch die Form einer Linie annehmen, das ist eine Seitwärtsbewegung von unbestimmter zeitlicher Dauer, bei der die Kursfluktuationen innerhalb eines Grenzbereichs von max. 1–5 % bleiben. Dieser Bereich kann sich zu einer Konsolidierungs-, aber auch zu einer Umkehrzone entwickeln, denn der weitere Verlauf aus der Zone heraus ist ungewiß.

Die Minor-Trends sind die Kursbewegungen, die in einer Richtung verlaufen und nur wenige Tage bis zu zwei Wochen lang ihre Bewegungsrichtung beibehalten. Auffällig sind die meist sehr kompakten Formen, die sich aber leider kaum gewinnbringend umsetzen lassen.

Je nach den Konditionen des Börsianers ist der Primary- oder vielleicht auch schon der Secondary-Trend für ihn von Interesse. Der Investor ist meist am Erkennen des Primary-Trends interessiert. Er versucht, so früh wie möglich zu investieren, und hält die Position bis zum Trendwechsel, ohne auf die dazwischen liegenden Secondary-Trends zu reagieren. Ein Spekulant baut mehr auf die mittelfristigen Kursbewegungen, die Secondary-Trends. Hier besteht die Chance, durch geschickt angesetztes Trading Werte abzustoßen und billiger zurückzukaufen.

Ein »Day-Trader« ist an den Minor-Trends interessiert, Bewegungen von recht kurzer Dauer. Durch die Fortschritte in der Telekommunikation und im Internetsektor haben mittlerweile auch Privatanleger die Möglichkeit, hier im Intraday-Handel spekulativ tätig zu werden und in Echtzeit Wertpapiere über Direktbanken, die dies anbieten, zu kaufen und zu verkaufen. Viele Banken stellen spezielle Software und eine Vielzahl an Informationen ihren Kunden genau für diesen Zweck zur Verfügung.

Wie entsteht ein Trend?

Durch das Verbinden von Tief- bzw. Hochpunkten miteinander entstehen auf dem Chart Trends. Eine Aktie hat einen Tiefpunkt erreicht und steigt von dort an bis zu einem Höchstpunkt. Der Kurs wendet und fällt bis zu einem zweiten Tiefpunkt, an dem die Abwärtsbewegung zum Stehen kommt und der Kurs wieder dreht. Liegt nun der zweite Tiefpunkt über dem ersten, so ergibt sich, wenn man die beiden Punkte miteinander verbindet, eine aufsteigende Gerade, und man spricht dabei von einer Up-Trend-Geraden.

Auf gleiche Weise läßt sich der Down-Trend ermitteln, bei dem die jeweils tiefer liegenden Hochpunkte verbunden werden. Ein Up-Trend ergibt sich aus der Verbindung steigender Tiefpunkte, ein Down-Trend aus der Verbindung fallender Hochpunkte. Eine Trendgerade gilt so lange als intakt, bis sie eindeutig gebrochen wird, d. h., bis der Kurs nachhaltig (3 %) die Trendlinie durchbricht und vorerst nicht wieder zurückkehrt. Das Erkennen einer Trendumkehr ist für den Investor die vornehmliche Aufgabe, da er nach dem Verlauf des Trends seine Positionen in den Markt setzen kann und bei richtiger Beurteilung des Trends (Kursverlaufs) Gewinne erzielt. Positionen sollten so lange gehalten werden, bis der Trend gebrochen wird.

Ein solcher Trendwechsel kann jederzeit vorkommen, daher ist die ständige Aufmerksamkeit des Spekulanten erforderlich. Ist ein Anzeichen eines Trendwechsels gegeben, sollten die Positionen sofort glattgestellt werden. Neue Engagements in der entgegengesetzten Richtung sind erst zu empfehlen, wenn der neue Trend eindeutig bestätigt ist.

Wann bricht der Kurs aus dem etablierten Trend aus und geht in den neuen Trend über?

Diese Frage läßt sich auch so stellen: Wann gilt ein Durchbruch des Kurses als wesentlich und maßgeblich? Wenn wir in jede Verletzung der Trendgeraden einen Trendwechsel hineininterpretieren und entsprechend am Markt disponieren würden, reagierten wir wohl auf sehr viele Fehlsignale, ohne einen wirklich guten Erfolg zu erreichen. Daher bauen wir uns Filter ein, die uns vor den Fehlsignalen schützen. Somit werden sich die relevanten Entscheidungen herauskristallisieren.

Ein Filter kann bestehen aus

● Wartezeit,
● prozentualem Limit oder
● beidem.

Mit der Wartezeit (Wait) setzt man eine Frist, innerhalb deren man auf einen Durchbruch nicht handelt, sondern einfach abwartet. Hat sich der Ausbruch bis zum Ablauf der Wartezeit nicht als Fehlsignal erwiesen, so handelt man entsprechend dem Kurssignal. Bei einem prozentualen Limit handelt man nach einem Durchbruch erst dann, wenn die Trendlinie um den bestimmten Prozentsatz durchbrochen wurde.

Bei der Kombination aus Warten und Limit muß der Kursdurchbruch sowohl die zeitliche Bedingung des Wartens als auch die wertmäßige Bedingung des Limits erfüllt haben, ehe wir handeln. Der Vorteil des Filters, weniger Fehlsignale durchzulassen, muß leider dadurch erkauft werden, daß wir auf ein richtiges Signal verspätet reagieren. Welche Größen für Wait oder Limit anzunehmen sind, um eine Trendwende noch früh genug zu erkennen, muß empirisch für jedes einzelne Wertpapier ermittelt werden. Das ist eine Aufgabe, die lohnend ist und durch den Einsatz moderner Trading-Instrumente wie Computer mit Börsensoftware heute kein Problem mehr ist.

Wird zu der Trendgeraden eine Parallele gezogen, so entsteht ein »Trendkanal«. In einem Up-Trend zieht man parallel zur Trendgeraden eine Parallele durch die Hochpunkte. In einem Down-Trend wird die Parallele durch die Tiefpunkte gezogen. Trendkanäle in mittelfristigen Bewegungen geben gute Anhaltspunkte für Kauf- und Verkaufszeitpunkte. Es lassen sich auch spekulative Strategien darauf aufbauen, so an der unteren Geraden zu kaufen und an der oberen zu verkaufen, vielleicht sogar dort wieder »short« zu gehen und sich an der unteren Trendlinie einzudecken und die Short-Position zu schließen.

Hat man in einem Up-Trend neben einem klaren Tiefstpunkt mehrere darüber liegende und später entstandene Tiefpunkte zur Verfügung, so ist ja nicht eindeutig geklärt, durch welchen der höher notierenden Tiefpunkte man die Trendgerade ziehen soll. In einem solchen Fall empfiehlt es sich, von dem absoluten Tiefpunkt aus durch mehrere höher liegende Tiefpunkte Geraden zu ziehen. Dadurch entsteht ein sogenannter »Trendfächer«, der seinen Namen von den zusammenlaufenden Trendlinien hat, die sich im ersten klaren Tiefpunkt schneiden. Durch den weiteren Verlauf der Kurse wird sich zeigen, welche Trendgerade vom Kurs bestätigt wird. Ist eine bestätigt, so empfiehlt es sich, der Übersichtlichkeit halber die übrigen Geraden zu entfernen oder mit verringerter Intensität beizubehalten.

Als Anhaltspunkt läßt sich nehmen: Wenn die dritte Trendgerade von den Kursen durchbrochen wurde, haben die Kurse ihren höchsten Punkt vorerst gesehen und ein Intermediate-Trend beginnt. Für einen Abwärtstrend gilt das Obengesagte gleichermaßen mit umgekehrten Bewegungsrichtungen der Trends.

Oft bilden sich Kursspitzen auf identischem Kursniveau, auf dem sich schon früher ein oder mehrere Hoch- oder Tiefpunkte gebildet hatten. Verbindet man die Spitzen des gleichen Kursniveaus miteinander, so entsteht eine waagerechte Linie, die als »*Widerstands- oder Resistance-Linie*« gilt. Offensichtlich haben die Kurse aus ungewissen Gründen Schwierigkeiten, über diesen Bereich hinweg weiter zu steigen. Eine Widerstandslinie gibt an, wo eine Aufwärtsbewegung des Kurses wahrscheinlich aufgehalten oder sich zumindest deutlich verlangsamen wird. Verbindet man die Tiefpunkte gleichen Kursniveaus miteinander, so ergibt sich die daraus resultierende Unterstützungs- oder Supportlinie. Sie zeigt an, wo sich ein Kursrückgang wahrscheinlich verlangsamt oder anhält. Es lassen sich auch kurzfristige kleinere Support-Resistance-Niveaus lokalisieren, die allerdings recht schnell durchstoßen werden können.

In einem Up-Trend bildet der vorangegangene Hochpunkt eine Resistance. Nachdem der Hochpunkt überwunden wurde, wechselt er zu einem Support, der einen Kursrückfall aufzuhalten versucht. In einem Down-Trend bilden die Tiefpunkte die Support-Linie. Wird diese durchbrochen, bildet sie für die nächste Aufwärtsbewegung eine Resistance.

Es läßt sich allgemein sagen, daß die Kurse leichter nach unten durch die Support-Zonen brechen, als sie sich durch die Resistance-Zonen nach oben durcharbeiten. Weshalb werden gerade die Hoch- und Tiefpunkte dazu verwendet, Trendlinien und Support- bzw. Resistance-Niveaus zu bestimmen? Nochmals sei darauf hingewiesen, daß das Kräfteverhältnis von Angebot und Nachfrage den Preis bestimmt. Besteht ein Angebotsdruck, der stärker ist als die Nachfrage, wird der Kurs fallen. Überwiegt andererseits die Nachfrage, steigt der Kurs. Die Hoch- und Tiefpunkte eines Kurses stellen nun genau das Kursniveau dar, bei dem ein Wechsel in der Angebots- bzw. Nachfragesituation stattfand. Von Ausmaß und Dauer der Kursumkehr kann abgeleitet werden, wie bedeutungsvoll dieser »Meinungsumschwung« für den zukünftigen Trend ist, wobei zu überlegen ist, ob die eigene Position noch aufrechterhalten bleiben sollte.

7.4.2 Das Volumen und seine Aussagen

Unter Volumen versteht man die Anzahl der gehandelten Stücke. Es ist also nichts anderes als eine Umsatzstatistik, aber von großer Bedeutung bei der Chartinterpretation. Ein Umsatz besteht immer aus Kauf und Verkauf derselben Sache. Diese Abgrenzung ist besonders für Future-Märkte wichtig, da dort das Kauf- oder Verkaufsinteresse ohne eine entsprechende Gegenposition bleiben kann und dadurch zwar eine Nachfrage bzw. ein Angebot vorhanden ist, es aber zu keinem Umsatz kommt. Der Analytiker schließt von der Höhe des Volumens auf die Stärke der technischen Verfassung des Marktes und damit auch auf die Stärke des Kurses. Es ist ein Unterschied, ob eine Kursveränderung von einem Punkt bei einem Umsatz von 1.000,– oder 1.000.000,– Währungseinheiten stattgefunden hat. Bei einem geringen Umsatz wurde die Kursbewegung nur durch wenige Aufträge hervorgerufen, bei hohen Umsätzen sind viele Marktteilnehmer an der Kursbewegung beteiligt. Sieht man diese Feststellung vor dem Hintergrund der Akkumulations- und Distributionsphasen, so ist es noch verständlicher, weshalb man den Umsätzen einige Bedeutung beimißt, denn gerade in der Endphase eines aufsteigenden Trends treten relativ massive Umsätze zutage, die nur einer Distribution zugeordnet werden können. Hohe Umsätze bei relativ konstanten Kursen können nur dann entstehen, wenn der Masse von Kleinanlegern ein hohes Angebot seitens der Großinvestoren gegenübersteht. Nur so können sie ihre langjährigen, kapitalträchtigen Positionen gedeckt abgeben. Zu beachten ist, daß sich in einem solchen Fall sehr viele Papiere in schwach kapitalisierten und psychisch anfälligen Händen befinden. Der Verlauf der Volumenkurve ist deshalb auch ein wesentlicher Bestandteil der Interpretation von Chartformationen. So heißt es: »Das Volumen geht mit dem Trend.« Grundsätzlich spricht man von einer technischen Stärke bei steigenden Notierungen und der Bestätigung des Kurstrends, wenn die Volumenkurve in ihrer Bewegung mit der Kurskurve gleich verläuft (»Volume goes with price«). Verläuft die Volumenkurve in ihrer Bewegung gegen die

Kurskurve, so geht man allgemein von einer technischen Schwäche des Kurses und der Nichtbestätigung aus (»Volume goes against price«). Betrachtet man den Index- und den Volumenverlauf, so kann man eine weitgehende Übereinstimmung der beiden Kurven feststellen (besonders auf Jahrescharts).

Bei vielen wichtigen Umkehrpunkten des Index fand in der Volumenkurve eine entsprechende Umkehr bereits vorzeitig und hinweisend auf den kommenden Wandel statt. In diesen Fällen erwies sich die Volumenkurve als ein »Leading Indicator« für die Kursbewegung.

Weitere allgemeine Regeln zur Kurs-Volumen-Bewegung:

- Im Verlauf einer Hausse steigen die Umsätze bei steigenden Kursen und gehen bei Reaktionen des Kurses zurück (»Volume goes with price«).

- Im Verlauf einer Baisse steigen die Umsätze bei fallenden Kursen, und bei steigenden Kursen geht der Umsatz zurück (»Volume goes against price«).

- Kommen die Kurse in die Nähe eines großen »Bottom« (unterer Umkehrpunkt eines längerfristigen Down-Trends) zu einem Major-Up-Trend, so gehen die Umsätze zuerst zurück und steigen nach Erreichen der Tiefstkurse sehr stark an.

- Kommen die Kurse in die Nähe eines großen Tops (oberer Umkehrpunkt eines längerfristigen Trends), so gehen die Umsätze zuerst zurück, überschlagen sich dann aber regelrecht bei Erreichen des Kursgipfels.

Derartige Signale geben einmal Auskunft über die technische Stärke des Trends, zum anderen aber auch Hinweise auf Kauf- und Verkaufspunkte. Der gesicherte Hinweis, den das Volumen angibt, ist die Stärke des Kauf-/Verkaufsdrucks.

7.5 Charts

7.5.1 Definition und Grundarten

Charts sind grafische Darstellungen von Datenreihen und stellen das Hauptinstrument des »Technikers« dar. In der technischen Analyse, deren Hilfsmittel die Charts sind, geht es um Datenreihen von:

- Kursen,
- Volumen sowie
- Indikatoren.

Ein Chart ist in der Regel so aufgebaut, daß auf der horizontalen Achse (Abszisse) des Koordinatenkreuzes der Zeitablauf dargestellt wird, während auf der senkrechten (Ordinate) die Kurshöhe dokumentiert ist. Der jeweilige Maßstab für die Zeit- und Kursreihen bestimmt das entstehende äußere Bild. Für die Gestaltung des Charts gelten folgende grundsätzlichen Erkenntnisse:

Wenn man an der großen Linie *(»Major-Trend«)* eines Kursverlaufs interessiert ist, so benötigt man einen Chart, der einen möglichst langen Zeitraum abbildet und dabei trotzdem übersichtlich bleibt. Dazu muß man als Zeiteinheit anstelle eines Tages mindestens ein oder zwei Wochen, besser noch einen Monat oder mehrere Monate eintragen. Dabei werden die Kursverläufe mit größerer Zeiteinheit zunehmend geglättet, die kurzfristigen Tages- oder Wochenschwankungen werden nur mit ihrem Höchst- und Tiefstkurs erfaßt. In solch einem *Langfrist-Chart* treten langfristige Kursbewegungen somit deutlicher hervor.

Um die Kursbewegungen mit allen ihren Höchst- und Tiefstwerten darstellen zu können, muß der Maßstab für die Kursachse natürlich dazu passend gewählt werden. Der kann entweder einen arithmetischen oder aber einen logarithmischen Maßstab haben. Der arithmetische ergibt für gleiche Kursbewegungen gleiche Abstände, also nimmt die Differenz zwischen 20,– und 30,– € genausoviel Platz ein wie der Sprung von 200,– auf 210,– €. Beim logarithmischen Maßstab wird dem prozentualen Unterschied der Kurswerte zueinander gleicher Raum im Diagramm gegeben. Hier schlägt der Unterschied zwischen 20 und 30 mit 50 % deshalb viel deutlicher, nämlich zehnmal so hoch, zu Buche als der Abstand zwischen 200 und 210 (mit 5 %).

Mit dem logarithmischen Maßstab kann man z. B. die Kurscharakteristik von Aktien mit unterschiedlichem Kursniveau direkt miteinander vergleichen, was sich bei langen und bewegten Kursverläufen als großer Vorteil herausstellt.

Die technische Analyse verwendet im wesentlichen vier Arten von Charts, die sich in ihrem Grundaufbau unterscheiden und unten näher beschrieben werden:

- Linienchart,
- Balkenchart,
- Point & Figure Chart,
- Converted Chart.

a. Linienchart

Beim *Linienchart* werden nur die Schlußkurse des Titels auf der
vertikalen Achse des Charts zeitgerecht eingetragen (Beispiel siehe Abb. 7.4). Es entsteht eine Linie, die den Verlauf der Schlußkurse wiedergibt. Der Linienchart wird angewendet, wenn nur ein
festgestellter Einheitskurs darzustellen ist, wenn der Aufwand der
Notierung von Eröffnungs-, Höchst- und Tiefstkursen gescheut
wird oder wenn wegen der minimalen Tagesschwankungen des betrachteten Titels eine Differenzierung nicht lohnt.

Abb. 7.4

Der Vorteil des Liniencharts liegt also in seiner einfachen Erstellung und übersichtlichen Form. Sein Nachteil ist jedoch, daß er die
feinen Veränderungen der Angebots- und Nachfragesituation, die
sich sehr häufig in den variablen Notierungen äußern, nicht erfassen kann.

b. Balkenchart

Der *Balkenchart* ist die grafische Darstellung der Eröffnungs-,
Höchst-, Tiefst- und Schlußkurse der Berichtsperiode. Für jede
Zeiteinheit, zum Beispiel einen Tag, wird der höchste mit dem
tiefsten Kurs der Periode verbunden, wodurch ein Strich oder Bal-

164

ken entsteht. An diesem Balken kann durch angesetzte Punkte der Eröffnungskurs (links) und der Schlußkurs (rechts) markiert werden.

Abb. 7.5

Diese detaillierte Dokumentation macht das Ausmaß der Tagesschwankungen deutlich, und es lassen sich feine Veränderungen in der Angebots- und Nachfragesituation erkennbar machen. Tendiert beispielsweise der Schlußkurs zum Tagestiefstkurs, dann darf man dies als ein Zeichen technischer Schwäche werten. Allerdings verdient eine solche technische Schwäche keine Überbewertung, denn sie währt möglicherweise nur kurz.

c. Point & Figure Chart

Der Point & Figure Chart (P & F Chart) ist ein Analyseinstrument, mit dem das Wechselspiel von Angebot und Nachfrage grafisch dargestellt werden kann (Beispiel siehe Abb. 7.6). Um dieses Tauziehen sichtbar zu machen, trägt man Kursbewegungen, so lange sie in eine Richtung gehen, in einer senkrechten Reihe über- bzw. untereinander mit einem gleichbleibenden Symbol ein. In welcher Zeit die Kursbewegung stattfand, wird nicht berücksichtigt. Kehrt sich die Richtung um, so wird mit einem anderen Symbol eine neue Vertikalreihe begonnen, und dabei wird der Kurs so lange über- bzw. untereinander eingetragen, wie er sich nicht umkehrt.

Point & Figure Chart

Abb. 7.6

Die Vernachlässigung des Zeitfaktors stellt den wesentlichen Unterschied des Point & Figure Chart zum üblichen Balkenchart dar. Lediglich zur Orientierung kann die Wochenzahl notiert werden.

Aufwärtsbewegungen werden üblicherweise mit einem »x« je Einheit, Abwärtsbewegungen dagegen mit einer »0« eingezeichnet. Als Umkehrminimum wird ein Punkt gewählt, das bedeutet, daß eine Richtungsänderung erst dann auf dem Chart durch eine neue Spalte festgehalten wird, wenn die gegenläufige Kursbewegung eine volle Einheit, üblicherweise einen ganzen Punkt, auf der Kursachse ausmacht.

Da eine neue Spalte begonnen wird, wenn das selbstgesetzte Umkehrminimum überschritten wurde, wird die Kursentwicklung in ihrer optischen Erscheinung geglättet wiedergegeben. Die Größe der Umkehrminima bestimmt maßgeblich die Ausgestaltung des Point & Figure Chart.

Ein-Punkt-Umkehrminima treten sehr zahlreich auf, denn fast jede kleine Kursfluktuation wird danach eine neue Spalte erfordern, selbst wenn sie spekulativ ineffizient ist. Eine negative Begleiterscheinung, die dazu führt, daß mittlere und größere Trends optisch verzerrt und schwer erkennbar gemacht werden, was häufig Fehlsignale liefert.

· Deshalb fand das Drei-Punkt-Umkehrminimum größeren Anklang bei den Chart-Analysten.

· Bei sehr beweglichen Positionen (z. B. Commodities) richtet man sich im Aufwärtstrend (x) nach den Tageshöchstkursen, im Abwärtstrend nach den Tagestiefstkursen. Schafft bei der Betrachtung des Up-Trends der Tageshöchstkurs es nicht, die Vortagsnotierung zu überbrücken, orientiert man sich weiter an den nachfolgenden Tagestiefstkursen.

Aussagen und Signale der Point & Figure Charts sieht der Anleger so: Er ist bestrebt, möglichst frühzeitig in einen Trend hineinzuinvestieren (im folgenden wird nur der Aufwärtstrend erläutert, für rückläufige Bewegungen gelten die Aussagen sinngemäß). Ein Aufwärtstrend entwickelt sich, wenn die Nachfrage das Angebot nachhaltig übersteigt. Auf den Point & Figure Chart angewandt bedeutet dies, sich möglichst früh in eine vermutete x-Säule einzukaufen. Eine mathematische Definition dafür, wann ein Trend wahrscheinlich ist, gibt es leider nicht, aber die Summe der Erfahrungen vieler Börsenbeobachter, die den Point & Figure Chart angewandt haben, manifestierte sich in Grundsätzen, die auf bestimmte Chart-Muster Bezug nehmen.

Beispiel (siehe Abb. 7.7): Infolge eines Kursanstiegs übersteigt die neueste »x«-Säule die vorhergegangene um mindestens ein Kästchen. Ein Kaufsignal ist gegeben.

Abb. 7.7

Beim Point & Figure Chart können Trendlinien, -kanäle und auch Formationen eingezeichnet werden. Das Durchstoßen eines x-Kästchens der letzten Aufwärtsbewegung durch eine obere Trendlinie oder Formationsgrenze gilt als Kaufsignal (Beispiele siehe Abb. 7.8, 7.9 und 7.10).

Break einer fallenden Trendlinie

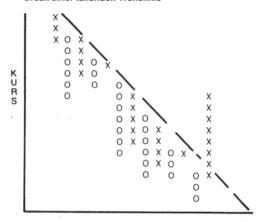

Abb. 7.8

Ausbruch aus einer Dreiecks-Konsolidierung

Abb. 7.9

168

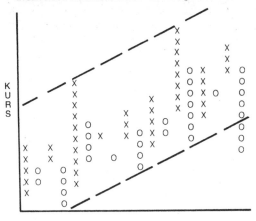

Break eines Trendkanals bei Point & Figure Charts

Abb. 7.10

Oft zeigt sich bei der Betrachtung langfristiger Charts, daß sich die Kurse nicht direkt, sondern in mehr oder weniger starken Fluktuationen dem Höhepunkt nähern. In solch einem Fall spricht man von einem »*Trendkanal*«, sofern die Kursspitzen etwa auf einer Parallele zur Unterstützungslinie liegen. Das Erkennen eines Trendkanals kann für den Anleger von Vorteil sein, denn das Ausnutzen von Fluktuationen birgt spekulative Gewinnchancen (Kauf an der unteren Trendlinie, Verkauf nahe der oberen Trendlinie). Außerdem kann die Unterstützungslinie (untere Trendlinie) als Stop-Order-Marke herangezogen werden, um Gewinne zu schützen.

Beispiel: Abbildung 7.11 verdeutlicht, daß der P & F Chart das Determinieren eines Trendkanals erleichtert.

Eine praktische Anwendung der P & F Charts ist die *Kurszielformel*. Kursverläufe geben in der Regel zu erkennen, daß einer kräftigen Kursbewegung eine Konsolidierung folgt, in der die Kurse neues Potential für die nächste Bewegung schöpfen. Einen Anhaltspunkt über das wahrscheinliche Ausmaß der kommenden Bewegung gibt dabei die *Kurszielformel*. Dabei zählt man die Kästchen der Zeile (horizontale Linie), auf der sich die meisten Symbole befinden (einschließlich Leerkästchen). Die Anzahl der Kästchen gibt einen guten Anhaltspunkt für das Ausmaß der Aus-

169

Trendkanäle

Abb. 7.11　　　　　　　　Quelle: Schalz: Erfolgreicher Terminhandel bruchbewegungen, betrachtet vom Niveau der Zähllinie (Konsolidierungslinie) aus. Ein schematisches Beispiel zeigt Abb. 7.12.

Abb. 7.12

Einer *kritischen Würdigung* der Point & Figure Charts muß man die Erkenntnis voranstellen, daß es auch hier für das Zutreffen von Voraussagen aus dieser Chart-Form natürlich keine Garantie gibt. Da aber eine gewisse Wahrscheinlichkeit durchaus dafür spricht, wird sie von vielen Börsianern als nützliches Instrument genutzt, um das Spiel der Kräfte von Angebot und Nachfrage dargestellt zu bekommen. Insbesondere die Eigenschaft, ausgedehnte Kursverläufe in verdichteter und geglätteter Weise wiedergeben zu können, hat die P & F Charts besonders beliebt gemacht.

d. Converted Chart

Hierbei handelt es sich um einen an seiner Mittelachse gespiegelten Chart. Dabei kann es sich um eine Version des Linien-, Balken- oder Point & Figure Chart handeln. Die Umkehrdarstellung wird von ihren Anhängern mit psychologischen Ursachen begründet. Man kann hiermit nämlich Prognosen, die man aus anderen Quellen erstellt hat, einer Gegenprüfung unterziehen.

Man erwartet vom Converted Chart, daß z. B. ein im Original-Chart auf »bullish« (steigend) prognostizierter Titel im Converted Chart genau die gegensätzliche Tendenz ergeben muß. Wenn sich bei der Bewertung des Original-Charts positive Interpretationen eingeschlichen haben, die eigentlich nicht gerechtfertigt waren, so kann der Converted Chart diese Fehleinschätzung offenbaren. Denn einem Original-Chart mit eindeutig positiver Tendenz muß ein ebenso eindeutig negativer Converted Chart gegenüberstehen. Dieser Effekt favorisiert den Converted Chart bei den sicherheitsbeflissenen Börsianern.

7.6 Formationen und ihre Interpretation

Ein wesentliches Teilgebiet der technischen Analyse bilden die Formationen. Das sind typische Kursbilder der Vergangenheit, die zur Prognose künftiger Kursentwicklungen herangezogen werden. Man geht davon aus, daß jede erkennbare Formation eine bestimmte Bedeutung für Kursverläufe in der Zukunft haben kann. Darauf gründet die technische Analyse ihre Erfahrungssätze und schließt aus charakteristischen Kurs- und Kurs-Volumen-Bildern im Chart auf künftige Entwicklungen.

Wie wird nun eine Darstellung als bestimmte Formation erkannt? Mathematische Definitionen scheiden dafür aus. Es hat sich jedoch gezeigt, daß eine Formation mit den drei Kriterien

- Kursspanne,
- Volumen und
- Zeit

recht gut beschrieben werden kann, sobald sie in einem bestimmten Verhältnis zueinander stehen. Um Formationen auf den Chart-Bildern hinreichend genau erkennen und abgrenzen zu können, bedarf es der sorgfältigen Beobachtung dieser drei Kriterien.

Wichtigstes Element bei der Formationsbetrachtung ist die Umkehrformation, also der Trendwechsel vom Up- in einen Down-

Trend und umgekehrt. Dabei wird zunächst einmal nach der Umkehrrichtung unterschieden:

- *Top* ist eine Umkehrformation im oberen Kursbereich, hier schließt sich ein Kursrückgang an.
- *Bottom* dagegen ist das Gegenstück im unteren Umkehrbereich, hier gibt es anschließend einen Kursanstieg.

Nun werden die wichtigsten Formationen im Detail beschrieben:

a. Kopf-Schulter-Formation (Head and Shoulder)

Der *Head and Shoulder Top* des in der Abb. 7.13 gezeigten Beispiels hat folgenden Verlauf:

- Steiler Kursanstieg und Rückfall bis zu Punkt B (linke Schulter).

Abb. 7.13

- Erneute Aufwärtsbewegung. Der Top dieses Anstiegs muß über Punkt A liegen. Die zweite Abwärtsbewegung sollte bis auf das Niveau von B zurückfallen. Sie muß, um die zweite Phase als »Kopf« bezeichnen zu können, deutlich unterhalb der linken Schulterspitze (Punkt A) zum Halten kommen. Es bildet sich ein zweites Tief (Punkt D). Als dritte Phase erfolgt ein erneuter Anstieg, der jedoch nicht mehr die Höhe des zweiten erreicht und wieder auf das B-D-Niveau fällt (rechte Schulter).
- Aus der Verbindung der beiden Bottom-Punkte (B-D) ergibt sich die Nackenlinie (Neck Line). Eine fallende Nackenlinie deutet auf eine größere technische Schwäche des Kurses hin.
- Die Bestätigung der Formation wird erst dann gegeben, wenn der Kurs die Nackenlinie um mehr als 3 % des Kurswertes unterschritten hat. Erst nach diesem Durchbruch kann der Head and Shoulder Top als solcher bezeichnet und angewendet werden.

An folgenden Merkmalen kann man das Entstehen dieser Formation erkennen: Wenn die Kurse im Verlauf des zweiten Rückgangs (vom Kopf abwärts) unter das Niveau des Tops (Punkt A) der linken Schulter fallen, dann ist eine Schwäche des Kurses angezeigt und eine Head-and-Shoulder-Formation sehr wahrscheinlich. Dann kann es sich lohnen, die weitere Entwicklung zu beobachten, jedoch sollte man nicht vor der Ausbruchsbestätigung handeln.

Das zu den Kurswerten gehörende *Volumen* nimmt während der Ausbildung der Head-and-Shoulder-Formation stetig ab, wobei hier sehr wesentlich ist, daß die rechte Schulter deutlich geringeres Volumen aufweist als an Kopf und linker Schulter (»Volume goes with the trend«).

Eine Head-and-Shoulder-Formation braucht *Zeit*, sie bildet sich selten in weniger als einem Monat aus. Häufig benötigt sie zwei bis drei Monate, kann sich jedoch auch über ein Jahr erstrecken. Das hängt davon ab, welche Art von Trend umgekehrt wird.

Die empfehlenswerte *Taktik* für das Verhalten bei einer Head-and-Shoulder-Formation: Sobald sich die Nackenlinie gebildet hat, zieht man eine Parallele zu ihr auf der Höhe des Tops der linken Schulter (Punkt A) durch den Kopf hindurch. Diese Gerade gibt ungefähr einen Anhaltspunkt für den Verkaufszeitpunkt. Short-Positionen sollten erst nach dem *Breakout* eingegangen werden. Mit Breakout bezeichnet man den Durchbruch des Kurses durch die Nackenlinie. Danach erfolgt häufig ein Rückzug *(Pull-Back)* des Kurses zur Nackenlinie oder in deren Nähe. Dieser Pull-Back gibt noch einmal eine gute Gelegenheit zum Verkauf.

Das Gegenstück zum Top ist die *Bottom-Head-and-Shoulder-Formation*. Sie verläuft wie die Top-Formation, jedoch in umgekehrter Richtung. Das Kursbild allerdings ist im Vergleich zur Top-Formation mehr gerundet und flacher. Die Bottom-Formation beansprucht außerdem etwas mehr Zeit, und das Volumen folgt eher dem Kurstrend. Ihr Durchbruch findet in der Regel mit sehr hohem Volumen statt. Pull-Backs sind auch hier wahrscheinlich.

Zu diesen »einfachen« Top-und-Bottom-Formationen gesellen sich die *multiplen Head-and-Shoulder-Formationen*. Sie haben mehrere rechte oder linke Schultern oder mehrere Köpfe. Aus der Kombination der Bestandteile linke Schulter, Kopf und rechte Schulter ergibt sich eine große Variation der möglichen Formen, dennoch zeigt sich in der Praxis eine Tendenz zur Symmetrie. Während es im *Zeitverhalten* keinen Unterschied zu den einfachen Formationen gibt, zeigt das begleitende Volumen anfänglich Unregelmäßigkeiten, um sich dann zu regulieren und abzunehmen. Eine Schwierigkeit bei der multiplen Head-and-Shoulder-Formation bedeutet das Einzeichnen der Nackenlinie, wenn die Bottom-Punkte der Schultern auf unterschiedlichem Niveau liegen. Hier empfiehlt es sich, variabel zu bleiben und eine innere und äußere Nackenlinie einzuzeichnen.

Es gibt auch Double Tops und Double Bottoms, in Deutschland unter der Bezeichnung M-Formation (Top) oder W-Formation (Bottom) bekannt. Daneben wird auch die direkte Übersetzung »doppelte Spitze« oder »doppelter Boden« verwendet. Diese Doppelvarianten gehören zu den Umkehrformationen.

Beim Double Top wird ein Kuranstieg zu Punkt A gefolgt von einem Rückgang um mindestens 10 % bis zum Punkt B. Dann kommt – weitaus gemächlicher – ein erneuter Kursanstieg zu Punkt C, der in etwa auf demselben Kursniveau wie Punkt A liegt. Im Anschluß daran stellt sich ein Kursrückgang unbestimmten

Ausmaßes ein, wobei eine kleine Unterstützung in Höhe des Zwischentiefs zu erwarten ist.

Die *Double-Formation* benötigt länger als einen Monat, meist zwei bis drei Monate, aber auch länger. Die beiden Gipfel werden aber kaum mehr als etwa drei Monate auseinanderliegen. Die Volumenspitze liegt in der Nähe des ersten Tops und nimmt dann bis zum zweiten ab. Das Volumenbild nimmt einen gerundeten Verlauf, der dem Kursverlauf ähnelt. Dem nachfolgenden Kursrückgang stehen oft steigende Umsätze gegenüber. Dann geht das Volumen meist gegen den Trend.

Gerundete Hoch- bzw. Tief-Formationen (Rounding Top bzw. Bottom) zeigen einen kontinuierlichen Trendwechsel. Dies entsteht durch einen gleichmäßigen Übergang der Marktkräfte (Angebot/Nachfrage). Die Rounding-Top-Formation ist auch als »Inverted Bowl« (umgekehrte Suppenschüssel) bekannt. Für die Rounding-Bottom-Formation wird auch je nach Aussehen der Begriff »Bowl« (Suppenschüssel) oder »Saucer« (Untertasse) benutzt.

Der *Rounding Top* ist vorrangig in hoch notierenden Aktien und in Vorzugsaktien zu finden, dagegen selten in Aktien mittleren und tiefen Kursniveaus. Das liegt an der Eigenart der Aktien, nur geringe spekulative Ausschläge zu vollziehen oder aufgrund der hohen Kapitalisierung einen Wechsel der Kräfte nur langsam zuzulassen. Hier läßt der Kursanstieg stetig nach und geht in eine Seitwärtsbewegung über, von dort erfolgt wieder ein stetiges Abfallen der Kurse. Das geschieht im *Zeitraum* von meistens mehreren Monaten. Das *Volumenbild* läuft dem Kursbild entgegengesetzt, aber ebenfalls gerundet. Das Volumen geht gegen den Trend.

Der *Rounding Bottom* ist in niedriger notierten Aktien (Low Price Stocks) häufig zu finden, zeitlich sehr ausgedehnt und flach. Bildet sich ein Rounding Bottom nach einem langen, ausgedehnten Kursrückgang, so folgt ihm mit großer Wahrscheinlichkeit ein Wechsel im Primary-Trend und signalisiert somit den bevorstehenden Aufschwung. Dieser Aufschwung vollzieht sich selten drastisch, sondern häufig gemächlich und mit mehrfachen Unterbrechungen. Der Kurs verläuft umgekehrt wie beim Top, das Volumen geht mit dem Trend, und das Ganze dauert auch mehrere Monate.

Eine besondere Variante ist der »*Dormant Bottom*« (Schlafender Boden). Er ist meist nur in umsatzschwachen Aktien zu finden (»*Thin Stocks*«) und verläuft wie ein Rounding Bottom, jedoch erfolgt ein plötzlicher Kursanstieg, meist begleitet von einem zunehmenden Umsatz. Er kommt meist nur bei Aktien vor, deren Chart-Bild mit den Kurspunkten der schwachen Umsatztätigkeit übersät ist.

Auch die Rounding-Varianten gehören zu den Umkehrformationen.

b. Rechteckformation (Rectangle)

Rechteckformationen sind meist das Abbild einer Konsolidierungsphase. Der Kurs beschreibt eine Folge von Fluktuations-

Abb. 7.14

bewegungen, bei denen sowohl die Top- als auch die Bottom-Punkte der Fluktuation auf etwa dem gleichen Niveau liegen. Die Zeit beträgt mindestens einen Monat, meist aber länger. Kürzere Rechtecke sind eher als Flaggen zu deuten. Das Volumen nimmt stetig ab. Beispiel siehe Abb. 7.14.

Anwendbare Taktik: Bei einer Fluktuationszone von etwa 8–10 % des Kurswertes kann ein entsprechendes An- und Verkaufen an den Formationsgrenzen gewinnbringend sein. Ein Breakout sowie ein Pull-Back, der etwa 40–50 % der Breakout-Kursspanne wieder zurückführt, kommen nicht selten vor!

c. Gleichseitige Dreiecke (Symmetrical Triangle)

Die Dreiecksformationen sind oft Teil einer größeren, wichtigeren Formation. Die Triangles bilden sich aus einer Folge von Fluktuationen, bei denen die Kursschwankungen der Minor-Trends abnehmen und sich so fallende Tops und steigende Bottoms bilden. Dreiecksformationen sind in drei von vier Fällen Konsolidierungsformationen, nur der Rest ist dem Umkehrprinzip zuzuordnen.

Diese Formationsart wird gebildet durch eine Folge von Kursan- und -abstiegen, bei denen das Ausmaß der Kursbewegung von Bewegung zu Bewegung kleiner wird. Die Erscheinung dauert meist zwischen eineinhalb und drei Monaten, höchstens ein Jahr. Während der Ausbildung der Formation nimmt das Volumen stetig ab. Beispiel siehe Abb. 7.15.

Um ein Triangle zu erhalten, werden die ersten – mindestens zwei – Top-Punkte und die ersten – mindestens zwei – Bottom-Punkte mit jeweils einer Geraden verbunden. Diese Grenzlinien oder auch modifizierten Trendlinien müssen durch die nachfolgenden Fluktuationen bestätigt werden. Je weiter die Kurse zur Spitze des Triangle laufen, desto weniger Ausbruchspotential wird dem Kurs zugesprochen. Die Spitze des Triangle – genauer: dessen Kursniveau – bildet für die spätere Kursentwicklung eine starke Unterstützungslinie. Wird eine Grenzlinie von dem Kurs durchbrochen, ohne daß ein Breakout stattfindet, zeichnet man am besten eine Ergänzungsparallele zu der durchbrochenen Grenzlinie.

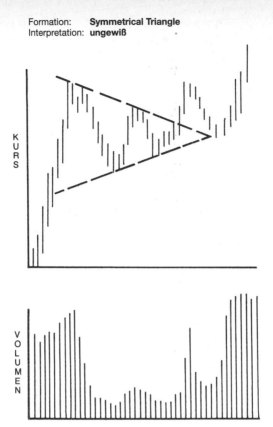

Formation: **Symmetrical Triangle**
Interpretation: **ungewiß**

KURS

VOLUMEN

Abb. 7.15

d. Aufsteigende Dreiecke (Ascending Triangle)

Aufsteigende Dreiecke haben eine »Bullish«-Bedeutung: Man erwartet einen Anstieg der Kurse. Bei dieser Formation bleiben die Top-Punkte fast auf demselben Niveau, während die Bottom-Punkte von Kursbewegung zu Kursbewegung höher liegen und damit einer ansteigenden Linie folgen. Mit der durch die Top-Punkte gelegten Horizontallinie bilden sie ein nach außen links offenes Dreieck, das nach oben zeigt. Ausbildungszeit und begleitendes Volumen sind etwa gleich dem oben beschriebenen gleich-

179

Formation: **Ascending Triangle**
Interpretation: **bullish**

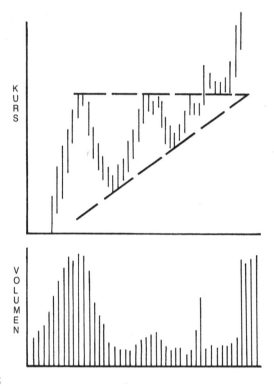

Abb. 7.16

seitigen Dreieck. Als Kursziel kann man hier die Trendlinien-
parallele durch den ersten Top-Punkt ansehen. Ein schematisches
Beispiel enthält Abb. 7.16.

e. Absteigende Dreiecke (Descending Triangle)

Beim Descending Triangle bleiben die Bottom-Punkte der Formation auf ähnlichem Kursniveau, die Top-Punkte liegen von
Fluktuation zu Fluktuation tiefer. Die Angaben zur Zeit, zum Volumen und zum Kursziel entsprechen dem Ascending Triangle.
Beispiel siehe Abb. 7.17.

180

Formation: **Descending Triangle**
Interpretation: **bearish**

Abb. 7.17

f. Umgekehrte Dreiecke (Broadening Formation)

Dem umgekehrten oder offenen Dreieck wird eine »Bearish«-Bedeutung zugeschrieben; hieraus deutet der Analyst also einen Hinweis auf einen rückläufigen Kurs. »Offen« bedeutet hier, daß die Spitze des Dreiecks in die Vergangenheit zeigt und die offene Seite in die Zukunft.

Die Werte des zugehörigen Kurses fluktuieren zunehmend im Charakter eines Minor-Trends. Die Tops steigen, während die Bottoms einer fallenden Tendenz folgen.

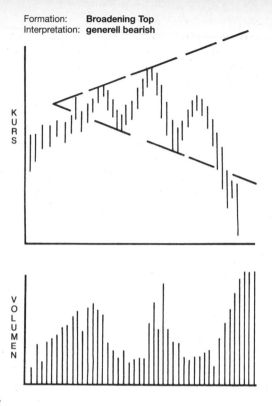

Formation: **Broadening Top**
Interpretation: **generell bearish**

KURS

VOLUMEN

Abb. 7.18

Die Erscheinung dauert mehrere Wochen, kann sich aber durchaus auch über einige Monate erstrecken. Mit den umgekehrten
Dreiecken geht in der Regel ein unbestimmtes Volumenbild einher.
Verläuft das Volumen aber deutlich gegen das Kursbild, so wird
dieser Dreiecksformation eine verstärkte »Bearish«-Bedeutung
zugemessen. Ein Beispiel dafür ist die Abb. 7.18.

g. Keile (Wedge)

Bei dieser Formation sind die beiden bestimmenden Grenzlinien
eines Dreiecks auf- bzw. abwärts gerichtet, wobei die jeweilige
Trendlinie die größere Steigung aufweist. Der Keil verläuft kurz-

bis mittelfristig entgegengesetzt dem dominierenden Trend, tritt also meistens als Konsolidierungsformation auf.

Sind beide Grenzlinien aufsteigend, spricht man von einem »Rising Wedge«. Sind beide Grenzlinien fallend, bezeichnet man die Formation als »Falling Wedge«. Die Formation sollte kompakt und mit häufigen Fluktuationen entstanden sein. Die Beobachtungszeit beträgt in der Regel mehr als drei Wochen. Das Volumen nimmt deutlich ab.

Ein Keil ist häufig Teil einer größeren, wichtigeren Formation. Zum Beispiel können bei einer Head-and-Shoulder-Formation die linke Schulter und der Kopf gemeinsam ein Keil sein. Beispiel siehe Abb. 7.19.

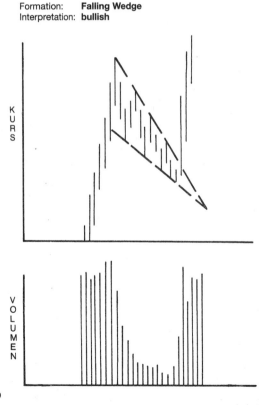

Formation: **Falling Wedge**
Interpretation: **bullish**

Abb. 7.19

h. Flagge und Wimpel (Flag and Pennant)

Diese Formationen stellen reine Konsolidierungsformationen dar und gelten als besonders zuverlässig, wenn folgende Bedingungen erfüllt sind:

- Eine steile Kursbewegung ging voran.
- Das Volumen nimmt während der Formation stetig ab, beim Breakout klar zu.
- Die Kurse sind spätestens nach vier Wochen aus der Formation ausgebrochen.

Beispiele siehe Abb. 7.20 und 7.21.

Bei der *Flag* macht der Kurs Fluktuationen gleichen Ausmaßes, wobei die einzelnen Wendepunkte stets tiefer liegen als die vorausgegangenen. Dem Pennant sind Fluktuationen mit sich verrin-

Abb. 7.20

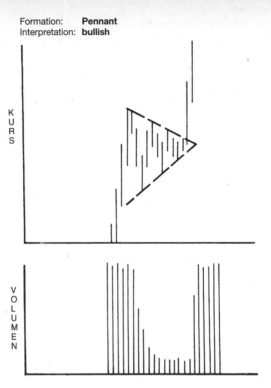

Formation: **Pennant**
Interpretation: **bullish**

K
U
R
S

V
O
L
U
M
E
N

Abb. 7.21

gernden Ausmaßen eigen, so daß sich nur ein kleines Dreieck bildet. In einem Aufwärtstrend zeigt der Wimpel oft nach unten, in einem Abwärtstrend nach oben.

Wenn die Zeit länger als ein bis drei Wochen dauert, dann besteht der Verdacht auf eine nachfolgende umfassendere Konsolidierungsformation mit nachgebendem Kurs. Das Volumen zeigt stets abnehmende Tendenz.

i. Muschel (Scallop)

Die Muschel besteht aus einer Reihe von Saucers (Untertassen, Rounding Bottoms), wobei jede einzelne dieser untertassenförmigen Bewegungen einen Nettokursanstieg von 10–15 % des Kurswertes ausmachen sollte. Insgesamt sollte der Anstieg während der Gesamtformation ca. 20–30 % betragen.

Hier haben wir eine Diagrammform vor uns, die als reine Bottom-Formation gilt. Der Analyst versteht sie als das eindeutige Zeichen für die Umkehr von einem Abwärts- zu einem Aufwärtstrend.

Man findet die Muschel vor bei Aktien, die mit einer großen Umlaufzahl im Markt vertreten sind. Bekanntlich vollführen diese Werte keine drastischen Kurssprünge. Die Ablaufzeit beträgt meistens ein bis zwei Monate. Beispiel siehe Abb. 7.22.

j. Tips zur Interpretation von Formationen

Wichtiger Grundsatz für eine Chart-Analyse ist die Suche nach Formationen *ohne Vorurteil*. Wer sehnlichst eine Trendwende erwartet, wird mit ausgeprägten Hoffnungen nach Umkehrformationen im Chart suchen. Da ein Chart in bezug auf Formationen eine sehr unvollständige Information darstellt, können Phantasie und Wunschvorstellung zu Deutungen verführen, die einer nüch-

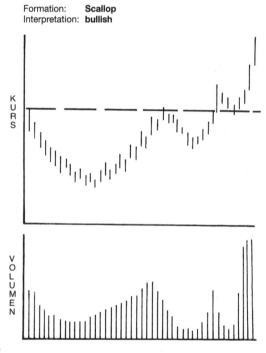

Abb. 7.22

ternen Betrachtung nicht standhalten. Besondere Gefahr droht dann, wenn man sich eine bereits vorgefertigte Meinung vom Chart bestätigen lassen will. Ein Chart ist geduldig, er läßt selbst die kühnsten Interpretationen über sich ergehen.

Einen guten Einblick in die wahrscheinliche Entwicklung des Kurses eines Titels gibt der Vergleich der Formationen mit den Titeln ähnlicher Gesellschaften. Innerhalb einer Branche gibt es oft Vorläufer, die die Entwicklung anderer Titel vorwegnehmen. So hat zum Beispiel ein Branchenführer eine Umkehrformation bereits abgeschlossen, wenn der andere Branchentitel erst am Beginn einer noch nicht näher bestimmbaren Formation steckt. Haben Sie bei der Interpretation des Charts auch immer den aktuellen Gesamtmarkt in dem Modell des Börsenzyklus im Auge!

7.7 Technische Indikatoren

7.7.1 Definition und Überblick

Ein weiteres Instrument der Aktienanalyse stellen die Indikatoren dar. Das sind algebraisch oder geometrisch aufbereitete Daten des Börsengeschehens. Ihnen wird die Fähigkeit zugesprochen, gewisse bevorstehende Entwicklungen an der Börse anzeigen zu können. Da es zur Philosophie der technischen Analyse gehört, nur unmittelbare Börsendaten zu verwenden (z. B. Kurse), kann zur Errechnung eines technischen Indikators auch nur auf solche zurückgegriffen werden.

Zielsetzung der meisten technischen Indikatoren ist das Abgeben von Kauf- und Verkaufssignalen. Die meistverwendeten Indikatoren sind:

- Gleitender Durchschnitt (Moving Average),
- Anstiegs- und Abstiegslinien (Advance/Decline),
- Neuer Höchstwert/Tiefstwert (New High/New Low),
- Beta-Faktor,
- Momentum,
- Überkauft/Überverkauft (Overbought/Oversold),
- Relative Stärke (Relative Strength).

Einer detaillierteren Beschreibung seien noch einige allgemeingültige Erläuterungen vorangestellt:

Um den für den jeweiligen Anwendungsfall »passenden«, d. h. aussagekräftigsten Indikator zu finden, muß man experimentieren, und dabei sollte man mit dem Indikator seiner Wahl zunächst einmal die Periodenlänge variieren. Ein derartiges Vorgehen ist durch den Einsatz eines Computers in Verbindung mit einem geeigneten Börsenprogramm, das eine Trading-System-Tester-Option bietet, kein Problem. Um die Fehlsignalrate bei der Anwendung nur eines Indikators zu verringern, läßt man nach ersten Versuchen mehrere Indikatoren zusammen oder gegeneinander spielen. Daraus leitet man sich seine Kauf- und Verkaufssignale ab. Ein solches Signal gilt erst dann als gegeben, wenn mehrere Einzelindikatoren das gleiche melden. Ein Beispiel für ein sehr einfaches Indikatorsystem wäre:

Kauf bei: Gleitender Durchschnitt aufsteigend
             und Momentum im oberen Bereich
             und Wert für Overbought/Oversold > 90 %
Verkauf bei: Gleitender Durchschnitt fallend
             und Momentum im unteren Bereich
             und Overbought/Oversold > 10 %

Durch den Einsatz des Computers lassen sich nahezu unbeschränkt eigene Indikatorensysteme sowie Kombinationen daraus erstellen und austesten. Geeignete Software gibt es in reicher Auswahl. Häufig stellen Banken diese in Verbindung mit Homebanking-Angeboten zur Verfügung. Ein wichtiges Informationsmedium ist auch das World Wide Web. Viele Analysten und Broker veröffentlichen ihre Untersuchungsergebnisse, Anlageempfehlungen und Kurscharts im Internet. Auch die meisten Unternehmen wollen ihre Investor Relations verbessern und haben mittlerweile eine Homepage, auf der Informationen zu ihren Produkten und zu ihrer Aktie abgerufen werden können. Zu interessanten Internet-Adressen vgl. Anhang B.

7.7.2 Gleitender Durchschnitt (GD, »Moving Average«)

Bei Analyse und Prognose von Kursverläufen ist der GD ein probates Instrument, um uneinheitliche Kursbewegungen zu glätten, wodurch das Chart-Bild übersichtlicher wird und der Kurstrend klarer herauskommt. Mit Variieren von Periodenlänge und Berechnungsart kann man die Glättung beeinflussen, das macht den GD sehr flexibel und sowohl dem Anlageziel als auch dem Objekt leicht anpaßbar.

Der GD ist eine laufend fortgeführte Reihe von Mittelwerten einer Bezugsperiode. Die Fortschreibung der Mittelwerte ergibt eine dynamisierte Linie. Sie zeigt den Trend der Kurse während der Berichtsperiode (z. B. 200 Tage) an. Kombiniert man mehrere unterschiedliche GD, so gewinnt man einen Einblick in den Trend: Besteht er fort, oder kehrt er sich um? Es ergibt sich also eine Aussage über den technischen Zustand des Objekts. Ferner wird dem GD eine Widerstands- bzw. Unterstützungsfunktion zugesprochen. Im folgenden werden einige Spielarten des GD behandelt.

a. Einfache arithmetische Mittelwerte (AM)

Das arithmetische Mittel (AM) ist der seit Schulzeiten bekannte Mittelwert oder einfach Durchschnitt, also die Summe aller betrachteten Kurswerte, geteilt durch ihre Anzahl:

Formel: $AM = \dfrac{1.\,TK + 2.\,TK + 3.\,TK \ldots}{Anzahl\ der\ TK}$

(TK = Tageskurs)

In der Tabelle der Abb. 7.23 wird ein Beispiel gegeben.

Es ist zu beobachten, daß der älteste Wert genausoviel Einfluß auf den neuesten Mittelwert nimmt wie die aktuelleren Kurse. Da die zukünftigen Kurse aber sehr wohl in einem engeren Zusammenhang zu den aktuellen stehen, soll den aktuellen Kursen ein größeres Gewicht bei der Berechnung beigemessen werden. Ziel ist ein realitätsnäheres Prognoseergebnis. Das führt zu einer Gewichtung der Daten.

b. Gewichtete Mittelwerte (GM)

Den GM wenden wir an, indem wir den neuesten Wert beispielsweise mit 5, den vorausgehenden mit 4 usw. multiplizieren und am Ende die aufaddierten Produkte durch die Summe der Gewichtungen $(1+2+3+4+5 = 15)$ teilen. Wir erhalten so einen linear gewichteten Mittelwert. Der Multiplikator nimmt mit zunehmender Entfernung vom aktuellen Kurs schrittweise ab.

Formel: $GM = \dfrac{(1.\,TK \times 5) + (2.\,TK \times 4) + (3.\,TK \times 3) \ldots}{(5 + 4 + 3 + 2 + 1)}$

Auch für diese Formel gibt die Tabelle in Abb. 7.23 ein Beispiel.

Tag	TK effektiv	AM	TK einf. gewichtet	GM	TK quadr. gewichtet	EM
1	10	–	–	–		
2	11	–	–	–		
3	12	–	–	–		
4	13	–	–	–		
5	15	12,20	195	13,00	745	13,55
6	12	12,17	194	12,93	716	13,02
7	10	11.86	181	12,07	641	11,65
8	14	12,13	189	12,60	691	12,56
9	13	12,22	190	12,67	702	12,76
10	15	12,50	201	13,40	761	13,84
11	9	12,18	182	12,13	648	11,78
12	5	11,58	146	9,73	470	8,55

Abb. 7.23

Der GM folgt den Kursen schneller und näher als der AM, hat aber auch nur einen geringen Glättungseffekt. Bei größeren Perioden (z. B. 100-Tage-GM) kann man einzelne Gruppen beliebiger Größe bilden. Der Anteil der Kurswerte am Mittelwert nimmt mit zunehmender Entfernung vom aktuellen Kurs ab (z. B. beim 100-Tage-GM je zehn Tage).

c. Exponentiell gewichtete Mittelwerte (EM)

Wünscht man für die aktuellen Kurse ein noch stärkeres Gewicht, so ist die Verwendung von Potenzen angebracht. Bei quadratischer Gewichtung wird zum Beispiel anstelle des einfachen Abzählens von n bis 1 als Gewichtung der Multiplikator quadriert.

Formel: $EM = \dfrac{(1.\,TK \times 5^2) + (2.\,TK \times 4^2) + (3.\,TK \times 3^2)\ ...}{(5^2 + 4^2 + 3^2 + 2^2 + 1^2)}$

Das in Abb. 7.23 gezeigte Beispiel enthält auch eine Spalte für den EM.

Die Summe der Kurs-Quadrat-Produkte wird hier durch die Summe der Multiplikatoren (25 + 16 + 9 + 4 + 1 = 55) geteilt. Der quadratisch gewichtete gleitende Durchschnitt ist im Vergleich zum linear gewichteten viel beweglicher, zeigt Veränderungen der Kurse früher an und folgt ihnen in einem geringeren Abstand. Der Glättungseffekt wird wieder reduziert, doch das macht den Durchschnitt beweglicher und gibt den aktuellen Kursen noch mehr Gewicht.

d. Geometrisches Mittel (GEOM)

Um steigende oder fallende Entwicklungstendenzen quantitativ zu erfassen, wird auch das geometrische Mittel angewendet. Seine Berechnung erfolgt nach einem anderen Prinzip als bei den arithmetischen Mittelwerten: Aus dem Produkt der Kurswerte wird die n-te (Zahl der Kurswerte) Wurzel gezogen.

Formel: $\textbf{GEOM} = \sqrt[n]{1.\,TK \times 2.\,TK \times 3.\,TK \times \ldots}$

(n = Anzahl der Tageskurse (TK))

Durch die Wurzel haben die extremen und zufälligen Kursausschläge einen geringeren Einfluß auf den Mittelwert, so daß sich der Haupttrend wenig verzerrt durchsetzt.

e. Verwendung der gleitenden Durchschnitte als Kauf- und Verkaufssignale

Signale ergeben sich aus:

● dem Durchbruch der Kurse des kürzeren GD durch den GD,
● der Richtung des GD (steigend, fallend, waagerecht),
● der Entfernung der Kurse vom GD.

Hauptsignale sind gegeben, wenn die Kurse den etwa waagerechten GD durchbrechen (siehe Abb. 7.24 und 7.25), und zwar

● von unten kommend bedeutet *Kaufsignal,*
● von oben kommend bedeutet *Verkaufssignal.*

Dabei gilt es, *Durchstoßgröße* und *Wartezeit* zu beachten. Um die Quote der Fehlsignale zu reduzieren, werden Filter eingesetzt, die bereits unter der Chart-Technik erwähnt wurden. Sobald deren Kriterien erfüllt sind, geht man von der *Bestätigung* des *Signals* aus und disponiert entsprechend. Bei der Durchstoßgröße legt man eine Spanne für die Größe des Durchbruchs fest, ehe man rea-

Kaufsignal

K
U
R
S

Abb. 7.24

Verkaufssignal

K
U
R
S

Abb. 7.25

giert. Je weiter die Spanne gewählt wird, desto konservativer, aber zuverlässiger ist das Signal zu bewerten. Diese erhöhte Zuverlässigkeit bezahlt man mit einem etwas ungenaueren Ergebnis. Bei der Wartezeit legt der Spekulant eine Anzahl von Tagen fest, innerhalb deren die Kurse die Durchbruchrichtung nicht ändern dürfen. Das gilt auch für das Warten. Selbstverständlich ist auch die Kombination von Durchstoßgröße und Wartezeit möglich.

Bei den *Nebensignalen* beobachtet man die Richtung des GD beim Durchbruch der Kurse durch den nicht waagerechten GD: Ist der GD steigend, so gilt ein Durchstoß von oben noch nicht als Verkaufssignal. Beispiel siehe Abb. 7.26.

Abb. 7.26

Gleichfalls gilt bei einem klar fallenden GD ein Durchbruch der Kurse von unten kommend noch nicht als Kaufsignal. Siehe Beispiel 7.27.

Abb. 7.27

Beim Durchbrechen eines klar steigenden GD ist ein spekulativer Kauf und bei einem fallenden GD ein Verkauf möglich. Hierbei spricht man von einer negativen Divergenz und geht von der Überlegung aus, daß der GD die Kurse bald wieder in seine Richtung zieht und die Kursbewegung nur eine übersteigerte und kurzlebige Reaktion auf eine positive bzw. negative Nachricht war.

Beim GD findet man in seiner Eigenschaft als bewegliche Trendlinie sowohl »Tests« sowie »Pull-Backs« nach einem Durchbruch. Beispiele hierfür finden sich in Abb. 7.28 und 7.29.

Der GD hält üblicherweise einen gleichbleibenden Abstand zu den Kursen. Deshalb wird der GD als eine Parallele zum Kursverlauf im Chart einzuzeichnen sein. Eine Abweichung der Kurse von diesem Normalzustand bedeutet schon ein Nebensignal, das weiter beobachtet werden sollte.

Der Normalabstand kann als eine Art Trendkanal gesehen werden, dabei entspricht die normale Abstandslinie der oberen Begrenzung, der GD der unteren. Zur Bestimmung des genauen

Test der gleitenden Durchschnitte

Abb. 7.28

194

Abb. 7.29

Kauf- bzw. Verkaufsniveaus bedient man sich technischer Instrumente wie Unterstützungs- und Widerstandslinien sowie Formationsbegrenzungen.

Als Fazit kann gezogen werden: Mit dem GD erhält man einen klaren und übersichtlichen Trendindikator für den technischen Zustand des Objekts. Die Wahl der Periodenlänge und die Errechnungsart sollten dem Objekt und den Trendinteressen entsprechen. Durch die beliebige Variation von Periodenlängen, Berechnungsart und Filtergröße ist der GD recht flexibel und für verschiedenste Objekte und Trendanalysen anwendbar. Die Signale und die daraus abgeleiteten Regeln dürfen aber nicht als Regeln im mathematischen Sinne verstanden werden. Für ihre Gültigkeit gibt es keine Garantie, nur eine gewisse Wahrscheinlichkeit spricht dafür. Erfahrung und Umgang mit dem GD sowie die Anpassung des GD an den Kursverlauf sind Voraussetzungen, um die vielen Varianten und Konstellationen richtig zu interpretieren. Dazu gehört auch, daß das jeweilige Stadium des Börsenzyklus mit in die Interpretation einbezogen wird. Mißt man den Anteil der Aktien am Gesamtmarkt, deren GD über bzw. unter den Kursen steht, so ist damit eine gewisse Aussage über den technischen Zustand des Gesamtmarktes möglich.

Üblicherweise notieren mehr als 80 % der Aktien am oberen Wendepunkt einer Hausse über ihrem 200-Tage-GD, während am Tiefstpunkt einer Baisse oder Korrekturphase nur höchstens 20 % aller Titel über ihrem GD liegen, was als ein positives Signal gewertet werden kann.

7.7.3 Anstiegs-und-Abstiegs-Linien (Advance/Decline)

Unter einer Advance-Decline-Linie versteht man die Kurve, die sich aus der Differenz der Anzahl der im Kurs gestiegenen zu den gefallenen Aktien ergibt. Sie gibt keine Auskunft über den Wert der Kursveränderung, sondern zeigt lediglich die Anzahl der gestiegenen, der unveränderten und der gefallenen Aktien.

Advance-Decline-Linien eignen sich dazu, die Situation des Gesamtmarktes quantitiv zu erfassen und zu beurteilen. Sie werden auf verschiedene Arten berechnet.

Man betrachtet die Advance-Decline-Linie üblicherweise in Verbindung mit dem Aktienindex. Die Interpretation geht dahin, daß ein paralleler Verlauf von Aktienindex und Advance-Decline-Linie auf eine Bestätigung des laufenden Trends hindeutet, während die Nichtbestätigung eines Indexstandes (»*Divergenz*« zwischen beiden) eine Trendwende signalisiert. Die Nichtbestätigung eines zweiten Indexhochs bezeichnet man als positive Divergenz. Aus der Beobachtung früherer Indexverläufe kann man schließen, daß eine Divergenz während eines Börsenhochpunktes in 50 % der Fälle eine Trendwende zur Folge hatte. Der positiven Divergenz folgte in nahezu 100 % der Fälle eine bedeutende Baisse.

Diese Beobachtungen erlauben, die Advance-Decline-Linie als einen recht verläßlichen Hinweis auf einen guten Verkaufszeitpunkt zu benutzen. Kaufsignale können jedoch nicht erkannt werden, da Divergenzen in Börsentiefpunkten praktisch nicht vorkommen.

In die Berechnung der Advance-Decline-Linie kann man noch das Volumen einbeziehen. Einige Verfahren verwenden eine noch differenziertere Form, indem sie das Volumen der gestiegenen Titel (»Upside Volume«) sowie das Volumen der gefallenen Titel (»Downside Volume«) einfließen lassen. Eine solche Advance-Decline-Linie stellt dann die Stärke des Angebots bzw. der Nachfrage dar. Sie erlaubt eine genauere Beurteilung des Marktes und der aktuellen Marktkräfte.

Aus den Werten der Advance-Decline-Linie kann man auch einen Oszillator bilden, der dann den jeweiligen Zustand des Gleichgewichts oder Ungleichgewichts des Marktes anzeigt und Anzeichen für eine überkaufte oder überverkaufte Situation liefert.

Ein Vergleich der Advance-Decline-Linie mit dem Index ergibt: Steigt der Index und geht die Advance-Decline-Linie zurück, so legt das die Vermutung nahe, daß der Indexanstieg von nur wenigen Titeln getragen wird. Diese Situation der sogenannten »Spezialbörse« ist besonders häufig in der letzten Phase eines Bull Market zu finden, kurz bevor die Börse zu einem Abwärtstrend übergeht.

Gehen Index und Advance-Decline gleich, so spricht dies dafür, daß die derzeitige Bewegung von den meisten Titeln getragen wird, was einer normalen Börsenlage entspricht. Während ein »repräsentativer« Index die durchschnittliche Wertentwicklung einer bestimmten Anzahl von Aktien wiedergibt, beziehen die Advance-Decline-Linien alle Titel des Gesamtmarktes ein, denn es werden auch kleine Gesellschaften und Spezialpapiere erfaßt. Da sind dann auch Titel enthalten, die bei der Berechnung des Index nicht berücksichtigt sind. Der Advance/Decline gibt damit ein wesentlich umfassenderes Bild des Gesamtmarktes wieder. Alle Titel gehen in die Berechnung ein, werden einer Gruppe (gestiegen, konstant, gefallen) zugeordnet und verbleiben in der Berechnung.

Der Index liefert den relativen Wert, um wieviel Punkte die bestimmte Anzahl von Werten im Durchschnitt gestiegen oder gefallen ist. Dabei können starke Kursgewinne in einer Aktie die Kursverluste in den anderen Indextiteln kompensieren, so daß der Indexwert unter Umständen sogar ansteigt, obwohl die Mehrzahl der Werte fallende Tendenz hat. Das erhellt, warum der Index allein kein umfassendes Bild der allgemeinen Marktentwicklung geben kann, sondern nur die durchschnittliche Wertentwicklung einer Auswahl von Titeln des Gesamtmarktes zeigt. Die Advance-Decline-Linien runden somit das Bild ab.

7.7.4 Neuer Höchstwert/Neuer Tiefstwert (New High/New Low)

Dieser Index gibt die Anzahl der Aktien an, die einen neuen Höchst- bzw. Tiefstwert der letzten zwölf Monate erreicht haben. Meist wird der New High/New Low nicht von allen gehandelten

Aktien, sondern nur von einer Auswahl marktbreiter Papiere errechnet.

Über die Werte des New High/New Low werden auch kurzfristige, gleitende Durchschnitte gebildet. Solange die New Highs über den New Lows liegen, geht man von einer Fortsetzung des Aufwärtstrends aus und umgekehrt. Ferner gehen die Fachleute davon aus, daß ein Indexhoch von einem Hoch in den New Highs bestätigt werden muß, ansonsten signalisiert dies technische Schwäche und deutet auf einen Trendwechsel hin. Wird ein Indexhoch von einem Hoch in den New Highs bestätigt, so spricht das für eine Fortsetzung des Trends.

7.7.5 Beta-Faktor

Der Beta-Faktor gibt die Beziehung der Kursentwicklung zwischen der Aktie und dem Aktienindex an. Er ist eine Kennzahl über die Sensitivität des Aktienkurses hinsichtlich der Veränderung des Indexkurses. Man kann hiermit sowohl das relative Verhalten der Einzelaktie zu einer Indexbewegung erfassen als auch die Einzelaktien bezüglich ihres relativen Verhaltens zum Gesamtmarkt (Index) miteinander vergleichen.

Aufgrund des Beta-Faktors lassen sich drei Gruppen von Aktien bilden, und zwar Aktien mit einem Beta-Faktor:

● größer 1 bedeutet:
  Aktie bewegt sich in größeren Schwankungen als der Gesamtmarkt,
● gleich 1 bedeutet:
  Aktie bewegt sich wie Gesamtmarkt,
● kleiner 1 bedeutet:
  Aktie bewegt sich weniger stark als der Gesamtmarkt.

Beispiel: Eine Aktie hat einen Beta-Faktor von 1,30. Das bedeutet, daß sie 1,30mal so stark steigt bzw. fällt wie der Gesamtmarkt. Steigt der Gesamtmarkt um 10 %, so wird die Aktie es um 13 % tun.

Ein Beta-Faktor gibt auch sehr gute Hinweise für die Risiko-Ertrags-Mischung im Portfolio. Erwartet man eine Hausse, so nimmt man Aktien mit hohen Beta-Werten ins Depot. In ungewissen Zeiten mischt man den Bestand so, daß das Portfolio einen Beta-Faktor von ca. 1 hat. Befürchtet man einen Kursrückgang, will aber im Markt bleiben, so versucht man dem Depot einen Beta-Faktor weit unter 1 und nahe an 0 zu geben. Den Beta-Faktor des Portfolios erhält man aus dem gewichteten Mittel der Beta-Faktoren der Depottitel, wobei man die Beta-Faktoren nach dem Anteil der Titel am Depot gewichtet.

Der Beta-Faktor wird wie folgt berechnet: Im ersten Schritt werden die Renditen des Titels und des Index ermittelt. Dabei kann man von Ein-, Zwei- oder Vierwochenrenditen ausgehen, im Grunde ist die Periode beliebig. Von diesen Renditen berechnet man ca. 40 bis 60 Stück und bildet daraus den Mittelwert. Das ist die Durchschnittsrendite. In einem zweiten Schritt ermittelt man die Streuung der einzelnen Renditewerte gegenüber der Durchschnittsrendite und erhält die Standardabweichung.

Diese statistische Größe besagt, welches Ausmaß ein bestimmter Prozentsatz der Kursfluktuationen annimmt. Im dritten und entscheidenden Schritt dann wird der Streuungswert des Titels durch den Streuungswert des Index geteilt. Das ist der Beta-Faktor.

Es ist wichtig, immer von aktuellen Beta-Faktoren auszugehen. Sie verändern sich nämlich im Laufe der Zeit. Zusätzliche Möglichkeiten der Aktualisierung sind:

● eine zeitlich gewichtete Durchschnittsrendite zu errechnen oder

● einen kurzfristigen und einen langfristigen Beta-Faktor zu ermitteln.

Der Beta-Faktor wird gern bei der Portfolioabsicherung mit Aktienindexkontrakten und bei Optionsstrategien angewendet.

7.7.6 Momentum

Die Momentumskurve errechnet sich aus der laufend fortgeführten Differenz des aktuellen Kurswertes mit dem vor »n« Tagen. Die Ausprägung der Kurve ist von der gewählten Periodenlänge abhängig.

Eine Momentumskurve signalisiert Trendumkehrung und gibt Aufschluß über das Tempo und die Kraft der aktuellen Kursbewegung. Eine Besonderheit hierbei ist, daß sie selbst wie ein Chart analysiert werden kann. Manche Analysten legen zum Beispiel eine Trendgerade in die Momentumskurve und sehen bei einem Durchbruch der Trendgerade ein Kauf- oder Verkaufssignal.

Die Momentumswerte oszillieren um eine Nullachse. Negative Werte werden unterhalb der Nullachse, positive oberhalb eingetragen. Wenn dies über einige Zeit durchgeführt wird, lassen sich Höchst- und Tiefstpunkte erkennen. Um dann die Momentumskurve noch aussagekräftiger zu machen, legt man eine obere und eine untere Linie an, und zwar so, daß zum Beispiel 95 % der Momentumsbewegungen innerhalb der beiden Linien verlaufen. Darauf lassen sich Handelssignale aufbauen.

Ein Kaufsignal ist nur gegeben, wenn die Momentumskurve unter die untere Linie geht. Steigt sie über die obere Linie, so kann man darin ein Verkaufssignal sehen. Kauf- und Verkaufssignale lassen sich aber auch allein aus der Nullinie ableiten: Steigt der Kurs über die Nullinie, so signalisiert das »kaufen«; fällt er darunter, heißt es »verkaufen«. Beispiel siehe Abb. 7.30.

Abb. 7.30

7.7.7 Überkauft/Überverkauft (Overbought/Oversold)

Der Overbought-Oversold-Indikator zeigt Börsensituationen an, in denen der Markt »überkauft« oder »überverkauft« ist. Einer Überkauft-Situation, entstanden durch massive Käufe, folgt meist eine Verkaufswelle, in der die Kurse wieder zurückfallen. Umgekehrt führt eine Überverkauft-Situation oft zu einer Kaufwelle. Diese Lage will der Overbought/Oversold aufzeigen. Er ergibt sich aus folgender, börsentäglich betriebener Rechnung:

Die Differenz der Höchstkurse einer Periode zu dem Tiefstkurs der Periode teilt man durch die Differenz aus Höchstkurs der Periode minus dem aktuellen Kurs. Das Resultat wird zur besseren

Anschauung mit 100 multipliziert, und das ergibt einen Prozentwert, den Overbought-Oversold-Wert.

$$\textbf{OB-OS-Index} = 100 \times \frac{\text{Periodenhöchstkurs} - \text{aktueller Kurs}}{\text{Periodenhöchstkurs} - \text{Periodentiefstkurs}}$$

Ein Overbought-Oversold-Wert von 50 % besagt, daß der Markt ausgeglichen ist. Über 90 % gilt der Markt als überverkauft, ein Kursanstieg wird erwartet, und das ist ein Kaufsignal. Unter 10 % ist der Markt überkauft, Kursrückgänge stehen bevor, und das ist natürlich ein Verkaufssignal.

Welche Periodenlänge optimale Ergebnisse liefert, muß empirisch ermittelt werden.

7.7.8 Relative Stärke

Der »Relative Stärke«-Indikator mißt das Kursverhalten des einzelnen Titels im Vergleich zum Kursverhalten des durch den Aktienindex repräsentierten Gesamtmarktes. Dazu berechnet man für eine bestimmte zurückliegende Periode die prozentuale Kursveränderung zum einen für die Aktie, zum anderen für den Aktienindex. Der »Relative Stärke«-Wert ergibt sich aus der Division der Aktienkursrate durch die Kursrate des Index.

Je größer der »Relative Stärke«-Wert ist, desto stärker ist die Aktie im Vergleich zum Aktienindex gestiegen oder gefallen. Dieser Indikator gibt also in erster Linie Aufschluß darüber, ob sich die Aktie stärker oder schwächer als der Aktienindex bewegt. Er ist somit eine Volatilitätskennzahl, ähnlich dem Beta-Faktor.

Zu Beginn eines erwarteten allgemeinen Kursanstiegs kauft man die Aktien, die eine hohe relative Stärke aufweisen, da diese Aktien voraussichtlich überproportional von einem Kursanstieg profitieren werden.

7.8 Sonstige technische Analyseverfahren

7.8.1 Vorbemerkung

Hier finden sich weitere Indikatorensysteme sowie Methoden der Beobachtung und Bewertung von Börsendaten. Es sind spezielle Methoden, die z. T. besonderes Wissen voraussetzen oder schwer beschaffbarer Informationen bedürfen und deshalb weniger verbreitet oder bekannt sind.

7.8.2 Put-Call-Ratio

Dieser Indikator wird bei Optionen angewendet und mißt die Anzahl der laufenden Verkaufs- und Kaufoptionen. Überwiegen die Verkaufsoptionen, so wird das als ein Zeichen dafür gewertet, daß die Mehrheit der Marktteilnehmer auf fallende Kurse setzt. Im anderen Falle wird ein Kursanstieg unterstellt. Beispiel siehe Abb. 7.31.

Abb. 7.31

7.8.3 Negativ-Opinion

Dieser Indikator zeigt die Anzahl derjenigen Anlageberater auf, die pessimistische Marktaussichten verbreiten. Die Interpretation geht nun dahin, genau das Gegenteil dessen zu tun, was die Mehrheit der Anlageberater empfiehlt. Raten sie in Mehrheit ihren Kunden zum Verkauf ihrer Positionen wegen schlechter Zukunftsaussichten, so sollte man kaufen.

Die Theorie beruht darauf, daß die Masse immer falsch im Markt liegt und man selbst die richtigen Positionen eingeht, wenn man gegen die Masse handelt.

Bei einer negativen Börsenmeinung von ca. 15 % (in den USA ab 30 %) schreibt man der Börse einen baldigen Rückgang zu. Einen Anstieg der Kurse erwartet man bei einem Anteil der Pessimisten von 50 % und mehr. Die zu diesem Indikator notwendigen Basisdaten (Verhalten der Anlageberater) sind nur in den USA ohne weiteres verfügbar.

7.8.4 Elliot-Wellentheorie

Diese Theorie stellt ein Modell der Marktbewegung dar, das besonders den psychologischen Einfluß auf die Marktteilnehmer und die daraus erwachsenden Kursschwankungen berücksichtigt. Bei der Betrachtung des Kursverlaufs des idealen Modells ist folgendes festzustellen (Abb. 7.32): Die große Aufwärtsbewegung besteht aus

Beispiel: Elliot-Idealmodell

Beispiel: Wellenkanal

Abb. 7.32

drei Antriebswellen (den längeren Up-Trends) und zwei Reaktionswellen (den kurzen Down-Trends). Der Kurs wird von den Antriebswellen hochgetrieben. Die Reaktionswellen nehmen daraufhin die heftige Bewegung etwas zurück. Die große Abwärtsbewegung besteht aus drei großen Reaktionswellen, die den Kurs fallen lassen, und zwei kleinen, die den Kurs für kurze Zeit wieder etwas steigen lassen. Nach dem Modell ist es durchaus möglich, daß auch die einzelne Welle in ihrer Feinstruktur aus Aktions- und Reaktionswellen besteht. Der Techniker analysiert ein »Elliot-Chart« bevorzugt mit Trendkanälen. So wird Punkt 3 auf der Parallele zu der Geraden 0–2 durch Punkt 1 erwartet. Der nächste Top-Punkt (5), wird auf der Parallele der Geraden 2–4 durch Punkt 3 erwartet. Erreicht der Kurs die erwartete Parallele nicht, so sieht man darin ein Signal technischer Schwäche, was auf die Wahrscheinlichkeit einer Trendumkehr hinweist. Eine besondere Bedeutung wird der Geraden 0–4 zugesprochen (siehe Abb. 7.33).

Durchbricht der Kurs bei seinem Rückgang von Punkt 5 diese 0–4-Gerade, so wird dies als klares Verkaufssignal angesehen. Nachdem der Kurs durch die 0–4-Gerade gebrochen ist, erwartet man, daß der Kurs auf der Höhe der Parallele B zur 0–4-Geraden zur Umkehr kommt. Die Parallele B hat denselben Abstand zur 0–4-Geraden wie die Parallele A zur 0–4-Geraden. Dieses Modell wird als Aktions-, Mittel- und Reaktionslinien-Modell bezeichnet.

0-4-Linien (Elliot-Wellen)

Beispiel: 0-4-Linien

Abb. 7.33

7.9 Die fundamentale Analyse

7.9.1 Definition

Die Überlegung und Beobachtung, wie wirtschaftliche und konjunkturelle Faktoren auf die Börsenkurse einwirken und wie die Börse auf diese Einflußgrößen reagieren wird, ist das Gebiet der fundamentalen Analyse im weiteren Sinn.

Innerhalb dieses abgesteckten Bereiches läßt sich eine weitere Untergliederung vornehmen:

- Konjunkturanalyse,
- Monetäranalyse und
- Unternehmensanalyse (fundamentale Analyse im engeren Sinn).

Die fundamentalen Analysen gehen nicht von den Kursen an sich aus, sondern erarbeiten mit ihrer Datenbasis den Wert für eine Aktie. Die so ermittelte rechnerische Größe wird in Beziehung zum Börsenkurs gesetzt, um beurteilen zu können, wie sehr der am Markt gehandelte Betrag von seiner inneren Stabilität her gerechtfertigt ist.

Eine Über- oder Unterbewertung durch den Kurs muß, so die Fundamentalanalyse, unweigerlich zu einer Korrektur kommen, die sich mit einer entsprechenden Position am Markt gewinnbringend nutzen läßt. Es wird also eine Prognose auf der Basis börsenexterner Einflußfaktoren gegeben.

7.9.2 Konjunkturanalyse

a. Definition und Einführung

Die Konjunktur- oder fundamentale Gesamtmarktanalyse stützt sich auf die Hypothese, daß sich die Aktienkurse nach den Ertragserwartungen der Unternehmungen richten und die Gewinnsituation der Aktiengesellschaften von der konjunkturellen Entwicklung abhängt.

Das Interesse der Konjunkturanalyse gilt daher den Wirtschaftlichkeitsdaten sowohl im nationalen als auch im internationalen Bereich. Nachfolgend sind einige der dabei verwendeten Größen aufgeführt:

Größe	Stabilität	Wirkung	Bemerkung/ Einschränkung
Verbraucherpreisindex	1	3	wenig Aussage über gesamtwirtschaftliche Situation
Auftragsvolumen der Investitionsgüter	3	+2	wechselhafte Zeitreihe
Arbeitsmarktsituation ● Arbeitsstunden ● Anzahl von Arbeitsplätzen	1 +2	2 1	gute Trendindikatoren, obwohl Arbeitslosigkeit damit nicht eindeutig definiert
Industrieproduktion	2	3	
Leading Indicators (Geschäftsklima)	2	2	weniger klare Aussagekraft, da sie z. T. Rezessionen fehlanzeigen
Verarbeitung/Handel/ Lagerbestände	3	2	
Außenwirtschaft	+2	1	
Zentralbankmenge	2	1	
Geldmenge	5	4	
Private Einkommen	2	1	
Produktionspreisindex	+2	−2	Interpretation schwierig, da uneinheitlich
Real verfügbares Einkommen	1	5	
Einzelhandelsverkäufe	4	4	

Stabilität = Fähigkeit, auf nachfolgende Revisionen nur gering zu reagieren.
Wirkung = Fähigkeit der Zeitreihe oder des Indikators, die jeweiligen Erwartungen über das Wirtschaftsgebiet wiederzugeben.
1 = sehr hoch, 2 = hoch, 3 = mittelmäßig, 4 = niedrig,
5 = sehr niedrig; + / − = halbe Stufen

Erheblichen Einfluß auf die Konjunktur haben außerdem die Aktivitäten von Zentralbank und Wirtschaft:

Aktivität	*Auswirkung*
Zentralbank	
● Erhöhung des Leitzinssatzes: (wird benutzt, um Kreditnachfrage zu dämpfen)	Kursrückgänge
● Steigern der Geldmenge (M 1, 2, 3): (Geldmengenwachstum birgt Inflationsgefahr und steigert Furcht vor kursschädlicher Erhöhung der Zinsen)	Kursrückgänge
● Kauf von Wertpapieren im offenen Markt (Liquidität im Bankensystem steigt durch Kauf von Schatzwechseln der Zentralbank bei den Banken; Gegenwert, den die Banken erhalten, machen Liquiditätserhöhung aus)	Kurssteigerung
● Verkauf von Wertpapieren (sinngemäß wie oben)	Kursrückgänge
Wirtschaft	
● Verbraucherpreisindex erhöht/steigende Inflation	Kursrückgänge
● Bruttosozialprodukt fällt (nachlassende Wirtschaftsentwicklung bewirkt expansivere Geldpolitik der Zentralbank, damit verbundene rückläufige Zinsen bewirken Kursschub)	Kurssteigerung
● Industrieproduktion fällt: (wie Bruttosozialprodukt)	Kurssteigerung
● Leading Indicators steigen (starke Wirtschaft bewirkt erhöhte Kreditnachfrage)	Kursrückgänge
● Ölpreise fallen (Zinsen verlieren ihren Anstiegsdruck, so daß Anleihen Kurspotential erhalten)	Kurssteigerung

Aktivität	Auswirkung
● Private Einkommen steigen (höhere Nachfrage nach Verbrauchsgütern treiben die Preise)	Kursrückgänge
● Edelmetallpreisindex fällt (bei nachlassender Inflation sehen Anleger keinen Absicherungsbedarf durch Edel- metallkäufe)	Kurssteigerung
● Produktionspreisindex/Einzelhandelsverkäufe steigen (Güternachfrage treibt Preise)	Kursrückgänge
● Arbeitslosigkeit steigt (parallel zu schwacher Wirtschaft, Zentralbank steuert gegen)	Kurssteigerung

Hinweis: Tabelle benutzt zugunsten der Übersichtlichkeit stark vereinfachte Aussagen und läßt wichtige Einflußfaktoren wie Erwartungen und Prognosen unberücksichtigt.

Die Konjunkturanalyse wird bevorzugt zur Einschätzung der langfristigen Wirtschafts- und Börsenentwicklung eingesetzt.

b. Konjunkturzyklus

Die Konjunktur verändert sich wie die Aktienkurse in Zyklen. Ein Konjunkturzyklus verläuft, vereinfacht betrachtet, in folgenden vier Phasen ab:

● Aufschwung,
● Hochkonjunktur,
● Niedergang,
● Rezession.

Die Phase des *Aufschwungs* ist gekennzeichnet von einer allge- meinen, kräftigen und ansteigenden Nachfrage. Das zieht Produk- tionssteigerungen nach sich, damit werden die Unternehmenska- pazitäten ausgelastet, und die Stückkosten sinken. Jetzt kommen Rationalisierungsmaßnahmen aus der letzten Rezession zum Tragen. Die höhere Auslastung verbessert die Produktionsko- stenstruktur (Fixkostendegression). Eine starke Nachfrage macht Preissteigerungen leichter durchsetzbar. Die Gewinne der Unternehmen können mit der hervorragenden Konstellation überproportional ansteigen.

Die *Hochkonjunktur* ist bei maximaler Auslastung der Produktionskapazitäten erreicht. Ein Ausbau der Produktion wird als notwendig erachtet, und das erfordert Erweiterungsinvestitionen oder Überstunden. Die Nachfrage steigt weniger stark an oder beginnt bereits zu stagnieren. Preissteigerungen lassen sich daher und wegen des sich verhärtenden Wettbewerbs schwieriger durchsetzen. Das bedeutet, daß die erhöhten Produktionskosten (Investitionen, Überstunden, erhöhte Tariflöhne) nicht mehr durch höhere Preise kompensiert werden können. Die Stückkosten beginnen somit zu steigen, und die Gewinnentwicklung der Gesellschaften verlangsamt sich.

In der Phase der Hochkonjunktur ergreift der Staat konjunkturpolitische Maßnahmen (Einengung steuerlicher Bemessungsgrenzen, Steuererhöhungen, Geldverknappung, Diskontsatzerhöhung, Abschöpfung des Kapitalmarktes durch Offenmarktpolitik, Erhöhung der Mindestreservesätze für die Banken, Leitzinserhöhung). Höhere Zinsen verursacht außerdem die gestiegene Kreditnachfrage der investierenden Unternehmen.

In der Phase des *Niedergangs* geht die Nachfrage deutlich zurück. Das verringert sowohl Auftragseingang als auch Produktion. Die Kosten steigen aber weiter an, so daß sich die Ertragslage der Unternehmen verschlechtert. Vereinzelt sind sogar schon Preisrücknahmen zu beobachten. Einige Firmen versuchen bei stockendem Absatz vorerst auf Halde zu produzieren. Kurzarbeit wird eingeführt, notfalls werden auch Entlassungen vorgenommen.

In dieser Phase betreibt der Staat konjunkturankurbelnde Maßnahmen und legt Stützungsprogramme auf, gewährt Steuervergünstigungen und Zulagen. Es wird eine expansive Geldpolitik betrieben, die dem Kapitalmarkt Geld zuführt; die Zinsen beginnen zu sinken.

Die Phase der *Rezession* wird charakterisiert von einer gänzlich darniederliegenden Wirtschaft. Die Zahl der Konkurse wächst, die Lage am Arbeitsmarkt verschärft sich. Mit günstigen Rahmenbedingungen werden die Unternehmen zum Investieren animiert, und der Staat tritt verstärkt als Auftraggeber an den Markt. Von ihm werden umfangreiche Beschäftigungs- und Sonderprogramme aufgelegt.

c. Erkennen und Beurteilen der Konjunktur

Da sich die fundamentale Analyse vordergründig mit der Prognose der Ertragserwartungen der Gesellschaften befaßt, gilt besonders denjenigen Konjunkturindikatoren das Interesse, die möglichst frühzeitig einen Wandel der Ertragssituation anzeigen. Die Theorie der fundamentalen Gesamtmarktanalyse hat einige »Frühindikatoren« entwickelt, von denen erhofft wird, daß sie der Entwicklung der Gesamtkonjunktur oder auch den Börsenkursen vorauseilen. Als Frühindikatoren werden zum Beispiel verwendet (Auswahl):

- Auftragseingänge,
- Ifo-Geschäftsklima,
- Konjunkturbarometer,
- Zinssätze,
- wöchentliche Arbeitszeit,
- Preisentwicklung,
- Baugenehmigungen,
- Pkw-Zulassungen.

Auf einige dieser Frühsignale soll hier näher eingegangen werden, zunächst *Auftragseingänge* und *Konjunkturbarometer* als quantitative Indikatoren, und dazu nehmen wir einen qualitativen Indikator, das *Ifo-Geschäftsklima.*

Die bisherigen Erfolge darin, konjunkturelle Wendepunkte oder kurz- bis mittelfristige Tendenzen zu bestimmen, sind bescheiden. Das liegt einmal daran, daß jeder anderen Einflüssen unterliegt, entweder es sind andere Einflußfaktoren oder andere Einflußstärken. Das hat von Zyklus zu Zyklus stark variierende Vorlaufzeiten zur Folge. Oft ist die Zeit bis zur Verfügbarkeit konjunktureller Daten so lang, daß der Informationsvorsprung schon wieder dahin ist, besonders dann, wenn man noch eine bestimmte Wartezeit berücksichtigen will, um die Fehlsignalrate zu reduzieren.

Bei der Prognose der langfristigen Entwicklung sowie bei der ersten Branchenanalyse kann die Konjunkturanalyse dem Investierenden bei seinen Entscheidungen jedoch wertvolle Hilfe leisten.

Das *Ifo-Geschäftsklima* ist ein qualitativer Indikator, der die Beurteilung der Geschäftsentwicklung von etwa 10.000 Unternehmen wiedergibt. Das Ergebnis, eine Statistik, gibt die Tendenzen (mehr, gleich, weniger) oder Meinungen (gut, befriedigend, schlecht) wieder. Die Auswertungen sind nach Branchen differenziert und geben einen recht guten Hinweis auf die konjunkturelle Zukunft. Dies läßt sich wohl dadurch erklären, daß die Meinungen und Erwartungen der Marktbeteiligten in der Zukunft Handlungen auslösen (Investitionen, Rationalisierungen etc.), die direkten Einfluß auf die Konjunktur nehmen. Oft werden konjunkturelle Wendepunkte allein durch einen Stimmungswechsel initiiert, wobei eine sich selbst nährende und fortsetzende Entwicklung eingeleitet wird. Die erhobenen Beurteilungen stützen sich sowohl auf die vergangene Entwicklung als auch auf Zukunftserwartungen. Bei der Beurteilung der Geschäftslage wird besonders auf den Auftragseingang, den Umsatz und die aktuelle Gewinnsituation eingegangen. Daher ist es gerechtfertigt, zu sagen, daß der qualitative Indikator *Ifo-Geschäftsklima* von den quantitativen Indikatoren Auftragseingang, Umsatz und Gewinn mitbeeinflußt wird.

Das *Konjunkturbarometer*, auch Gesamtindikator zur Konjunkturdiagnose genannt, setzt sich aus mehreren Einzelindikatoren zusammen. Es entstand aus der Bestrebung, einen aussagekräftigen Indikator zur Erkennung von konjunkturellen Wendepunkten zu erhalten. Betrachtet man den Verlauf von Einzelindikatoren, so kann deren Interpretation zu gegensätzlichen Aussagen führen. Das ist verständlich, da sich ein Einzelindikator nur auf wenige, artgleiche Größen stützt und somit auch nur einen Teilbereich der Konjunktur repräsentiert. Diese Nachteile versuchte man beim Gesamtindikator zu vermeiden, indem man die Einzelindikatoren mit einer bestimmten Gewichtung in den Gesamtindikator einfließen ließ. Aus den Erfahrungen vergangener Konjunkturzyklen fand man obere und untere Schwellenwerte, bei deren Über- oder Unterschreiten man von einem Gefährdungsbereich spricht und eine Frühwarnwirkung für den Konjunkturverlauf daraus abliest.

Der *Auftragseingang* gibt Aufschluß über die Produktionsauslastung in der näheren Zukunft. Wie weit das »näher« bestimmt ist, hängt von der allgemeinen Produktionsdauer im Betrieb (Durchlaufzeit der Produkte) ab und ist von Branche zu Branche stark verschieden. An den Auftragseingängen läßt sich aber auch ablesen, was die Auftraggeber von der zukünftigen Entwicklung erwarten.

7.9.3 Monetäre Analyse

a. Blick auf die Zusammenhänge

Die Analyse der monetären Entwicklung einer Volkswirtschaft stellt eine wesentliche Erweiterung der Konjunkturanalyse dar. Da die Börsenzyklen häufig dem Konjunkturverlauf vorauseilen und die Konjunkturindikatoren eine relativ große Verzögerung bei der Informationserstellung aufweisen, suchte man nach anderen Indikatoren, die sich besser zur Prognose der Börsenentwicklung eigneten. Diese glauben die Anhänger der monetären Analyse in den Geldmengen und den Zinsgrößen gefunden zu haben.

Die »Monetaristen« beschäftigen sich nicht mit Ertragserwartungen oder sonstigen gesellschaftsbezogenen Daten, sondern mit dem Kapitalmarkt, und hier besonders mit den Geldmengen und dem Zins (Money Supply). Das Konjunkturzyklusmodell zeigt: Konzentrierte Beobachtung des Kapitalmarktes läßt frühzeitige Trendwechsel tatsächlich erkennen.

Da die monetären Regelungsaktivitäten in den Zeiten der Hochkonjunktur oder der Rezession eingeleitet werden, um andere volkswirtschaftliche Größen zu beeinflussen (z. B. Investitionstätigkeit, Arbeitslosigkeit), haben monetäre Indikatoren gegenüber den sonstigen Konjunkturindikatoren einen zeitlichen Vorsprung. Die Signale, die von der monetären Analyse geliefert werden, gewähren jedoch nur eine bedingte Sicherheit, den zukünftigen Wirtschafts- und Börsenverlauf zu prognostizieren, weil die Konjunktur und besonders die Börse oft verspätet oder auch entgegengesetzt auf die Impulse des Kapitalmarktes reagieren. Des weiteren gelingt es den maßgeblichen Stellen nicht immer, durch den Einsatz des konjunkturpolitischen Instrumentariums die Entwicklung in der gewünschten Art und Weise zu beeinflussen. Im folgenden werden wir uns mit einigen monetären Indikatoren auseinandersetzen und ihre Wirkung auf die Börsenkurse untersuchen.

Wie eingangs erwähnt, sehen die Monetaristen in den Geldmengen und den Zinsen die marktbeeinflussenden Faktoren. Die Grundüberlegungen lauten dazu:

● Viel und billiges Geld am Markt erzeugt Nachfrage nach Wertpapieren. Das Geld will angelegt sein, und es ist genügend Geld vorhanden, um die Kurse auf ein hohes Niveau zu tragen.

● Befindet sich wenig und teures Geld am Kapitalmarkt, entsteht ein Abgabedruck. Die Wertpapierpositionen werden aufgelöst, Kredite zurückbezahlt oder Investitionen getätigt, meist werden die freigesetzten Mittel in die nun hochverzinslichen Obligationen umgeschichtet; die Aktienkurse fallen.

Unter dem Aspekt der Zinsen kann man den Aktien- und den Anleihenmarkt als zwei konkurrierende Felder sehen. Die Aktie bietet die Chance eines überdurchschnittlichen, aber unsicheren Ertrages, die Anleihe dagegen garantiert den Ertrag, aber auf relativ niedrigem Niveau.

Hohe Zinsen hemmen die Aktienbörse, da viele Anleger das hohe Zinsniveau nützen, um sich durch den Kauf von Anleihen die dann auch hier höhere Verzinsung zu sichern. Damit aber die Aktie bei hohem Zinsniveau mit der Anleihe konkurrieren kann, muß sie eine sehr hohe Ertragserwartung aufweisen. Niedrige Zinsen treiben den Anleger dazu, in Aktien zu investieren, da die Ertragserwartungen der Aktie nun relativ leicht die geringere – aber sichere – Verzinsung der Anleihe übertrumpfen. Ein fallendes Zinsniveau macht besonders die Anleihen insofern interessant, da in dessen Folge die Anleihekurse steigen.

Die maßgebliche Institution für Maßnahmen, die die monetäre Situation der Volkswirtschaft beeinflussen, ist das Europäische System der Zentralbanken, speziell die Europäische Zentralbank (EZB) in Frankfurt. Vor der Europäischen Währungsunion lag die Verantwortung für die Geldpolitik bei der Deutschen Bundesbank. Mit Beginn der letzten Stufe der monetären Union in Europa am 1.1.1999 ging die Verantwortung aber auf die Europäische Zentralbank über. Die nationalen Notenbanken sind nur noch für die Durchführung der gemeinsamen Beschlüsse der EZB zuständig.

b. Einflußfaktoren auf die monetäre Situation

Die Geldpolitik in Europa verändert sich durch die Verschiebung der Verantwortung von den nationalen Notenbanken zur Europäischen Zentralbank. Bislang gab es in Europa verschiedene Zielsetzungen und Instrumente der nationalen Notenbanken. Ziel der Bundesbank war die Erhaltung des Geldwertes, und die Währungshüter in Frankfurt konnten dieses Ziel weitgehend unabhängig verfolgen. Andere Notenbanken waren dagegen nicht unabhängig, sondern mußten die jeweilige Regierung bei ihrer Wirtschaftspolitik unterstützen, was vielfach auf einen weniger stabilen Binnenwert der Währung hinauslief. Das Ziel der Europäischen Zentralbank lautet wie das der Deutschen Bundesbank Geldwertstabilität. Die Ansätze, wie dies erreicht werden soll, wurden vom Vorläufer der EZB, dem Europäischen Währungsinstitut (EWI), ausgearbeitet. Die EZB bedient sich hauptsächlich der folgenden geldpolitischen Instrumente:

● Offenmarktpolitik,
● Mindestreserve,
● Einlagefazilität,
● Spitzenrefinanzierungsfazilität.

Die bisherigen Instrumente Diskont- und Lombardsatz sowie die jeweiligen Kontingente, die die Bundesbank noch angewendet hatte, sind nicht mehr vorgesehen. In den letzten Jahren wurden sie bereits nur noch zur Festlegung eines Zinskorridors verwendet, die eigentliche Feinsteuerung fand auch durch die Bundesbank über Offenmarktgeschäfte statt.

Mit dem Begriff »*Offenmarktpolitik*« wird das direkte Handeln der Zentralbank am Kapitalmarkt für Schuldverschreibungen beschrieben. Durch Kaufen und Verkaufen von Schuldverschreibungen und festverzinslichen Wertpapieren wird der »*Money Supply*«, die Geldversorgung des Marktes, beeinflußt und eine Feinsteuerung des Zinsniveaus durchgeführt. Spielen wir einmal zwei Modelle für Offenmarkt-Operationen durch:

● Die EZB kauft Schuldverschreibungen
  Die Nachfrage nach diesen Titeln läßt die Kurse steigen. Neue Gelder fließen in den Markt, da die alten Besitzer den Gegenwert der Bonds erhalten. Durch die vermehrte Geldmenge im Markt fällt der Zins. Die aus dem Bondverkauf freigesetzten Mittel können an der Aktienbörse angelegt werden. Die Nachfrage nach Aktien wächst, und die Aktienkurse steigen.

● Die EZB verkauft Schuldverschreibungen
  Die Kurse der Bonds fallen wegen des größeren Angebots. Dem Markt wird Geld entzogen, da die Käufer der Bonds den Gegenwert bezahlen müssen. Durch die Geldknappheit steigt

der Zins. Die Mittel, die für den Kauf der Bonds (die ja jetzt erhöhte Zinsen bieten) benötigt werden, beschaffen sich die Käufer durch die Auflösung von Aktienpositionen. Der Kurs der Aktien fällt aufgrund des starken Angebots.

Diese Modellverläufe sind natürlich stark vereinfacht und idealisiert, zeigen aber die grundsätzlichen Zusammenhänge der am Markt herrschenden Parameter.

Die Offenmarktgeschäfte werden im Tenderverfahren durchgeführt. Bei dem Standardtender haben die Kreditinstitute 24 Stunden Zeit, ihre Gebote abzugeben, der Schnelltender wird dagegen nach einer Stunde schon abgewickelt. Grundsätzlich kann die EZB zwischen Mengentendern und Zinstendern wählen. Bei einem Mengentender setzt die EZB den Zinssatz fest, und die Banken geben Gebote über den Betrag ab, den sie bereit sind zu kaufen bzw. zu verkaufen. Bei Zinstendern geben die Kreditinstitute neben den Geboten über die Menge auch die Zinssätze an, mit denen sie Geschäfte mit der EZB abschließen wollen. Die EZB sammelt die Gebote aller Banken im Euro-Raum und teilt die von ihr festgelegte Menge an Liquidität auf die bietenden Banken auf.

Das Element der *Mindestreserve* ist ein Instrument der Grobsteuerung der Geldversorgung der Wirtschaft. Die Banken müssen bei der EZB für ihre Kundeneinlagen einen bestimmten Prozentsatz hinterlegen. Damit wird die Geldschöpfung durch die Kreditinstitute erschwert, und die EZB ist in der Lage, die Geldmenge zu steuern, die Liquidität des Marktes zu beeinflussen und die Geldmarktsätze zu stabilisieren.

Mit den Zinssätzen für *Einlagenfazilität* und *Spitzenrefinanzierungsfazilität* legt die EZB einen Zinskorridor für die Tagesgeldsätze fest. Die Banken können zu vorab spezifizierten Zinssätzen überschüssiges Geld bei der Zentralbank anlegen oder fehlende Mittel gegen Stellung von Sicherheiten aufnehmen. Bei beiden Fazilitäten ist grundsätzlich keine Obergrenze für die einzelne Bank vorgesehen.

Mit diesem Rahmen und den Sätzen im Offenmarktgeschäft bestimmt die Zentralbank das Zinsniveau im Euro-Raum. Die Zinsen entscheiden als Preis für Geld und Kapital über die Attraktivität der Aktienanlage mit. Grundsätzlich gilt, daß fallende Zinsen zu steigenden Aktienkursen führen und ein steigendes Zinsniveau die Kurse der Aktien fallen läßt, weil viele Anleger dann ihr Geld risikoloser in festverzinslichen Wertpapieren anlegen. Die Zinsen sind daher neben den richtungweisenden Entscheidungen der Europäischen Zentralbank ein wichtiger Indikator bei der monetären Analyse. Im folgenden soll daher auf einige Zinssätze etwas näher eingegegangen werden.

Tagesgeld ist solches, das sich vorwiegend Banken oder große Wirtschaftsunternehmen für sehr kurze Zeit ausleihen, oft nur für einen oder wenige Tage. Wesentlich ist, daß der Kapitalgeber das geliehene Geld innerhalb eines Tages zurückfordern kann und dabei keinerlei Kündigungs- oder Sperrfristen berücksichtigen muß. Die Zinsen für Tagesgeld werden täglich ermittelt und in den Wirtschaftszeitungen veröffentlicht.

Durch die tägliche Festlegung zeigen sich veränderte Angebots- oder Nachfragesituationen am Kapitalmarkt sofort in einer entsprechenden Veränderung des Tageszinssatzes. Der Analytiker erhält mit dem Tagesgeld einen Indikator, der zwar verhältnismäßig viele Schwankungen, aber kaum eine Verzögerung aufweist und somit wirklich aktuelle Marktdaten liefert.

Termingeld gibt der Kapitalgeber einem Kreditnehmer für eine bestimmte Zeit (eben bis zu einem bestimmten Termin). Innerhalb dieser Zeit kann der Kapitalgeber das Geld nicht oder nur mit besonderen Nachteilen für sich zurückverlangen, also den Kreditvertrag kündigen. Dies hat zur Folge, daß der Kreditnehmer während der Laufzeit mit dem Geld tun und lassen kann, was er will. Ist der Termin erreicht, sind die geliehene Summe und die Zinsen dafür automatisch fällig und dem Kreditgeber auszuzahlen.

Die Zinsen, die der Kapitalgeber für das Termingeld erhält, richten sich nach der Laufzeit, der Höhe des Betrages und dem Verhandlungsgeschick der Beteiligten. Die Termingeldzinsen reagieren recht schnell auf eine kommende Veränderung des Kapitalmarktes, also den Wechsel von einer expansiveren Geldpolitik zu einer restriktiveren, was für die Börsen- und Wirtschaftsentwicklung entscheidende Konsequenzen hat. Die Termingeldsätze eignen sich auch besonders deshalb als Marktindikator, weil sie nicht so vielen unbedeutenden Tagesschwankungen ausgesetzt sind wie die Tagesgeldsätze.

Eine weitere Meß- und Bewertungsgröße ist das Verhältnis der langfristigen zu den kurzfristigen Zinsen. Als Standard für »kurzfristig« kann man drei Monate ansehen, während als »langfristig« vierjährige Anlagen zu werten sind. Im Normalfall liegen Langfristzinsen über den kurzfristigen. In Zeiten allerdings, in denen die Banken eine Zinssenkung erwarten, zahlen sie für kurzfristige Gelder mehr als für langfristige Anlagen. Je mehr die kurzfristigen Zinsen über den langfristigen liegen, desto wahrscheinlicher ist eine baldige Zinssenkung. Ein hohes Zinsniveau wirkt sich auf die Aktienmärkte negativ aus.

Mit *Prime Rate* bezeichnet man den Zinssatz, den Schuldner erstklassiger Bonität an die Banken für die geliehenen Kredite bezahlen müssen. Sie ist vergleichbar den Kreditzinsen im längerfristigen Bereich. Sie gilt vornehmlich den Kreditnehmern, die sogenannte gute Kunden der Bank sind, also Kunden, bei denen der geliehene Betrag bestens gesichert ist, zum Beispiel durch ein unbelastetes Firmenvermögen. Die Prime Rate läßt sehr gut die Kapitalnachfrage für Investitionskredite der Wirtschaft erkennen.

Werden größere Kredite für Investitionen aufgenommen, so wird die Prime Rate tendenziell steigen, da die erhöhte Nachfrage nach dem Geld dessen Preis (Zins) ansteigen läßt.

Werden diese Investitionen durchgeführt, nachdem die Kredite bewilligt und vielleicht schon ausbezahlt worden sind, wird die Nachfrage nach den Investitionsgütern steigen, was sich in einer Konjunkturbelebung widerspiegelt. Volkswirtschaftliche Indikatoren wie z. B. Auftragseingang und Umsatz dokumentieren diesen Ablauf recht gut. Es ist leicht verständlich, daß der Prime-Rate-Satz einen recht großen zeitlichen Vorsprung vor den volkswirtschaftlichen Indikatoren hat. Dazu sei aber bemerkt, daß eine Veränderung der Prime Rate nicht zwingenderweise eine entsprechende Konsequenz in der tatsächlichen Wirtschaftsentwicklung bedingt. Mit Sicherheit gibt die Veränderung der Prime Rate aber eine Frühwarnung auf sich eventuell entwickelnde Veränderungen im Wirtschaftsverlauf.

Mit der *Rentenrendite* ist die Durchschnittsrendite gemeint, die man für öffentliche Anleihen mit einer Restlaufzeit von zehn Jahren erzielt. Eine positive Auswirkung auf den Aktienmarkt wird dann gesehen, wenn sich die aktuelle Rentenrendite unter ihrem

30-Wochen-Durchschnitt bewegt. In dieser Situation sieht man die Zinssenkung als etabliert an. Wird durch ein Ansteigen der aktuellen Rentenrendite der Durchschnitt von unten nach oben durchbrochen, so sieht man darin einen Wechsel im Zinstrend. Durch die steigenden Zinsen befürchtet man negative Auswirkungen auf den Aktienmarkt.

Den *Broker Loan* bezahlt der Kunde dem Broker für einen Wertpapierkredit. Er stellt den Eigenkapitalanteil an der Kreditkauf-Position in Prozent dar. Eine Veränderung dieser Prozentsätze betrifft die an der Börse Agierenden direkt. Es ist deshalb nicht sehr verwunderlich, daß die Aktienindizes und die Entwicklung der Margin Accounts bzw. Broker Loans eine negative Korrelation aufweisen oder, in anderen Worten ausgedrückt, daß einem Ansteigen des einen mit hoher Wahrscheinlichkeit ein Nachlassen des anderen folgt. Als ein Erfahrungssatz gilt für Margin Account und Broker Loan, daß:

● eine Erhöhung des Prozentsatzes mit hoher Wahrscheinlichkeit ein Absinken der Kurse zur Folge hat;
● eine Herabsetzung desselben aber keineswegs unbedingt einen Kursanstieg bedeutet.

Der Stand des *Wechselkurses* zweier Länder zueinander ist für die Entwicklung der Börsenkurse relevant. Anleger, die einen Anstieg der Fremdwährung erwarten, werden vornehmlich in diesem Land investieren, um neben den üblichen Erträgen wie Zinsen, Dividenden und Kursgewinnen auch noch eine Wertsteigerung durch die Devisenkursveränderung zu erzielen. Ein steigender Devisenkurs gibt somit ein positives Zeichen für die Börse dieses Landes.

Abschließend kann *festgestellt* werden, daß die geschilderten Börsen- und Wirtschaftsreaktionen keine Gesetze darstellen, sondern aus Modellen entwickelte und in der Praxis nicht selten beobachtete Folgeerscheinungen wiedergeben. Man darf daher auf keinen Fall in eine mechanische Interpretation der Indikatoren verfallen, sondern sollte die monetären Indikatoren vor dem Hintergrund der Szenerie von Gesamtwirtschaft, Politik, Psychologie und dem Ausland sehen. Es ist ohnehin schwierig zu sagen, welches Ausmaß an Zuverlässigkeit ein signalisierender Indikator für den weiteren Verlauf der Kurse hat. Denn es kommt durchaus vor, daß viel Geld im Markt ist, die Zinsen niedrig sind und trotzdem die Börse darniederliegt, weil zum Beispiel die Wirtschaft in einer lang anhaltenden Rezession gesehen wird. Auch können die Zinsen auf niedrigem Niveau liegen, weil bei den Banken keine größere Nachfrage nach Krediten besteht. Die Gesellschaften besorgen sich ihr Geld für ihre Investitionen in einem solchen Fall vielleicht direkt auf dem freien Kapitalmarkt, z. B. durch Emittieren von Obligationen oder Kapitalerhöhungen mit der Ausgabe junger Aktien. Ferner sollte man auch berücksichtigen, daß die monetäre Versorgung für den Aktienkauf nicht ausschließlich durch die eigene wirtschaftliche Liquidität bestimmt wird, sondern auch durch den Zustrom von Kapital aus dem Ausland.

7.9.4 Unternehmensanalyse

a. Definition

Die Unternehmensanalyse ist die Fundamentalanalyse im eigentlichen Sinn und wird auch Einzelanalyse genannt. Sie dient dazu, die Geschäftsentwicklung der einzelnen Gesellschaft zu erforschen. Die Anhänger dieser Methode sehen in der Geschäfts-, insbesondere aber in der Ertragsentwicklung der Aktiengesellschaft den maßgeblichen Bestimmungsfaktor für die Kursentwicklung der Aktien. Über die Analyse entwickelt man einen »inneren« Wert, den die Aktie besitzt.

Diesen »inneren« Wert, auch »Unternehmenswert« genannt, vergleicht man mit der Börsennotierung der Aktie und versucht Diskrepanzen zwischen beiden Werten durch gewinnbringende Engagements zu nutzen. Im Mittelpunkt einer Einzelanalyse steht deshalb das Ermitteln des Unternehmenswertes.

b. Der Unternehmenswert

Um ihn zu ermitteln, verwendet man soviel Unternehmensdaten wie möglich. Dabei wird es »interne« und »externe« Unternehmensdaten geben. Interne Unternehmensdaten sind solche Informationen, die vorwiegend der Unternehmensleitung für Planung sowie für kontroll- und geschäftspolitische Entscheidungen zur Verfügung stehen. Externe Daten stehen auch den nicht an der Geschäftsführung Beteiligten zur Verfügung, also Banken, Aktionären, Gläubigern, Kunden und Lieferanten der Gesellschaft.

Je nach der Position des Außenstehenden wird er sich auch den Zugang zu betriebsinternen Informationen verschaffen können, in der Regel wird sich die externe Analyse jedoch auf folgende Informationsquellen beschränken müssen:

- die Bilanz,
- die Gewinn-und-Verlust-Rechnung,
- den Geschäftsbericht und
- darüber hinaus noch Zwischen- oder Quartalsberichte, allgemeine Brancheninformationen, die für die Gesellschaft von Bedeutung sind, sowie Meldungen und Berichte aus der Wirtschaftspresse.

In erster Linie wird also die externe Unternehmensanalyse eine des Jahresabschlusses (Bilanz, Gewinn-und-Verlust-Rechnung, Geschäftsbericht) sein. Aus den verfügbaren Daten werden Zeitreihen, Vergleichszahlen und Kennziffern entwickelt. Den für die Aktienbewertung an der Börse maßgeblichen Faktor sehen die Unternehmensanalysten am ehesten in der Ertragsentwicklung der Gesellschaft oder genauer: in der Fähigkeit des Unternehmens, in Zukunft Gewinne zu erzielen. Dem Erkennen und Einschätzen dieser Potenz gilt deshalb das Hauptinteresse.

c. Kennzahlen als Ergebnis

Es wird deutlich, daß die Unternehmungen außerbetrieblichen Einflußfaktoren ausgesetzt sind, die sie nicht oder nur sehr begrenzt beeinflussen können. Durch die vergleichende Unternehmensanalyse kann man jedoch diejenige Gesellschaft erkennen, die auf bestimmte Außeneinflüsse besser zu reagieren versteht als vergleichbare andere und sich somit für ein Engagement z. B. in Form von Aktienkäufen eher empfiehlt. Da die Fähigkeit einer Unternehmung, Gewinne zu erzielen, praktisch von allen zu der Unternehmung in Beziehung stehenden Faktoren beeinflußt wird, sollte man bei einer umfassenden Unternehmensanalyse nicht nur einen Betriebsbereich unter die Lupe nehmen.

Die Analyse und Auswertung des Jahresabschlusses, besonders der Bilanz, erfolgt anhand von Kennzahlensystemen, die die besonderen Bedingungen des Unternehmens recht klar aufzeigen und einen raschen Einblick in die Unternehmensstruktur und -lage geben.

Im Anhang E.1 ist als Beispiel eine detaillierte Aufstellung relevanter Kennzahlen und Formeln aus dem Fachbuch »Bilanzkennzahlen« von Hofmann (Gabler-Verlag) abgedruckt.

7.10 Psychologie und Personen

7.10.1 Psychologie

Weshalb ein Kurs auf einem bestimmten Niveau wechselte, dafür gibt es immer mannigfache Deutungsmotive. Beobachten Sie in einer solchen Situation die Medien, so werden Sie feststellen, daß diese sowohl fundamentale, psychologische und auch technische Gründe dafür finden. Es gilt, die wahren, d. h. objektiven Aspekte herauszufinden und nicht in Glauben und Vorurteile zu verfallen.

Die technische Analyse ist als eine rein beobachtende und nicht erklärende Methode anzusehen, die keine psychologischen Erklärungen zu Trendlinien, Support-Resistance-Niveaus oder ähnlichem rechtfertigt.

Der Aktionär, der sich nicht mit der Prognose oder Analyse von Aktientrends beschäftigt, freut sich, wenn der Wert seiner Anteile steigt, und er wird enttäuscht oder gar wütend sein, sobald der Kurs fällt. Meist sieht er sich mit seinen Titeln als Teil in einem ungeordneten und unlogischen Auf und Ab, und er hofft, beim nächsten Anstieg mit dabeizusein.

Ab dem Tag, wo er sich mit Analysetechniken beschäftigt, um auf diese Weise auch mal zu einer eigenen Meinung zu gelangen, beginnt er sich einen festeren Boden für Spekulationen unter die Füße zu schaffen. Dabei kann er aber leicht dem Glauben verfallen, sich damit dem scheinbar unkoordinierten Rauf und Runter entziehen zu können. Schließlich können ihm diese Zahlen und Grafiken ein angenehmes Sicherheitsgefühl suggerieren. Er ist vielleicht geneigt, sein künftiges Verhalten zu sehr von den Resultaten seiner Analysen abhängig zu machen.

Doch mit der Analyse sind beileibe nicht alle Probleme gelöst! Alle technischen Mittel einschließlich moderner Computer mit ihrer Software vermögen nicht das Verhalten der »mitspielenden« anderen Börsianer vorauszusagen. Das aber bestimmt die Kurse. Seine Kauf- und Verkaufsentscheidungen muß letztendlich jeder für sich alleine treffen.

7.10.2 Personelle Veränderung in Vorstand oder Aufsichtsrat

Wenn Sie nach einer einfachen Alarmfunktion suchen, mit der Sie frühzeitig auf meist wesentliche Veränderungen aufmerksam gemacht werden, dann achten Sie auf personelle Veränderungen im Vorstand oder im Aufsichtsrat. Dies gilt insbesondere dann, wenn der amtierende Funktionsträger vorzeitig, also während der Vertragslaufzeit (meist fünf Jahre) oder vor dem Ruhestand ausscheidet. Veränderungen im Vorstand deuten häufig auf operative Probleme und/oder auf Schwierigkeiten in der Zusammenarbeit der Vorstandsmitglieder hin. Die Umbesetzung des Aufsichtsrates ist häufig ein Zeichen für veränderte Machtpositionen in der Großaktionärsstruktur oder in den Beziehungen des betrachteten Unternehmens zu anderen Unternehmen.

Ob die betreffende Veränderung positiv oder negativ zu bewerten ist, kann nur aus der Betrachtung des Einzelfalles beantwortet werden. Eines aber ist sicher: Niemand wechselt während des Rennens die Pferde, wenn man sich davon nicht wesentliche Verbesserungen verspricht. Ob eine Verbesserung eintritt, ist offen. Relativ sicher ist, daß in diesem Unternehmen oder Unternehmensbereich wesentliche Veränderungen bevorstehen. Das kommt meist teuer zu stehen und schafft erhebliche Unruhe und Reibungsverluste.

Während dieser Phasen ist das Unternehmen stark mit sich selbst beschäftigt und kann sich nicht optimal auf den Markt und den Wettbewerb konzentrieren. Hier ist ein negativer Einfluß auf die Geschäftsentwicklung zu befürchten.

Ist dagegen das »Tal der Tränen« durchschritten und die Mannschaft wieder fit, zeigen diese Unternehmen in der Regel eine überdurchschnittliche Entwicklung.

Informationen über personelle Veränderungen finden Sie in den jeweiligen Wirtschaftszeitungen des Landes, zum Beispiel im Handelsblatt unter »Namen« im Teil »Unternehmen und Märkte«, sowie monatlich in den Fachmagazinen der jeweiligen Branche. In den Branchenblättern finden Sie meist auch Kommentare und Hintergrundberichte der jeweiligen »Szene«.

Ein Beispiel hierfür ist die Kursreaktion auf eine Pressemitteilung. Informationen, die über das oder vom Unternehmen veröffentlicht werden, müssen daraufhin untersucht werden, welchen Einfluß sie auf die Zahlen des Unternehmens haben und wie sie sich auf die Kursentwicklung auswirken können. Situationen, in denen Unternehmen stark in die Presse kommen, sind hervorragende Verkaufssituationen (bei guten Nachrichten) bzw. Kaufsituationen (bei schlechten Nachrichten).

Allgemein gilt:

| Kaufsignal | der Kurs bleibt trotz schlechter Presse stabil |
| Verkaufssignal | der Kurs steigt trotz guter Presse nicht weiter |

7.11 Unsere »Top Ten + P«-Kennzahlen für Ihre Aktienanalyse

»Warum gerade diese und keine andere Aktie?«
Die wesentlichen Kennzahlen, die wir bei der allgemeinen Aktienanalyse verwenden, haben wir nachfolgend dargestellt. Geht es an die konkrete Anlageentscheidung, muß man in der Regel noch tiefer in die Analyse und vor allem in die Bewertung der Informationen einsteigen, und gerade diese Bewertung ist es, die den Analysten als Künstler vom Computer als Maschine unterscheidet.
Wir sprechen hier im übrigen über Kennzahlen für mittel- und langfristige Bewegungen und die generelle Auswahl bestimmter Aktien. Dabei spielt die technische Aktienanalyse nicht die primäre Rolle. Anders ist dies, wenn wir von der Disposition und dem Timing sprechen, wann und bei welchen Kursen man eine Position in der jeweiligen Aktie auf- bzw. abbaut, also kauft bzw. verkauft. Dann spielt die technische Analyse eine entscheidende Rolle!

① **Kapitalzins und**
② **Ertragsrendite**

Diese beiden Kennzahlen dienen als Indikator dafür, wieviel Geld in Aktien und wieviel in Festgeld/Anleihen investiert werden soll. Die Ertragsrendite sollte möglichst doppelt so hoch wie die Kapitalmarktrendite sein und wird errechnet aus 1/KGV in Prozent. Das KGV (siehe Kennzahl 4) kann sich auf den Markt, eine Branche oder eine Einzelaktie beziehen.

Mittels der Ertragsrendite kann der relative Ertrag der Aktienanlage direkt in Beziehung zur Kapitalmarktrendite gesetzt werden. Über die Ertragsrendite wird auch deutlich, welchen Einfluß Zinsveränderungen auf die relative Attraktivität von Aktien gegenüber Anleihen haben.

Beim Kapitalmarktzins beziehen wir uns auf die durchschnittliche Marktrendite (nicht Nominalverzinsung) von Anleihen erster Bonität mit einer (Rest-)Laufzeit von zehn Jahren. Wir verwenden diese Laufzeit, weil wir an den kurzfristigen Zinsschwankungen weniger interessiert sind und weil uns bei den extremen Langläufern (z. B. den 30jährigen) der Markt zu dünn ist, so daß hier durch markttechnische Konstellation die Preisfindung und damit die Rendite verzerrt wird.

Neben der Berechnung der Ertragsrendite für Aktien verwenden wir den Kapitalmarktzins als Indikator für die mittel- und langfristige Zinsentwicklung (die wiederum zeitweise einen erheblichen Einfluß auf die Aktienkursentwicklung haben kann) und als Anhaltspunkt dafür, wieviel Vermögen in Festgeldern/Anleihen oder in Aktien investiert wird (siehe Asset Allocation). In den letzten drei Jahrzehnten bewegte sich die durchschnittliche Kapitalmarktrendite in Deutschland bei gut 7,5 %.

③ **Gewinnentwicklung und**
④ **KGV (Kurs-Gewinn-Verhältnis)**

Diese beiden Kennzahlen werden dreifach genutzt, nämlich

- als relative Bewertungszahl für eine Aktie, berechnet mit den letzten, dem laufenden und dem erwarteten Gewinn;
- als Gradmesser im Vergleich zur Branche und zur Berechnung des Soll-KGV;
- als Soll-KGV selbst aufgrund von Berechnungen und Gewinn erwartungen (fundamentale Grundlage für das Kursziel).

⑤ **Verhältnis des Buchwertes zum aktuellen Kurs**

Je näher der Aktienkurs am Buchwert liegt, desto mehr ist der Kurs durch »Hard Assets« wie Grund und Boden, Gebäude, Maschinen usw. abgesichert. Allgemein sollte der Kurs nicht mehr als zwei Drittel vom Buchwert entfernt sein. Dieser ist nicht zu verwechseln mit dem Substanzwert, der auch Umlaufvermögen und immaterielle Wirtschaftsgüter (Patente, Goodwill usw.) beinhaltet. Dieser Substanzwert muß in einer speziellen Analyse berechnet werden.

⑥ Eigenkapitalquote

Das Fremdkapital sollte das Zweifache des Eigenkapitals nicht übersteigen. Besser noch: das Eigenkapital ist höher. Hierzu muß man Größe und Marktposition des Unternehmens und die Zinsentwicklung mitbetrachten. Letzteres ist insbesondere bei Gesellschaften mit einem hohen Fremdkapitalanteil sehr wichtig.

⑦ Börsenkapitalisierung, ggf. tägliches Handelsvolumen

Hier geht es um einen Eindruck über Größe und Bedeutung des Unternehmens, der anzeigt, ob das Handelsvolumen für die geplante Auftragsgröße genügend Liquidität bietet.

⑧ Signifikante Veränderung in der Volumenentwicklung sowie charttechnische Signale/Formationen

Wenn das Volumen deutlich ansteigt, ist dies ein definitives Zeichen für einen Wechsel in den Besitzverhältnissen. Üblicherweise sollte der Kurs mit dem Volumen steigen. Ist dies nicht der Fall, liegt eine Sonderbewegung vor, für die eine Erklärung gesucht werden sollte.

⑨ Soll-KGV und
⑩ Kursziel

Dies sind keine Kennzahlen im eigentlichen Sinne, sondern mehr das Ergebnis der subjektiven Bewertung der Gesellschaft und der Situation. Sie geben eine Orientierung dafür, wann man bei der betreffenden Aktie wieder an das Verkaufen denken sollte.

Das Soll-KGV leitet man aus dem KGV von anderen, vergleichbaren Unternehmen im Markt ab. Hier besteht natürlich ein erheblicher subjektiver Interpretationsspielraum. Aber auch eine möglicherweise ungenaue Schätzung ist besser als gar keine Orientierung. Aus dem Soll-KGV rechnen wir dann einfach den entsprechenden Kurs der Aktie aus, der sich einstellen müßte, damit die Aktie dasselbe KGV hat wie ein vergleichbares Unternehmen im Markt. Die Definition des genauen Kurszieles bzw. Verkaufsniveaus ergibt sich dann aus der technischen Analyse (Widerstandslinien, Formationen usw.).

Diese Methode, ein Kursziel zu definieren, ist sicher nicht der Weisheit letzter Schluß, aber sie funktioniert und schützt uns davor, zu früh auszusteigen (zu verkaufen) bzw. Aktien zu kaufen, die nur ein geringes Kurspotential haben.

Psychologie

Schließlich sollten bei der Anlage in Aktien aber auch die psychologische Verfassung des Marktes und die handelnden Personen berücksichtigt werden (vgl. dazu auch Kapitel 7.10). In der Endphase eines Aufschwungs kommt es häufig zu einer sogenannten »Milchmädchen-Hausse«, wenn viele Privatanleger auch für sich die Aktie als Anlageinstrument »entdecken«. Umgekehrt steigen die Aktien meist sehr kräftig, wenn die Talsohle durchschritten ist und es wieder aufwärts geht. Viele Anleger versuchen dann noch auf den fahrenden Zug aufzuspringen und beschleunigen den Aufschwung damit sogar noch. Vielfach ist es hier sinnvoll, sich antizyklisch zum Markt zu verhalten. Der Investor, der gerade dann in Aktien einsteigt, wenn die Mehrzahl noch verkauft, wird diese – vor dem Hintergrund der nachfolgenden Kursgewinne – relativ günstig erwerben und langfristigen Erfolg mit seiner Anlagestrategie haben.

Auch die handelnden Personen sollten bei der Anlage berücksichtigt werden. Wie gut wird das Unternehmen von dem Management in der derzeitigen Situation geführt? Insbesondere bei Fusionen oder Akquisitionen ist es z. B. wichtig, daß die Vorstände in der Lage sind, neuen Unternehmen eine Identität zu geben und den Erfolg der Transaktion sicherzustellen. Bei jeder Anlageentscheidung sollten daher neben den harten Tatsachen in Form der Kennzahlen auch solche »soft factors« eine Rolle spielen.

8. Spezielle Themen zum Börsengeschäft

In diesem Kapitel wird ein tiefer gehender Einblick in einige besondere Themen gegeben, die an anderer Stelle den Betrachtungsrahmen sprengen würden. Es sind Prognosetechniken, das Bookbuilding-Verfahren und steuerliche Aspekte des Wertpapierinvestments.

Zum Schluß folgen noch einige Anmerkungen zur »richtigen« Vermögensstruktur.

8.1 Grundsätzliches über Prognosen

8.1.1 Überblick über Prognoseindikatoren

Eine Reihe von Indikatoren werden als *»Timing Instruments«* bezeichnet. Sie stammen nicht nur aus der technischen Analyse, sondern auch aus der Aufbereitung fundamentaler Daten. Sie sind so unterschiedlich wie ihre Herkunft. Ihnen wird die Eigenschaft zugesprochen, künftige Entwicklungen vorher zu signalisieren.

Diese Indikatoren liefern in derselben Situation keineswegs das gleiche Ergebnis.

8.1.2 Art der Indikatoren

Die hier betrachtete Art von Indikator ist eine Daten-Zeit-Reihe, die eine bestimmte Entwicklung tendenziell begleitet. Im allgemeinen werden drei Arten von Indikatoren unterschieden, und zwar unter dem Aspekt ihres zeitlichen Verlaufs in bezug auf die interessierende Entwicklung:

● *Leading Indicator:* Er hat einen zeitlichen Vorlauf gegenüber der prognostizierten Daten-Zeit-Reihe. Leading Indicators zu erkennen bzw. zu erarbeiten ist das Hauptinteresse der Analysten, da der zeitliche Vorlauf für entsprechende Dispositionen gewinnbringend genutzt werden kann.

- *Concisions Indicator:* Hier läuft die Erstellung des Indikators mit der Daten-Zeit-Reihe gleich. Diese Indikatoren werden bevorzugt zur Bestätigung der Prognosereihen verwendet oder in Ermangelung von Leading Indicators auch in deren Funktion verwendet.

- *Lagging Indicator:* Dieser Indikator läuft der Prognosereihe zeitlich hinterher. Analysten gebrauchen solche Indikatoren zur Bestätigung empirischer Prognosereihen.

In der Praxis erweist es sich, daß Systeme im einen Fall recht gut funktionieren, im anderen dagegen versagen. Viele haben ihr Vermögen oder einen erheblichen Teil davon dadurch verloren, daß sie einem »System« folgten, das für eine bestimmte Dauer, innerhalb einer bestimmten Situation und bei einem Titel hervorragende Ergebnisse lieferte. Doch nach einiger Zeit oder unter veränderten Bedingungen entfernte es sich von den tatsächlichen Ereignissen gründlich und produzierte Fehler – ohne durchschaubaren Grund.

Das Mittel gegen versagende Systeme kann nur darin bestehen, vorher Qualität und Quantität der Prognoseargumente systematisch, empirisch und repräsentativ zu untersuchen und zu überprüfen sowie gründlich zu testen.

Mit Prognoseargumenten sind die Kriterien der Abhängigkeit sowie der zugrunde liegenden Annahmen gemeint. Gewöhnlich beschäftigt man sich mit bedingten Prognosen, deren Eintreffen in Abhängigkeit von einer zu beobachtenden Daten-Zeit-Reihe (Bedingung) steht. Je nachdem, wie die Bedingungen gestellt sind, können die Daten-Zeit-Reihen beispielsweise kurs- und zeitbezogen oder aus volkswirtschaftlichen Größen wie Zinsen oder Inflationsraten bestehen.

Speziell bei der Aktienkursprognose existiert ein sehr weites Spektrum von Prognoseargumenten. Um eine systematische Betrachtung durchführen zu können, teilen wir die *»Prognoseargumente«* in drei Gruppen:

- rational-fundamentale,
- extrapolierend-projektive und
- deskriptiv-psychologische Prognoseargumente.

Die Prognoseargumente werden vor ihrem Einsatz auf ihre Treffsicherheit hin getestet, das bedeutet, daß sowohl die Quantität als auch die Qualität der Signale, die von der Daten-Zeit-Reihe gegeben werden, getestet und optimiert werden.

Unter dem Aspekt der Quantität wird geprüft, wie oft der Indikator Signale lieferte und wie viele davon richtig bzw. falsch waren. In bezug auf die Qualität ist zu fragen, wie die Gewinn- bzw. die Verlustwirkung des Indikators sich darstellt. Diese Überprüfung sollte sich sowohl auf »Long«- als auch auf »Short«-Basis erstrecken. Die Erfolgsangaben können auf ein beliebiges absolutes Anfangskapital bezogen werden, das stellt die Vergleichbarkeit sicher.

8.1.3 Indikatorgruppen

a. Rational-fundamentale Indikatoren

Hierunter werden solche Indikatoren verstanden, die in einem gewissen, logisch erkennbaren Zusammenhang zu den Kursen stehen. Sie werden bevorzugt von den Vertretern der fundamentalen Analyse zu Prognosen herangezogen. Als erwähnenswerte Vertreter gelten:

● *makroökonomische Indikatoren:* Geldmenge, Zinsen, Leistungsbilanzen, Geschäftsklima usw.
● *mikroökonomische Indikatoren:* Gewinn, Cash-flow, Kurs-Gewinn-Verhältnis, Verschuldungsgrad, Ertragserwartung usw.

b. Extrapolierend-projektive Indikatoren

Den Indikatoren dieser Gruppe liegt die Annahme zugrunde, daß die zukünftige Entwicklung auf vergangenen Ereignissen aufbaut und deshalb über eine Prognosereihe rechnerisch vorhergesagt werden kann. Hierzu zählen gleitende Durchschnitte, Momentumskurven und die Vielzahl der technisch orientierten Timing-Indikatoren.

c. Deskriptiv-psychologische Indikatoren

Dieser Gruppe wird zwar eine Indikationswirkung zugesprochen, sie läßt aber sonst keinen direkten erkennbaren Bezug zur Kursentwicklung erkennen. Erfolgversprechender geben sich die rein psychologischen Indikatoren, deren Aussagen sich meist auf die Stimmung im Markt beziehen. Beispiele dafür sind die Neigung zum Wertpapierkauf auf Kreditbasis, Konsumfreudigkeit, Verhalten der Teilnehmer am Kauf- bzw. Verkaufsoptionsmarkt usw.

8.1.4 Mehrbezugssysteme

Der Grundgedanke hinter dem Indikatorensystem besagt, daß ein Indikator allein eine relativ hohe Fehlerrate liefert. Die versucht man dadurch zu minimieren, daß man anstehende Handelsentscheidungen vom Eintreffen mehrerer Indikatorensignale abhängig macht. Ein Systemsignal gilt also erst dann, wenn mehrere Einzelindikatoren gleichgerichtet aussagen.

Die Frage ist, warum sich mehrere fehlerhafte Indikatoren im Verein weniger Fehler liefern sollen. Tatsache ist: In der Praxis ergibt ein ausgewogenes und spezielles Indikatorensystem weniger Fehlsignale als ein darin verwendeter Einzelindikator. Doch einen Nachteil gibt es auch hier: Meist ist eine längere Wartezeit in Kauf zu nehmen, bis genügend Einzelindikatoren das gemeinsame Signal geben. Es ist einleuchtend, daß ein Indikatorensystem weniger Signale liefert oder ein Signal erst sehr viel später produziert als der einzelne Indikator. Hier kann man aber durch einen geeigneten Schwellenwert einen guten Kompromiß zwischen Indikatorenvielfalt und Systemträgheit finden, indem man ein Handelssignal als gegeben ansieht, wenn von etwa 30 Indikatoren mindestens zehn das gleiche Signal liefern und kein Indikator ein gegensätzliches. Der große Vorteil der Indikatorensysteme liegt nämlich darin, daß man die Entscheidung, ob man handeln soll oder nicht, vom Eintreffen mehrerer Parameter abhängig macht. Man kann in das System zum Beispiel Volumen, gleitende Durchschnitte, Zinssätze, Kurs-Gewinn-Verhältnisse und das Geschäftsklima mit einbeziehen und hat so ein realistischeres Bezugsmodell der Einflüsse auf den Kursverlauf.

Ist man der Überzeugung, daß der eine oder andere Indikator wichtiger ist als andere, so kann man die Indikatoren je nach ihrer Bedeutung gewichten. Damit hat man weiterhin den Vorteil des Mehrbezugssystems und die Möglichkeit, Präferenzen zu schaffen, womit man sein System zum einen genauer an die Realität anpassen und zum anderen dynamisieren kann.

8.1.5 Beurteilung von Prognoseargumenten

Bei der Beurteilung von Prognoseargumenten verdichten sich Probleme, die eine abschließende bzw. umfassende objektive Beurteilung in Frage stellen. Folgende Frage schlägt bei der Beurteilung einer Prognose besonders zu Buche:

»Sind die Bedingungen, unter denen die Prognose erstellt wurde und von denen die Richtigkeit der Prognose abhängt, auch in Zukunft im selben Ausmaße wirksam?«

Dieses *Prognoseproblem* stellt sich besonders bei fundamental gestützten Prognosen, die die Entwicklung der Kurse auf der Basis makro- und mikroökonomischer Daten-Zeit-Reihen gründen. Dabei handelt es sich nicht selten um Interdependenzmodelle, die verschiedene Kausalbezüge zwischen Daten-Zeit-Reihen annehmen.

Des weiteren gibt es das *Publikationsproblem*. Wie sehr beeinflußt die Veröffentlichung einer Prognose die Zukunftsentwicklung der Daten-Zeit-Reihe? Die Tatsache, daß eine Prognose über die Kursentwicklung einer Aktie in einem engen Markt das Publikum beeinflussen kann, ist schwer nachweisbar und in ihrem Ausmaß kaum vorherzusehen. Theoretisch müßte man die Publikationswirkung einer Prognose aber mit in die Prognose einbeziehen.

Das *Induktionsproblem* besteht aus der Frage: »Inwiefern ist es gerechtfertigt, aufgrund einzelner singulärer Beobachtungen eine ›empirische‹ Gesetzmäßigkeit zu erstellen?« Dieses Induktionsproblem stellt sich besonders bei technisch orientierten Prognoseargumenten.

Bei der Erstellung einer Prognose sollte man die Entwicklung sowohl in ihrem *quantitativen Ausmaß* als auch unter dem *zeitlichen Aspekt* einbeziehen. Das kann man durch geeignete Wahl der Prognoseargumente bewerkstelligen.

Daneben spielen die Verzögerungen bis zur Informationsvorlage eine Rolle. Bei der empirischen Untersuchung von Indikatoren findet sich nicht selten eine Daten-Zeit-Reihe, die eine hohe Korrelation mit der Prognosereihe aufweist oder zumindest einen relativ stabilen Vorlauf besitzt und somit ideale Voraussetzungen zur Prognose stellt. Für die Erstellung eines Prognosesystems, das in der Praxis täglich angewendet werden kann, müssen Daten verwendet werden, die täglich aktualisiert werden können, jedoch erst nach Monaten verfügbar sind. Die zeitliche Verfügbarkeit einer Datenreihe muß also bei Beurteilung der Indikatoren beachtet werden.

Beim Erstellen eines Indikatorenverbundes ist des weiteren zu beachten, daß einige nur innerhalb bestimmter Werte einen signifikanten Bezug zur prognostizierten Daten-Zeit-Reihe aufweisen. Ferner sollte man beachten, daß bestimmte Indikatoren sich gegenseitig beeinflussen können.

8.1.6 Systemtest

Um mit Indikatoren erfolgreich anzulegen, ist es unbedingt erforderlich zu wissen,

- *wie der Indikator arbeitet,* d. h., auf welche Bewegung der Indikator wie reagiert bzw. aufgrund seiner Berechnung reagieren kann, wo also sein Analyseansatz zu suchen ist (Trendfolge, Umkehr, Wendepunktindikatoren, Oszillatoren, Zyklen).
- *wie erfolgreich die Handelssignale* des Indikators in den jeweiligen Kursszenarien *waren.* Am effektivsten wird eine empirische Analyse des Erfolgsverlaufs eines Indikators bzw. eines Handelssystems mittels eines speziellen Computer-Testprogramms. Man hat damit die Möglichkeit, exakt zu prüfen, wann welcher Indikator wie erfolgreich war, und zwar für Kauf- wie auch Verkaufssignale. Solche Programme sind seltener zu finden, aber lohnend.

Ist es für Spekulanten im Prinzip gleich, ob der Gewinn auf der Hausse- oder Baisseposition erzielt wurde, so kommt es für Anleger mit Absicherungsinteressen sehr wohl darauf an, ob das System in der Hausse oder der Baisse erfolgreich(er) ist. Sollen z. B. die in einer Fremdwährung aufgenommenen Kredite gegen ein Ansteigen der Kreditwährung gesichert werden, so wird ein System mit überdurchschnittlich guter Hausseposition gesucht. Sind dagegen Wertpapiere oder Währungsbestände in einem Depot gegen einen Kursrückgang zu sichern, so ist ein System gefragt, das besonders erfolgreich auf der Baisseseite arbeitet.

8.2 Bookbuilding-Verfahren

Unternehmen, die wachsen, brauchen Kapital. Dieses können sie als Kredit bei ihrer Bank aufnehmen oder als Eigenkapital durch Aktienausgabe bekommen. In den letzten Jahren sind viele Unternehmen aus zukunftsträchtigen Branchen an die Börsen gekommen, um den weiteren Wachstumskurs zu finanzieren. Man spricht in diesem Zusammenhang von Neuemissionen oder Initial Public Offerings (IPO). Gerade bei unbekannteren und jüngeren Gesellschaften stellt sich aber das Problem, daß man die Ertragschancen und Risiken, die sich bei einem Engagement in Aktien dieses Unternehmens ergeben, schlecht abschätzen kann. Um möglichst viele Informationen und Zukunftserwartungen für diese Einstufung heranzuziehen, werden die weitaus meisten Gesellschaften heute im Bookbuilding-Verfahren an die Börse gebracht.

Dabei wird der Emissionskurs nicht von der Gesellschaft oder dem Emissionskonsortium festgelegt, sondern zusammen mit den Anlegern ermittelt. Dies geschieht dadurch, daß in einer ersten Phase versucht wird, den »wahren« Wert einer Aktie zu ermitteln. Danach führen die Wertpapierhandelshäuser und Banken des Emissionskonsortiums Gespräche mit potentiellen Großanlegern wie z. B. Fondsgesellschaften. Hier wird ausgelotet, welchen Wert die Investoren zu zahlen bereit sind. Mit dieser Information legen der Emittent und sein Konsortium eine Preisspanne fest, innerhalb der sich der Emissionskurs bewegen darf. Diese Spanne beim Bookbuilding-Verfahren wird häufig so gewählt, daß selbst der obere Kurs nicht dem »wahren« Wert der Aktie entspricht. Der Emittent und die Konsortialbanken versprechen sich von diesem als »Underpricing« bezeichneten Vorgehen eine positive Aufnahme der Emission.

Häufig wird eine Emission auch in verschiedene Tranchen aufgeteilt, weil der Emittent einen bestimmten Prozentsatz seiner Wertpapiere bei Kleinanlegern oder im Ausland plazieren möchte. Die Anleger, Fondsgesellschaften wie Kleinanleger aus dem In- und Ausland, können dann bei dem Konsortium (limitierte) Kaufaufträge abgeben. Diese werden in einem gemeinsamen »Buch« gesammelt (daher auch der Name des Verfahrens). Je nach Nachfrage und Limit setzt man dann den Emissionkurs fest, und die Aktien werden an die jeweiligen Investoren ausgegeben.

Ist die Emission überzeichnet, so müssen die Aktien zugeteilt werden. Dabei kann es durchaus passieren, daß Anleger, die über eine Konsortialbank gezeichnet haben, bevorzugt bedacht werden, sofern der Emittent nicht auf eine einheitliche Zuteilungsquote für alle Investoren besteht. Sollte die Emission überzeichnet sein, so kann auch ein sogenannter Greenshoe zur Anwendung kommen. Hierbei werden mehr Aktien ausgegeben, als dies eigentlich vorgesehen war. Der Greenshoe ist eine Option, die das Emissionskonsortium ausüben kann, wenn die Aktie am Markt besonders gut aufgenommen wird.

Liegt der Eröffnungskurs am ersten Handelstag über dem Emissionskurs, so ergibt sich für den Anleger ein Zeichnungsgewinn. In den letzten Jahren gab es wegen der allgemein guten Börsenstimmung viele Neuemissionen, die häufig überzeichnet waren und mit dem oberen Kurs der Bookbuilding-Spanne emittiert wurden. Für die Anleger, die bei der Emission zum Zuge gekommen sind, war der nachfolgende Kursgewinn auf einen meist noch höheren Einstandskurs im Handel ein schneller Erfolg.

8.3   Steuerliche Aspekte der Wertpapieranlage

Die bei der Wertpapieranlage wirksam werdenden Steuern verdienen bei der Rentabilitätsbetrachtung aufmerksame Beachtung. Schließlich ist eine Investition erst dann vorteilhaft, wenn der Ertrag nach Abzug aller Kosten einschließlich Steuern noch interessant ist. Da die Steuern in fast allen Bereichen auf vielfältige Weise die Ertragsrechnung beeinflussen, müssen sie in die Anlageentscheidung einbezogen werden.

Da die Steuergesetze ständigem Wandel unterliegen und sehr komplex sind, sollte man sich eines Steuerberaters bedienen, um genau und aktuell informiert zu sein. Von ihm können Sie am ehesten verbindliche Auskünfte für Ihren Steuerfall erhalten.

Zins- und Dividendeneinnahmen sind steuerpflichtig, und zwar unabhängig davon, wie lange die Papiere gehalten wurden. Kursgewinne, die nach der Spekulationsfrist von einem Jahr realisiert wurden, sind aber einkommensteuerfrei. Dabei ist es unerheblich, ob die Kursgewinne mit Aktien, Anleihen oder Investmentfonds erzielt wurden. Liegen aber zwischen Kauf und Verkauf weniger als ein Jahr, sind Kursgewinne auch steuerpflichtig. Realisierte Kursverluste können mit realisierten Kursgewinnen verrechnet werden. Aus den bestehenden Vorschriften lassen sich folgende Faustregeln ableiten:

- Zwischen An- und Verkauf von gleichen Aktien derselben Gesellschaft sollte möglichst mindestens ein Jahr liegen.
- Solange die Spekulationsgewinne eines Kalenderjahres unter der Freigrenze von 512,– € liegen, bleiben sie von der Versteuerung verschont.
- Verluste aus Spekulationsgeschäften dürfen gegengerechnet werden. Einschränkungen: Auch hier gilt die Einjahresfrist, außerdem ist die Verrechnung nur mit Spekulationsgewinnen erlaubt, nicht jedoch mit anderen Einkünften.
- Spekulationsverluste sollte man so rechtzeitig realisieren (z. B. durch Abstoßen »fauler« Aktien), daß sie mit Spekulationsgewinnen ausgeglichen werden können. Ein Spekulationsverlust ist bei einer gefallenen Aktie nur dann gegeben, wenn sie innerhalb des ersten Jahres wieder veräußert wird.
- Der Ehepartner kann nach deutschem Steuerrecht eigene Börsengeschäfte machen und einen eigenen Freibetrag für Spekulationsgewinne beanspruchen. Das ergibt Handlungsspielraum.
- Das Finanzamt unterstellt, daß bei gleichen Aktien im Depot immer die zuletzt gekauften auch zuerst wieder verkauft werden. Angenommen, man kauft 100 Aktien und ein Jahr später noch einmal 100 derselben Gesellschaft. Beim Verkauf von 100 Stück drei Monate später reklamiert das Finanzamt Spekulationsgewinn, weil es als Grundlage den zweiten Aktienkauf annimmt, auch wenn das an der Wirklichkeit vorbeigeht. Mit einem zweiten Depot auf den eigenen Namen kann man die Beweislage dafür, daß jetzt wirklich die zuerst gekauften Aktien verkauft wurden, erheblich verbessern.

Bei der Steuererklärung lassen sich auch Kosten, die in Zusammenhang mit den Kapitalerträgen angefallen sind, geltend machen. Solche »Werbungskosten« sind: Depotgebühren, Transaktionskosten, Aufwendungen für den Bezug von Fachzeitungen, Chartheften, Bilanzen und Büchern.
Für Investmentfonds gilt der gleiche Grundsatz der Besteuerung: Zinsen und Dividenden sind steuerpflichtig, Kursgewinne außer-

halb der Spekulationsfrist steuerfrei. Da der Anleger aber nicht wissen kann, ob die Wertsteigerung des Fondsanteils durch Zinsen oder Kursgewinne erwirtschaftet wurde, errechnen die Fondsgesellschaften dies separat. Eine Übersicht, die sogenannte »Steuer-Information«, ist vom BVI – Bundesverband Deutscher Investment-Gesellschaften e.V. – kostenfrei erhältlich.

8.4 Wertpapierhandel und Internet

Die zunehmende Vernetzung zwischen den Banken- und Börsenplätzen und den privaten Anlegern über das Internet hat gravierende Auswirkungen auf die Art und Weise, wie Wertpapiere gehandelt werden. Das Internet kann dabei eine sehr gute Quelle sein, um sich aktuelle Informationen über einzelne Wertpapiere oder auch makroökonomische Daten zu ganzen Volkswirtschaften zu besorgen. Eine kleine Auswahl an nützlichen Internet-Seiten ist im Anhang angegeben.

Im Internet treten natürlich die Unternehmen auf, deren Wertpapiere an internationalen Börsen notiert sind: Häufig lohnt sich hier ein Blick auf deren Home Page vor der Kauf- oder Verkaufentscheidung. Die Investor-Relations-Abteilung der Gesellschaften bieten hier sinnvolle Entscheidungshilfen wie z. B. den aktuellen Geschäftsbericht oder Informationen über strategische Entscheidungen des Unternehmens. In der Regel ist auch eine einfache Möglichkeit der Kontaktaufnahme über E-Mail gegeben.

Ebenfalls im Internet vertreten sind reine Informationsdienste und Nachrichtenagenturen, die wichtige Informationen wie Ad-hoc-Meldungen der Unternehmen verbreiten. Kurse waren bislang allerdings nur mit einer Zeitverzögerung von fünfzehn Minuten kostenlos zu erhalten. Eine Vielzahl von Anbietern hat sich daher auf die Bereitstellung der Kurse in real-time spezialisiert. Diese Dienste kosten allerdings meist etwas. Allerdings will die Londoner Börse diese Informationen nunmehr kostenfrei anbieten. Es kann erwartet werden, daß auch andere Börsen oder Banken diese kostenlose Versorgung mit aktuellen Kursen als verkaufsförderndes Instrument einsetzen werden.

Viele Internet-Anbieter spezialisieren sich auch auf die Vermarktung von Analysen und Charts, die eine sinnvolle Grundlage für die Anlageentscheidung darstellen können. Der sichere Umgang mit Englisch hilft dabei sehr, da viele dieser Seiten von amerikanischen Investmentbanken mit Unternehmensanalysen versorgt werden. Aber auch das deutschsprachige Angebot ist in einem stetigen Wachstumsprozeß.

Einige dieser Anbieter haben auch die Möglichkeit für Investoren geschaffen, auf ihrer Seite mit anderen Anlegern zu kommunizieren. In diesen Diskussionsforen oder auch Broker Boards kann man auch den einen oder anderen günstigen Tip bekommen. Der Anleger sollte bei seiner Informationssuche aber auch immer die Seriosität des Anbieters beachten. Die Deutsche Schutzvereinigung für Wertpapierbesitz DWS warnt etwa davor, Nachrichten und Gerüchte aus Broker Boards sofort ungeprüft in eine Anlageentscheidung umzusetzen. Diese haben vielfach nur das Ziel, das Vermögen dessen zu vermehren, der diese Gerüchte streut.

Das Internet ist aber längst nicht mehr nur das Medium, über das sich Investoren Informationen, Kurse und Analysen besorgen können. Mittlerweile kann auch der Kauf und Verkauf von Aktien und festverzinslichen Wertpapieren sehr kostengünstig über das sogenannte Online-Brokerage abgewickelt werden. Die Banken sparen durch die elektronische Orderannahme viele Kosten ein. Diese Kostenersparnis wird an die Kunden in Form von niedrigeren Gebühren weitergegeben. Direktbanken, die keine Zweigstellen mehr aufbauen müssen, sondern nur telefonisch über Call Center oder eben elektronisch über das Internet erreichbar sind, bieten den Kauf und Verkauf von Wertpapieren zu weniger als der Hälfte der Provisionssätze an, die noch vor fünf Jahren von den Anlegern gefordert wurden. Im Vergleich zur telefonischen Orderaufnahme bieten viele Banken nochmals reduzierte Gebühren an, wenn der Auftrag via Internet erteilt wurde. Bei diesen Anreizen ist es nicht verwunderlich, daß der Anteil der über Internet georderten Wertpapiere bei einigen Direktbanken schon bei über 60 % liegt. Daß der Wertpapierhandel über Internet Zukunft hat, macht auch das Beispiel der USA deutlich: Hier werden bereits 30 % aller Aktientransaktionen über das Internet abgewickelt. Einer Untersuchung des US-Online-Brokers Charles Schwab zufolge verdoppelt sich die Anzahl der Aufträge, die über Internet gegeben werden, alle drei Monate.

Die Technik ist mittlerweile so weit, daß in manchen Systemen der Kaufvorgang von der Kursanfrage bis zur Verbuchung auf dem Depot weniger als eine Minute dauert. Damit wird auch für den Privatanleger das sogenannte Intraday-Trading möglich. Hierbei kauft und verkauft der Anleger noch am selben Tag. Für ihn ist es daher möglich, auch kleinste Kursschwankungen gewinnbringend umzusetzen.

Die Sicherheit des Wertpapierhandels wird von den Banken über ein meist vierstufiges Verfahren der Identifikation und der Verschlüsselung des Auftrages gewährleistet. Voraussetzung für den Einstieg ins Online-Brokerage sollte ein leistungsfähiger und zuverlässiger Computer sein.

Das Internet hat auch Auswirkungen auf die Börsen selbst. Viele Online-Brokerage-Kunden möchten auch gerne in den Abendstunden handeln. Spezielle Online-Broker wie Charles Schwab, E-Trade und Waterhouse Securities bieten diesen Service schon an. Daneben gibt es noch weitere, besonders auf institutionelle Anleger zugeschnittene Anbieter wie Instinet, die den Handel auch dann noch ermöglichen, wenn die Börsen schon geschlossen sind. Die etablierte Börsen überlegen sich daher, die Handelszeiten noch weiter auszuweiten und einen Handel rund um die Uhr anzubieten. Ein Problem des verlängerten Handels ist die geringere Liquidität, die der Anleger bei seiner Börsenwahl und bei seinem Anlagezeitpunkt immer im Auge behalten muß. Bei zu geringer Liquidität sollte man besser auf eine eventuell etwas teurere Börse ausweichen oder zu festgesetzten Zeiten in Auktionen handeln. Man kann dann sicher sein, einen fairen Kurs zu bekommen. Anderenfalls sollte man niemals auf eine Limitierung des Auftrags verzichten.

8.5 Die »richtige« Vermögensstruktur

Man könnte sagen: Vor den Anlageerfolg hat Mammon die Vermögensstruktur gesetzt! Darunter versteht man die Antwort auf die Frage, wieviel Geld man in welche Positionen und Vermögensklassen investiert. Die wesentlichen Vermögensklassen oder auch Asset Classes sind:

1. Versicherungen und sonstige Rücklagen
2. Geldbestand sowie kurzfristige Festgelder
3. Anleihen und andere festverzinsliche, lang laufende Papiere
4. Aktien (häufig unterschieden nach nationalen/internationalen Papieren)
5. Immobilien (unterschieden nach selbst- oder fremdgenutzter und Wohn- oder Gewerbeimmobilie)
6. unternehmerische Beteiligungen (im Sinne des Steuergesetzes)
7. Sonstiges, wie Sammlungen usw. (z. B.: Kunst, Yacht, Pferde, Ferienhaus, Oldtimer usw.)

Im Rahmen einer persönlichen Vermögensberatung müssen alle Vermögensklassen besprochen und aufeinander abgestimmt werden. Wesentlich sind hierbei drei Rahmenfaktoren:

- Ihre persönlichen Anlage- und Lebensziele
- Ihre wirtschaftliche und steuerliche Situation
- die allgemeine Wirtschafts-, Zins- und Aktienentwicklung

Entsprechend der Zusammensetzung und Gewichtung der verschiedenen Vermögensklassen ergibt sich ein zum Teil stark unterschiedliches Risiko-Rendite-Profil. In diesem Handbuch beschränken wir uns auf die Vermögensklassen »Geldbestand«, »Anleihen« und »Aktien« und damit auf die klassischen Anlagekategorien.

Die obengenannten Vermögensklassen sind als Reihung zu verstehen. Das heißt, daß Sie sich so lange nicht mit Aktien usw. beschäftigen sollten, wie Sie nicht Vorsorge getroffen und Rückstellungen für unliebsame Eventualitäten gebildet haben. Zwar wird hierzulande vieles durch den Staat abgedeckt bzw. zwingend vorgeschrieben (Kranken-, Unfall-, Rentenversicherung). Sie müssen aber darauf achten, ob die Leistung Ihrem Lebensstandard und Ihren Bedürfnissen entspricht – und ggf. privat Vorsorge treffen.

Zu den Immobilien sei gesagt, daß fremdgenutzte Immobilien mit mindestens denselben Kriterien in bezug auf Rendite, Risiko und zeitlichen Aufwand gemessen werden sollten wie Aktien. Bei der eigengenutzten Immobilie ist dies anders, weil sie Teil der persönlichen Lebensführung und Lebensqualität ist und daher nicht mit den üblichen Anlagekriterien gemessen werden kann.

Unternehmerische Beteiligungen sind besonders für Personen interessant, die in einer hohen Steuerprogression stecken. Die Prüfung einer Beteiligung kann nur im Einzelfall erfolgen. Grundsätzlich sei von Beteiligungen abgeraten, wenn es nur darum geht, Steuern zu sparen! Das Ganze muß sich in erster Linie wirtschaftlich rechnen – die Steuererleichterung bzw. -stundung ist das Salz in der Suppe. Wenn die Suppe faul ist, kann auch das beste Salz nichts helfen. Aus diesem Grund muß der Ertrag nach Steuern aus der Beteiligung, den Risiken und den Aufwänden usw. mindestens so hoch sein wie der, den Sie aus einer Aktienanlage erzielen können. Mindestens so hoch deshalb, weil Sie bei Aktien eine bessere Liquidität haben, also schneller wieder an Ihr Geld herankommen – was bei unternehmerischen Beteiligungen in der Regel nicht der Fall ist.

Sonstiges wie Sammlungen usw. können ein Sahnehäubchen sein und Ihrem Vermögen eine persönliche Note geben. Wenn Sie aber Kunst kaufen, dann bitte nicht, weil in Magazin X der Künstler Y empfohlen wurde, sondern weil Sie dessen Kunstwerke mögen – auch wenn der Künstler (noch) nicht bekannt und angesagt ist. Sammlungen können hochrentabel sein, sollten jedoch unter wirtschaftlichen Gesichtspunkten erst dann betrachtet werden, wenn die sonstigen Vermögensklassen abgedeckt sind.

Beispiele für eine Vermögensstruktur innerhalb der klassischen Vermögensklassen bei unterschiedlichen Anlagezielen finden Sie in Kapitel 4.1.2 dieses Handbuchs. Die Vermögensstruktur muß laufend aktualisiert werden. Bevor Sie ein neues Investment eingehen, sollten Sie Ihre Asset Allocation darauf überprüfen, ob diese noch Ihren Vorstellungen und Zielen entspricht. In der Vermögensstruktur werden die Anteile je Vermögensklasse prozentual festgelegt und zum Zeitpunkt x umgesetzt. Wenn in der Folge beispielsweise die Aktien steigen, steigt automatisch deren relativer Anteil am Depot, und damit stimmen die ehemals festgelegten Strukturen nicht mehr mit der aktuellen Lage überein.

Wenn Sie sich also aus guten Gründen für eine dynamische Anlagestrategie mit ca. 45 % Aktienanteil entschieden haben und die Aktien »laufen«, werden Sie bei Gewinnmitnahmen diese nicht in Aktien reinvestieren, sondern in kurz oder lang laufenden Anleihen (je nachdem welche Zinsentwicklung Sie erwarten), und damit die relativen Anteile der verschiedenen Vermögensklassen entsprechend der von Ihnen gewählten Struktur halten.

Man kann das obengenannte Verfahren auch als statische Diversifikation bezeichnen, da es darauf abzielt, die jeweiligen Anteile der Vermögensklassen statisch bzw. weitgehend fest zu halten.

Ein anderes Verfahren (welches von uns bevorzugt wird) ist die zeitliche Diversifikation. Hier orientieren wir uns nicht an festgelegten Anteilen für bestimmte Vermögensklassen, sondern an der wirtschaftlichen Erwartung in bezug auf Risiko und Rendite (nach Steuern) für die einzelnen Vermögensklassen. Das heißt, wir richten das Depot danach aus, wo die beste Risiko-Rendite-Relation zu erwarten ist.

Das Argument »Man weiß ja auch nie, was kommt«, das von Verfechtern einer statischen Diversifikation gerne verwendet wird, ist im übrigen substanzlos, denn man weiß ebensowenig, was kommt, wenn man in vielen verschiedenen Titeln und allen Vermögensklassen investiert hat.

Eine breite Diversifikation zeigt vielmehr die Unsicherheit darüber, in was investiert werden soll. Bei der zeitlichen Diversifikation muß man sich allerdings genauer mit dem Markt beschäftigen. Der Vorteil ist jedoch, daß wir zwar auch nur mit Wasser kochen, aber das in weniger Töpfen. Im Ergebnis werden – so hoffen wir – auch Sie feststellen:

Weniger (Diversifikation) bringt Mehr (Anlageerfolg)!

9. Bedeutung von Börsenbegriffen

Anmerkung: Wenn in der Definition in Klammern eine Gliederungs-
nummer angegeben ist, dann können weiter gehende Erläuterungen
dem dortigen Text entnommen werden, zum Beispiel: (→ 1.3.4).

Absteigende Dreiecke = Descending Triangle: Formationsart
beim Darstellen von Kurswerten im Chart (→ 7.6 e.)

Ad-hoc-Publizität: gesetzlich geforderte, sofortige Veröffentlichung von kursrelevanten Neuigkeiten durch die Aktiengesellschaft; Schutz gegen Insiderhandel

ADR = American Depository Receipts: Zertifikate großer
US-Banken auf deren nichtamerikanische Aktienbestände
(→ 1.4.2)

Advance-Decline-Linie: siehe Anstiegs-Abstiegs-Linie (→ 7.7.3)

Agio = Aufgeld: Betrag, um den der Kurs eines Wertpapiers
über dem Nennwert steht (→ 2.2); Gegenteil: Abgeld =
Disagio

Akkumulationsphase: Zeitabschnitt, in dem Wertpapiere gezielt
gekauft und gehortet werden

Aktie: Anteil am Grundkapital einer Aktiengesellschaft, Wertpapier der Kapitalbeschaffung (für den Emittenden) und -an-
lage (für den Aktionär); Arten: Stamm-, Vorzugs-, Gratis-, Zu-
satz- und junge Aktien (→ 2.2)

Aktienfonds: Korb mit Aktien (→ 6.2.2)

Aktienindex: Meßzahl des durchschnittlichen Börsenkurses einer
repräsentativen Mischung von Wertpapieren, z. B. DAX oder
Dow-Jones-Index (→ 7.3)

Aktienindexkontrakt: Handelsvertrag über den rechnerischen
Gegenwert des Index (→ 5.4.1)

All Time High: höchster Wert aller Zeiten (bei Indexwert-Rekor-
den)

AM = Arithmetisches Mittel: technischer Indikator (→ 7.7.2 a)

AMEX = American Stock Exchange: Börsenplatz in New York
(→ 1.4.2)

amtlicher Handel: börsengesetzlich geregelte Geschäfte durch
amtlich bestellte Makler (→ 1.2.2 b.)

amtlicher Makler: durch die Landesregierung bestellter Wertpapierhändler, zuständig für die Kursfeststellung und die Ausführung der Aufträge (→ 1.2.3)

Andienung: Auftragserfüllung bei Termingeschäften (→ 5.4.1)

Anfangseinschuß = Initial Margin: Sicherheitsleistung zu Beginn eines Termingeschäftes (→ 5.3.7 und → 5.4.4)

Anfangskurs: Preis, den ein neues Wertpapier bei der Emission erzielt (→ 3)

Anleihe: festverzinsliches Wertpapier mit Forderungsrecht; auch: Schuldverschreibung, Obligation, Pfandbrief, Rente (→ 2.3)

Annuitätentilgung: über die gesamte Laufzeit gleichbleibende Rückzahlung; basierend auf jährlicher, auf den Ursprungsbetrag bezogener Zins- und Tilgungsleistung (→ 2.3.1)

Anstiegs-Abstiegs-Linie: Verhältnis steigender Kurse zu fallenden (→ 7.7.3)

Arbitrage: risikolose Ausnützung von Preis- oder Kursunterschieden, die für die gleichen Handelsobjekte an verschiedenen Märkten zum gleichen Zeitpunkt bestehen (→ 5.4.6)

Ascending Triangle: siehe Aufsteigende Dreiecke (→ 7.6 d.)

Asset Allocation: Optimierung von Fonds und Portfolios mittels geeigneter Bausteine (z. B. durch Themenfonds)

Assignment: Zuteilung eines Stillhalters zwecks Erfüllung seiner Verpflichtung (→ 5.3.7)

at the money: (bei der Option) Basispreis gleich Kassakurs (→ 5.3.5)

Aufgeld: siehe Agio (→ 2.2)

Aufsteigende Dreiecke = Ascending Triangle: Formation auf dem Kursdiagramm, die auf einen Kursanstieg hindeutet (→ 7.6 d)

Aufzinsungspapier: festverzinsliches Wertpapier, dessen Zins und Zinseszinsen zusammen mit dem Schuldbetrag zurückgezahlt werden

Auktion: Handelsart in Xetra, bei der alle vorliegenden Aufträge in jeder Größenordnung berücksichtigt werden

Ausgabeaufschlag: Gebühren/Spesen der Bank beim Verkauf von Fondsanteilen

Ausgabepreis: Kaufpreis für einen Fondsanteil

Auslandsanleihen: auf dem inländischen Kapitalmarkt angebotene festverzinsliche Wertpapiere ausländischer Emittenten (→ 2.3.6)

Auslosung: Tilgungsart festverzinslicher Papiere (→ 2.3.1)

Ausschüttung: Auf- und Verteilung der Erträge bei Fonds

Auszahlungsplan: Rückzahlungsmodalitäten für Investmentfonds (→ 6.4.3)

Baisse: nachhaltiger Rückgang bzw. Tiefstand der Kurse

Balkenchart: Diagrammform, bei dem die Kursschwankungen des Tages als senkrechter Balken dargestellt werden (→ 7.5.1 b.)

Bankobligation: Anleihe von Banken/Bankschuldverschreibung (→ 2.3.1)

Basispreis: im voraus festgelegter Preis bei Termingeschäften (→ 5.3.1 bzw. → 5.4.1)

Basiswert: Ausgangsobjekt einer Option (→ 5.3.1) bzw. eines Futures (→ 5.4.1)

BAWe: Bundesaufsichtsamt für den Wertpapierhandel; staatliche Aufsichtsbehörde in Deutschland, der bestimmte Meldungen (z.B. Ad-hoc-Meldung oder Offenlegung von Großaktionären) durch die Unternehmen gemacht werden müssen

Bear Market: Baisse-Zustand

bearish: fallend (Preise, Kurse)

Begebung: Emission eines Wertpapiers

Berichtigungsaktie = Gratisaktie = Zusatzaktie: kostenlose Aktien aufgrund einer Kapitalberichtigung, z. B. durch Umbuchen von Rücklagen (→ 2.2)

bestens: Limitangabe, die bedeutet, daß zum nächsten Kurs, aber auf jeden Fall verkauft werden soll (→ 4.3.3)

Beta-Faktor: Verhältnis zwischen der Kursentwicklung einer bestimmten Aktie und der Entwicklung des Gesamtmarktes bzw. eines repräsentativen Aktienindex (→ 7.7.5)

Betreuer: Bank oder Wertpapierhandelshaus, das sich verpflichtet hat, für bestimmte Aktien auf Anfrage verbindliche Kauf- und Verkaufskurse zu stellen

Bezugsrecht: Recht des Aktionärs, bei einer Kapitalerhöhung junge Aktien beziehen zu können

billigst: Limitangabe, die bedeutet, daß zwar zum nächsten Kurs, aber auf jeden Fall gekauft werden soll (→ 4.3.1)

Blue Chips: allgemein bekannte und erstklassige Standardwerte (Aktien)

Bogen: Teil der Aktie, in dem die Nebenrechte verbrieft sind, wie Zins-, Dividendenscheine u. dgl. (→ 2.1)

Bond: englischer/amerikanischer Begriff für (Inhaber-)Schuldverschreibung

Bonität: Fähigkeit des Kunden zur Zahlung bzw. Rückzahlung von Verbindlichkeiten (→ 4.1.5)

Bookbuilding: Emissionsverfahren zur Ausgabe von Aktien bei einer Ersteinführung an der Börse (IPO = Initial Public Offering). Der Preis wird innerhalb einer festgesetzten Spanne ermittelt. Vorteil: Die Anleger werden in die Preisfindung mit einbezogen

Börsenbericht: zumeist tagesnahe Informationen über das Geschehen an der Börse (→ 3.2.1)

Börsensitz: Mitgliedschaft in einer Börse in den USA

Bottom: unterer Umkehrpunkt nach einem Abwärtstrend beim Kursverlauf (→ 7.6)

Break Even: Punkt oder Linie in einer grafischen Darstellung, an dem sich eine Wende einstellt

Breakout: Ausbruch eines Kursverlaufs aus einem Trend (→ 7.6 a.)

Broadening Formation: siehe Umgekehrte Dreiecke (→ 7.6 f.)

Broker: Börsenmakler in Großbritannien und den USA

Broker Loan: a) Wertpapierleihe b) Indikator der monetären Analyse (→ 7.9.3 b.)

Brokerfirma: Maklerunternehmen

BSP: Bruttosozialprodukt

Bull Market: Hausse-Markt

bullish: steigend (Preise, Kurse)

Bund-Future: Terminkontrakt auf eine Bundesanleihe an der Terminbörse (Eurex)

Bundesschatzbrief: nicht börsennotierte Anleihe des Bundes mit gestaffeltem Zins (→ 2.3.1)

Call: siehe Kaufoption (→ 5.3.1)

CBOT = Chicago Board of Trade: Börsenplatz

CDAX = Composite DAX: ergänzender Index zum DAX mit größerer Markttiefe (→ 7.3 c.)

Chart: graphische Darstellung, z. B. Diagramm (→ 7.5)

Churning: Steigern der Transaktionstätigkeit zum alleinigen Zweck der Provisionsvermehrung; illegales Broker-Verhalten

Clearing-Mitglied: Lizenznehmer der Eurex (→ 5.3.7)

Clearing House: zentrale Abrechnungsstelle der Börse

Closing Transaction: Glattstellen einer Position im Optionsgeschäft (→ 5.3.7)

Commercial Paper: kurzfristiges Geldmarktpapier (→ 4.1.5)

Commission Broker: Makler in den USA, der ausschließlich Kauf- und Verkaufsaufträge von Kunden gegen Kommission ausführt (→ 1.4.1)

Concisions Indicator: Instrument der Prognosetechnik, dessen Ergebnisse parallel zu den aktuellen Ereignissen anfallen (→ 8.1.2)

Converted Chart: an der Mittelachse gespiegelte grafische Darstellung von Kursen (→ 7.5.1 d.)

Convertible Bond: siehe Wandelanleihe (→ 2.3.4)

Cost-Averaging: Fondseinstieg mit durchschnittlichem Preis der Anteile (→ 4.4.4)

Cost of Carry: Nettofinanzierungskosten eines Futures (→ 5.4.5)

Coupon: Zinsschein bei Werpapieren (→ 2.1)

Courtage: Provision des Börsenmaklers bei Kauf und Verkauf (→ 4.4.4)

Covered Warrant: siehe gedeckter Optionsschein (→ 5.5)

DAX: Marktsegment und Index der Deutschen Börse für die 30 größten Aktienwerte Deutschlands

DAX-Future: Terminkontrakt auf den DAX

Day-Trader: kurzfristig orientierter Spekulant (→ 7.4.1)

Deckungsstock: nach bestimmten Vorschriften angelegtes Deckungskapital (→ 2.3.1)

deckungsstockfähig: für einen Deckungsstock zu benutzen (→ 2.3.1)

deferred: entfernterer Erfüllungstermin eines Futures (→ 5.4.6)

Depot: Bestand an Wertpapieren, in der Regel bei einem Kreditinstitut in Verwahrung und Verwaltung

Descending Triangle: siehe Absteigende Dreiecke (→ 7.6 e.)

Disagio: Unterschied zwischen dem nominalen Wert eines Wertpapiers und seinem darunter liegenden Emissionskurs; Gegenteil: Agio

Disposition: Umschichten von einer Anlage oder auch Anlageart in die andere (→ 4.1.2 c.)

Distributionsphase: Zeitabschnitt, in dem Effekten gezielt und gedeckt verkauft werden

Diversifikation: Verteilung des Vermögens (und des Risikos) auf verschiedene Anlageobjekte und -arten (→ 4.1.2 b. bzw. → 6.3.2)

Dividende: Gewinnanteil, der für ein Wertpapierstück ausgeschüttet wird (→ 2.2)

Dormant Bottom = schlafender Boden: flache Umkehrformation mit plötzlichem Anstieg (→ 7.6 a.)

Double Top: doppelte Umkehrformation nach einem Aufwärtstrend im Kurschart (→ 7.6 a.)

Dow Jones Industrial Average: wichtigster Aktienindex in den USA (→ 7.3 d.)

Down-Trend: Abwärtstendenz

Effekten: Wertpapiere der Kapitalanlage und -beschaffung mit der Eigenschaft, sich innerhalb ihrer Gattung vertreten zu können (→ 2.1)

Einlagefazilität: Refinanzierungsmöglichkeit für Banken bei der Zentralbank; Instrument der Geldpolitik

EM = Eponentiell gewichteter Mittelwert: technischer Indikator (→ 7.7.2 c.)

Emerging Markets Fonds = Schwellenländerfonds: in aufstrebenden, an der »Schwelle zur Industrienation« stehenden Ländern investierende Fonds

Emission: Ausgabe von neuen Wertpapieren auf dem Kapitalmarkt (→ 2.2)

Emittent: Herausgeber eines Wertpapiers (→ 2.2)

Endfälligkeit, Tilgung bei: siehe Tilgung bei Endfälligkeit (→ 2.3.1)

Eröffnungskurs = Anfangskurs eines emittierten Wertpapiers (→ 3)

Eurex = European Exchange: Gemeinsame Handels- und Clearing-Plattform der Deutschen Börse AG und der Schweizer Börse für Optionen und Futures

Euribor = European Interbank offered Rate: täglich aktualisierter Refinanzierungssatz namhafter europäischer Kreditinstitute; Basiszinssatz für viele variabel verzinsliche Anleihen

Euronext: Kooperation der Börsen in Paris, Amsterdam und Brüssel

Fair Value: ausgeglichener Preis eines Futures (→ 5.4.5)

Festverzinsliches Wertpapier: Papier mit unveränderlichem Zins für seine Laufzeit, das sind Anleihen, Pfandbriefe, Schuldverschreibungen, Obligationen, Renten (→ 2.3.1)

Financial Future: Fixgeschäft mit Finanzinstrumenten (→ 5.4)

Fixgeschäft: siehe Future (→ 5.4)

Flagge = Flag: flaggenförmige Formation im Kursdiagramm (→ 7.6 h.)

Floater: variabel verzinsliche Anleihe

Fonds-Picking: Heraussuchen der chancenreichsten Märkte für die Geldanlage in Fonds (→ 6.3.4)

Fonds-Switching: Umschalten zwischen verschiedenen Fonds (→ 6.3.5)

Fonds: Korb mit Wertpapieren (→ 6)

Formationen: typische, deutungsfähige Bilder eines Kursverlaufs im Chart (→ 7.6)

fortlaufende Notierung: der jeweiligen Marktlage nachkommende Kursfeststellung (→ 3.1)

freier Makler: bei der Kursfeststellung und Orderausführung nichtamtlicher Wertpapiere mitwirkende Händler (→ 1.2.3)

freihändiger Rückkauf: Kauf der Anleihestücke durch den Emittenten zum Börsenkurs (→ 2.3.1)

Freiverkehr: Handel mit Wertpapieren, die nicht zum amtlichen Handel zugelassen sind (→ 1.2.2)

Fundamentale Analyse: Untersuchung von Geldmarkt, Volkswirtschaft und Unternehmen im Hinblick auf Wirtschaftskraft (→ 7.9)

Fungibilität: Austauschbarkeit von vertretbaren Sachen und Rechten wie Wertpapieren und Devisen (→ 2.1)

Future-Preis: Preis eines Finanzterminkontraktes (→ 5.4.1 und → 5.4.5)

Futures: Termin- und Lieferungsgeschäfte (→ 5.4)

GD = Gleitender Durchschnitt = Moving Average: technischer Indikator (→ 7.7.2)

gedeckter Optionsschein = Covered Warrant: Optionsschein auf einen Wertpapierbestand (→ 5.5)

Geldmarktfonds: Investmentfonds mit dem Anlageziel festverzinslicher Wertpapiere

General-Clearing-Mitglied: Lizenznehmer der Eurex mit zusätzlichen Lizenzen (→ 5.3.7)

Genußschein: Gläubigerpapier mit Nebenrechten (z. B. Gewinnbeteiligung) (→ 2.3.4)

Geometrisches Mittel: technischer Indikator (→ 7.7.2 d.)

geregelter Markt: Marktsegment mit geringeren Zulassungsvorschriften (→ 1.2.2 c.)

geschlossener Investmentfonds: Fonds mit feststehender Zahl von Anteilen, Anteilsrückgabe nur über den börsenmäßigen Handel möglich

Gewinnmitnahme: Realisieren von Kurssteigerungen, in der Regel mit negativer Auswirkung auf die Kurse

Gewinnschuldverschreibung: Gläubigerpapier mit Nebenrecht auf Gewinnbeteiligung bzw. Zusatzverzinsung (→ 2.3.3)

Girosammelverwahrung: Verwahrung von Wertpapieren im Depot der Wertpapiersammelbank (→ 4.4.2)

glattstellen: eine offene Position entweder ausgleichen, beenden oder schließen

Gleichseitige Dreiecke = Symmetrical Triangle: Konsolidierungsformation mit abnehmenden Kursamplituden in der Form gleichseitiger Dreiecke (→ 7.6 c.)

GM: gewichtetes Mittel, benutzt bei technischen Indikatoren (→ 7.7.2 b.)

going public: Emission neuer Aktien mit anschließender Börseneinführung

Gratisaktie: siehe Berichtigungsaktie (→ 2.2)

Greenshoe: Zusätzliche Tranche von Aktien, die bei einem Bookbuilding-Verfahren gewährt wird, wenn die eigentliche Emission überzeichnet ist

Hausse: nachhaltiger Anstieg bzw. Hochstand der Kurse

Head-and-Shoulder-Formation: siehe Kopf-und-Schulter-Formation (→ 7.6 a.)

Hebel = Leverage: Verhältnis zwischen dem Wertpapierkurs und dem Preis für Option bzw. Optionsschein (→ 5.3.5 und → 5.3.6)

Hedge/Hedging: Absicherungstechnik gegen Verluste im Börsenengagement

IBCA = International Bank Credit Analysis: auf Analyse und Beurteilung von Banken spezialisierte Rating-Agentur (→ 4.1.5)

Ifo-Geschäftsklima: Indikator, der die Geschäftsentwicklung und -erwartung von Unternehmen wiedergibt (→ 7.9.2 c.)

in the money: Option mit innerem Wert, im Geld liegend (→ 5.3.5)

Index-Anleihe: Anleihe, deren Rückzahlungskurs mit der Entwicklung des betreffenden Index verknüpft ist

Index-Future: dem Wert eines Index-Futures liegt eine fixe Geldsumme zugrunde, die mit dem Indexstand multipliziert wird. Die zugrunde liegenden Papiere werden nicht geliefert, vielmehr wird der Wert in bar ausgeglichen (→ 5.4.2)

Indikator: Meßwert oder ein anderes aussagekräftiges Ergebnis eines Bewertungsprozesses mit Anzeigewirkung (→ 7.7 und → 8.1.3)

Indikatorensysteme: mathematische bzw. grafische Darstellungsmethoden von Kurswerten

Indossament: Übertragungsvermerk in Orderpapieren (→ 2.1)

Industrieobligation: Anleihe von Industrieunternehmen (→ 2.3.1)

Inhaberpapiere: auf den Inhaber lautende Aktien und Schuldverschreibungen; Inhaber wird nicht namentlich genannt (→ 2.1)

Initial Margin: siehe Anfangseinschuß (→ 5.3.7 und → 5.4.4)

innerer Wert: vom Anleger zu erzielender Gewinn, wenn er seine Option ausüben würde (→ 5.3.5)

Investmentfonds: Korb mit Wertpapieren (→ 6)

Investmentgesetz: siehe KAGG

Investmentzertifikate: Beleg für den Anleger in einem Investmentfonds; Wertpapier der Kapitalbeschaffung (→ 6.1.1)

junge Aktie: neue Aktie im Rahmen einer Kapitalerhöhung

Junk-Bonds: US-Begriff für Anleihen minderer Qualität

KAGG = Gesetz über Kapitalanlagegesellschaften: restriktive Regelung für das Investmentwesen

Kapitalerhöhung: Steigerung des Eigenkapitals einer Gesellschaft durch Ausgabe junger Aktien, in der Regel zu Emissionskursen über Nennwert

Kassenobligation: Anleihe des Bundes (Sondervermögen), den Ländern oder der Kreditinstitute (→ 2.3.1)

Kaufoption = Call: Variante des Termingeschäfts (→ 5.3.1)

Kauforder: Auftrag zum Kauf von Wertpapieren (→ 4.4.1)

Kaufsignal: Erreichen bzw. Überschreiten bestimmter Kriterien im Rahmen technischer oder fundamentaler Analyse

Keil = Wedge: keilförmige Formation im Kursdiagramm (→ 7.6 g.)

Kommunalanleihe = Kommunalobligation: Anleihe von Gemeinden und Gemeindeverbänden (→ 2.3.1)

Konjunkturanalyse: Untersuchen der nationalen und internationalen Wirtschaftsdaten (→ 7.9.2)

Konjunkturbarometer: gesamthafter Indikator zur Konjunkturdiagnose (→ 7.9.2 c.)

Konjunkturzyklus: wiederkehrende Phasenfolge der Wirtschaftssituation (→ 7.9.2 b.)

Konsolidierung: a) Zusammenfassung mehrerer alter Anleihen zu einer neuen, meist mit Umwandlung der Anleihefristen (→ 2.3.1), b) Kursentwicklung entgegengesetzt zum bestehenden, überragenden Trend

Konversion/Konvertierung: Anpassung einer Anleihe an veränderte Kapitalmarktbedingungen, entsprechendes Kündigungsrecht des Emittenten voraussetzend (→ 2.3.1)

Kopf-und-Schulter-Formation = Head-and-Shoulder-Formation: Formation der Kursdaten im Chart (→ 7.6 a.)

Kulisse: Börsenhändler, die Geschäfte auf eigene Rechnung machen (→ 1.2.3)

Kündigung: Rückkauf einer Anleihe durch den Emittenten (→ 2.3.1)

Kupon: Zins-, Dividenden- oder Ertragsschein bei Wertpapieren

Kurs (im Börsengeschäft): Tagespreis des Wertpapieres (→ 3)

Kursmakler: amtlich vereidigte Vermittler für die abzuwickelnden Börsengeschäfte (→ 1.2.3)

Kurspflege: Maßnahmen zum Ausgleich zufälliger größerer Kursschwankungen von festverzinslichen Wertpapieren im Interesse der Anleger, durchgeführt vom Emittenten

Kurssicherung = Hedging: Begrenzung von Kursrisiken durch kompensatorische Gegengeschäfte, insbesondere Termingeschäfte

Kurszettel: Blatt oder Teil der Zeitung, auf dem bzw. in dem die Börsenkurse mitgeteilt werden (→ 3.2)

Kurszielformel: Anhaltspunkt für kommende Kursbewegungen (→ 7.5.1 c.)

Kurszusätze: Kennzeichnunghilfen im Kurszettel für die Marktverfassung (→ 3.2.2)

Kurzläufer: Schuldverschreibungen mit einer Restlaufzeit von weniger als vier Jahren

Lagging Indicator: bestätigendes Instrument der Prognosetechnik, mit Zeitverzug arbeitend (→ 8.1.2)

Laufzeitenfonds: Investmentfonds mit begrenzter Laufzeit

Leading Indicator: Instrument der Prognosetechnik mit zeitlichem Vorlauf (→ 8.1.2)

Leerverkauf: spekulative Nutzung von rückläufigen Kursen ohne Depotbestand im Termingeschäft

Leverage: siehe Hebel

LIFFE = London International Finance Futures Exchange: Börsenplatz

Limit: Grenze; Grenzwert, bezogen auf den Kurs oder den Ausführungszeitpunkt des Auftrags; Aktien (→ 4.3.1 und → 4.3.3); Optionen (→ 5.3.7)

Linienchart: Diagramm, in dem die Kurswerte mit einer Linie verbunden sind (→ 7.5.1 a.)

Long Hedge: Absicherungstechnik gegen Risiko in der fortgeschrittenen Optionsstrategie (→ 5.3.8 e.)

long: gedeckt, langfristig

Major-Trend: Auf- oder Abwärtsbewegung eines Kurses über einen Zeitraum von etwa einem Jahr (→ 7.4.1 und → 7.4.1)

Makler: Oberbegriff für Börsenhändler; Arten: Kursmakler, freie Makler (→ 1.2.3)

Mantel: bei einer Aktie die eigentliche Urkunde, das Hauptrecht verbriefend (→ 2.1)

Margin: Sicherheitsleistung bei Termingeschäften (→ 5.3.7)

Margin Call: siehe Nachschuß (→ 5.3.7 und → 5.4.7)

Market Maker: Terminbörsen-Mitglieder, die sich verpflichtet haben, bei Nachfrage auf Basis der abgegebenen Preisangabe hin zu handeln, also »den Markt zu machen«

MDAX: Marktsegment und Index der Deutschen Börse für 70 mittelgroße Aktienwerte Deutschlands

Mehrbezugssystem: Indikatorsystem auf der Basis mehrerer Einzelindikatoren (→ 8.1.4)

Mindestreserve: unverzinsliche, von den Banken bei der Zentralbank zu unterhaltende Einlage, Instrument der Geldpolitik der Notenbanken

Minor-Trend: Kursbewegung in einer Richtung für wenige Tage bis zu einer Woche (→ 7.4.1)

Mischfonds: Zusammenstellung sowohl mit Zinspapieren als auch mit Aktien

Momentum: grafische Darstellung von Kursdifferenzen (→ 7.7.2)

monetäre Analyse: Untersuchung der Währungssituation und deren Entwicklung (→ 7.9.3)

Moody's: Rating-Agentur (→ 4.1.5)

Moving Average: siehe GD (→ 7.7.2)

Mündelsicherheit: Verbürgung durch Staat oder Länder in irgendeiner Form (→ 2.3.1)

Muschel = Scallop: Formation mit gerundeten Kursverläufen im Chart (→ 7.6 i.)

Nachschuß = Margin Call: korrigierende Sicherheitsleistung bei Wertveränderungen (→ 5.3.7 und → 5.4.7)

Nackenlinie = Neck Line: Verbindungslinie in der Kopf-und-Schulter-Formation (→ 7.5 a.)

NASDAQ = National Association of Securities Dealers Automated Quotations System: computergestütztes Online-Kommunikationssystem für die laufende Kursermittlung in den USA

nearby: näherer Erfüllungstermin eines Futures (→ 5.4.6)

Nebenwertefonds: Aktienfonds, der in Klein- und Mittelbetriebe investiert

Neck Line: siehe Nackenlinie (→ 7.6 a.)

Negative-Opinion: technischer Indikator, der die negativen Marktbewertungen ausdrückt (→ 7.8.3)

Negativklausel: Einräumung gleichwertiger Sicherheit sowohl bei späteren Anleihen als auch früheren (→ 2.3.1)

NEMAX: Index für am Neuen Markt notierte Aktienwerte

Nennwert = Nominalwert: auf dem Wertpapier aufgedruckter Betrag

nennwertlose Aktie: Wertpapier ohne benannten Wert oder Anteil (→ 2.2)

Neuer Markt: Börsensegment der Deutschen Börse AG, an dem junge Unternehmen aus aufstrebenden Branchen gehandelt werden

New High = Neuer Höchstwert: Indikator zur Aktienbewertung (→ 7.6.4)

New Low = Neuer Tiefstwert: Indikator zur Aktienbewertung (→ 7.6.4)

Nominalwert: siehe Nennwert

notieren: den Kurswert festsetzen und veröffentlichen

Notierungen, variable oder fortlaufende: kontinuierlich erfolgende Kursbildung nach dem Verlauf von Angebot und Nachfrage

Nullkuponanleihe: siehe Zerobond (→ 2.3.7)

NYSE = New York Stock Exchange: weltweit größte Börse

Obligation: siehe Anleihe (→ 2.3)

offene Fonds = Open End Funds: Fonds mit variabler Anzahl von ausgegebenen Anteilen; kein Börsenhandel, Verkauf und Rückkauf durch die Fondsgesellschaft über Sondervermögen

Offenmarktpolitik: das direkte Handeln der Zentralbank am Kapitalmarkt für Schuldverschreibungen durch Kauf oder Verkauf (→ 7.9.3 b.)

Opening Transaction: Eröffnen einer Position im Optionsgeschäft (→ 5.3.7)

Option: befristetes Recht auf der einen und Pflicht bis Fristende auf der anderen Seite (→ 5.3); Call oder Put

Optionsanalyse: Untersuchung der Preiswürdigkeit von Optionsgeschäften

Optionsanleihe: Schuldverschreibung mit zusätzlichem, selbständigem Bezugsschein (= Optionsschein) neben den Forderungsrechten (→ 2.3.5)

Optionspreis = Prämie: Gegenleistung, die der Stillhalter vom Käufer beim Optionsgeschäft erhält (→ 5.3.1, → 5.3.5)

Optionspreismodell: Musterverfahren für die Bewertung von Optionen und Optionsscheinen (→ 5.3.5)

Optionsschein (Warrant): a) Bezugsanrechtschein für Aktien; Ausgabe im Rahmen einer Optionsanleihe (→ 2.3.5)
b) optionsähnliches Wertpapier auch auf andere Objekte im Termingeschäft (→ 5.5)

Order: Auftrag im Börsengeschäft zum Kauf oder Verkauf von Effekten bzw. zum Beziehen einer Position (→ 4)

Orderbuch: Verzeichnis der Kauf- und Verkaufsaufträge zur Kursfeststellung in einem Handelssystem wie beispielsweise Xetra

Orderpapier: Schuldverschreibung oder Aktie, die per Indossament übertragbar ist (→ 2.1)

OTC = (»Over The Counter«): ungeregelter Freiverkehr (→ 1.4.2)

out of the money: Basispreis beim Call über und beim Put unter Kassakurs, Option ohne inneren Wert (→ 5.3.5)

Overbought/Oversold: siehe Überkauft/Überverkauft (→ 7.6.7)

Parallelanleihe: siehe Teilanleihe

pari: zu Nennwert (→ 2.2)

Pennant: siehe Wimpel (→ 7.6 h.)

Performance: Leistungen, die Kapitalanlage betreffend (Wertzuwachs des Vermögens, Leistung des Anlageverwalters usw.)

Pfandbriefe: Form der Anleihe (→ 2.3.1)

Pflichtblatt: Zeitungen und Zeitschriften, die von den einzelnen deutschen Börsen bestimmt sind, deren eigene Mitteilungen sowie die den Emittenten auferlegten Pflichtmitteilungen zu veröffentlichen

Point & Figure Chart: Kursdiagramm, das Wechselspiel von Angebot und Nachfrage wiedergebend (→ 7.5.1 c.)

Portfolio = Portefeuille: ein aus verschiedenen Titeln zusammengesetztes Wertpapiervermögen in einer Hand (→ 4.1.2 a.)

Position: strategische Stellung im Termingeschäft (→ 5.3.4)

Prämie: siehe Optionspreis

Präsenzbörse: Wertpapierhandel durch Personen am Ort; Gegensatz: Computerhandel wie an der Eurex

Primärmarkt: Teil des Marktes, der bei der Emission eines Wertpapieres angesprochen wird

Primary-Trend: Kursbewegung, die über längere Zeit (ein Jahr oder mehr) einem gleichbleibenden Trend folgt (→ 7.4.1)

Prime Rate: Zinssatz für Kunden mit besonderer Bonität (in den USA) (→ 7.9.3 b.)

Prognoseargumente: Kriterien der einer Prognose zugrundeliegenden Annahmen und Abhängigkeiten (→ 8.1.2)

Prospekthaftung: gesamtschuldnerische Haftung des Wertpapieremittenten und des emittierenden Geldinstitutes für alle Angaben im Emissionsprospekt (→ 1.2.2 b.)

Publikumsfonds: allen Anlegern offenstehender Fonds

Publizitätspflicht: Bestimmungen des Handels- und Börsenrechts für den Emittenten über öffentliche Bekanntgabe von wertpapierrelevanten Informationen in bezug auf die wirtschaftlichen Verhältnisse (z. B. Bilanz)

Pull-Back: Kurzfristiger Rückzug der Kurse nach einem Breakout (→ 7.6 a.)

Put-Call-Ratio: technischer Indikator, der die Anzahl der laufenden Kauf- und Verkaufsoptionen mißt (→ 7.8.2)

Put: siehe Verkaufsoption (→ 5.3.1)

Quotenpapier: nennwertlose Aktie mit Angabe des Quotienten der Grundkapitalbeteiligung (→ 2.2)

Ratentilgung: Rückzahlung in regelmäßigen, gleichbleibenden Raten (→ 2.3.1)

Rating: Instrument zur Beurteilung der Bonität eines Wertpapieremittenten (→ 4.1.5)

Rechteckformation = Rectangle: rechteckförmige Formation im Kursdiagramm, eine Konsolidierungsphase begleitend (→ 7.6 b.)

Rektapapier: Wertpapier mit einem an den Emittenten gebundenen Übertragungsrecht, z. B. vinkulierte Namensaktie (→ 2.1)

relative Stärke: technische Bewertung der Aktie im Verhältnis zum Index (→ 7.7.8)

Rendite: Summe aus Kursgewinn bzw. -verlust und Dividende/-Zins/ Ausschüttung, bezogen auf das eingesetzte Kapital (→ 2.3.1 und → 4.1.3)

Rente: Synonymbegriff für Anleihe

Rentenfonds: Korb mit Anleihen (→ 6.2.2)

Resistance-Linie: siehe Widerstandslinie (→ 7.4.1)

REX: Index für deutsche Staatsanleihen

Rezession: rückläufige Wirtschaftskonjunktur

Risiko: a) Gefahr des Verlustes; b) Nichtvorhersehbarkeit des Ertrages (→ 4.1.2 b. und → 4.2)

Risk Based Margin: einzuschießender Sicherheitsbetrag im Future-Geschäft (→ 5.4.7)

Rounding Bottom: gerundete Umkehrformation nach einem Abwärtstrend (→ 7.6 a.)

Round Lot: Mindeststückzahl, die in der fortlaufenden Notierung in Xetra gehandelt werden muß

Rounding Top: gerundete Umkehrformation nach einem Aufwärtstrend (→ 7.6 a.)

Rückkauf, freihändiger: siehe freihändiger Rückkauf (→ 2.3.1)

Rücknahmepreis: Kaufpreis, zu dem Fondsanteile zurückgegeben werden können.

S&P 500 = Standard & Poors 500: US-Aktienindex

Scallop: siehe Muschel (→ 7.6 i.)

Schuldscheine: Effekten mit festem Ertrag

Schuldverschreibung: siehe Anleihe (→ 2.3)

Schwellenländerfonds: siehe Emerging Markets Fonds

SEC = Securities and Exchange Commission: staatliche Aufsichtsbehörde in den USA

Secondary-Trend: Kursbewegung entgegen dem Major-Trend von mittelfristiger Natur (ein bis sechs Monate) (→ 7.4.1)

Sekundärmarkt: der Markt, der sich nach Emission eines Wertpapiers ergibt

Short Hedge: Absicherungstechnik gegen Risiko in der fortgeschrittenen Optionsstrategie (→ 5.3.8 f.)

short: ohne Deckung; auf kurze Sicht

short gehen: eine kurzfristige, ungedeckte Börsenaktivität vornehmen

Sparkassenobligation: Anleihe von Sparkassen (→ 2.3.1)

Specialist (Broker): Makler an der amerikanischen Börse, der auf bestimmte Wertpapiere oder Branchen spezialisiert ist und schwierige Aufträge durchführt (→ 1.4.1)

Spekulationsfrist: Zeit, innerhalb deren Gewinne aus dem Verkauf von Wertpapieren steuerpflichtig sind (→ 8.3)

Spezialfonds: bestimmten Anlegerkreisen vorbehaltener Fonds (→ 6.1.2)

Spread: Geschäft mit Optionen gleichen Typs (nur Calls oder nur Puts) mit jeweils gleichem Verfalldatum, aber unterschiedlichen Basispreisen (→ 5.3.8 d.)

Staatsanleihe: festverzinsliches Wertpapier (→ 2.3.1)

Staffelanleihe: Anleihe mit Zinsgleitklausel (→ 2.3.1)

Stammaktie: Anteil am Gesellschaftskapital ohne Einschränkung der verbrieften Rechte (→ 2.2)

Standard & Poor's: Name einer US-Agentur, steht für einen amerikanischen Aktienindex und liefert Ratings (→ 4.1.5)

Stillhalter: Verkäufer eines Optionskontraktes, z. B. Besitzer von Aktien, der Kaufoptionen auf diese Aktien verkauft (Stillhalter in Wertpapieren), oder der Stillhalter in Geld, der Verkaufsoptionen verkauft (→ 5.3.1)

Stockdividende: Gewinnbeteiligung in Form junger Aktien (→ 2.2)

Stop-buy-Limit: Grenzwert einer Stop-buy-Order (→ 4.4.1)

Stop-loss-Limit: Grenzwert einer Stop-loss-Order (→ 4.4.3)

Stop Order: Auftrag an den Makler, dann zu agieren, wenn sich in bezug auf den Kurs ein gefestigter Preis gebildet hat oder wenn das gesetzte Limit erreicht ist (→ 4.4.1)

Stoxx: europaweiter Aktienindex von Deutscher Börse, Schweizer Börse, Pariser Börse und Dow Jones; Euro Stoxx umfaßt nur Unternehmen aus den Teilnehmerländern der Europäischen Währungsunion

Straddle: Kombination von Kauf- und Verkaufsoption derselben Aktien mit demselben Basispreis und derselben Laufzeit im Optionshandel (→ 5.3.8 a.)

Strap: Variante des Straddle (→ 5.3.8 c.)

Strip: Variante des Straddle (→ 5.3.8 b.)

Support-Linie: siehe Unterstützungslinie

Symmetrical Triangle: siehe Gleichseitige Dreiecke (→ 7.6 c.)

Tafelgeschäft: Geschäft am Bankschalter, bei dem Effekten, Devisen, Edelmetalle und dergleichen gegen Barzahlung »über den Tisch« gehen. Der Vorgang ist schwer nachvollziehbar, da es kein Depot gibt und kein Konto berührt wird (Steuer!)

Talon: Erneuerungsschein für Zins- und Ertragsscheine (→ 2.1)

technische Analyse: auf meßbaren Zahlen der Börse beruhende Untersuchung des Börsengeschehens (→ 7.4)

technische Indikatoren: Instrumente der technischen Analyse (→ 7.7)

Teilanleihe = Parallelanleihe: gleichzeitige Auflegung einer Anleihe in verschiedenen Ländern und Währungen (→ 2.3.6)

Termingeld: für bestimmte Zeit auf dem Geldmarkt festgelegtes Geld

Terminkontrakte: Verpflichtung zum Kauf bzw. Verkauf einer Ware zu festgesetztem Termin und Preis (→ 5)

testen: eine gedachte Linie berühren, ohne sie zu durchstoßen (z. B. in einem Chart der Kurswert einer Aktie in bezug auf die Widerstandslinie)

Thesaurierung: Verzicht auf Ausschüttung und Verwendung erzielter Erträge zur Kapitalaufstockung

Thin Stocks: umsatzschwache Aktien

Tick: Einheit für Preisveränderungen bei Terminkontrakten, beim DAX-Future z. B. 1 Tick = 1 Punkt = 100 DM (→ 5.4.5)

Tilgung: Abtragung einer Schuld (bei festverzinslichen Wertpapieren) (→ 2.3.1)

Tilgung bei Endfälligkeit: am Laufzeitende nimmt Emittent Papier zu den vereinbarten Bedingungen zurück (→ 2.3.1)

Timing: Wählen des günstigsten Zeitpunktes (→ 4.3.2)

Top: oberer Umkehrpunkt nach einem Aufwärtstrend im Kursverlauf (→ 7.6)

Trader: spekulativer Marktteilnehmer

Trend: Verhaltensmuster von gewisser Konstanz (→ 7.4.1)

Trendfächer: fächerförmige Formation im Chart (→ 7.4.1)

Trendkanal: kanalförmiges Diagrammfeld, in dem sich die Kurse eine bestimmte Zeit bewegt haben (→ 7.5.1 c. und → 7.4.1)

Überkauft/Überverkauft = Overbought/Oversold: marktanzeigender Indikator (→ 7.6.7)

Übernahmekodex: Verhaltenskatalog für Unternehmen bei (feindlichen) Übernahmeversuchen. Die Unterzeichnung ist Bedingung für die Aufnahme in den DAX bzw. MDAX

Umbrella-Fonds: Kombination verschiedener Fonds unter einem »Schirm« (→ 6.3.5)

Umgekehrte Dreiecke = Broadening Formation: Formation von Kursdaten im Chart, die auf den Kursrückgang hindeuten (→ 7.6 f.)

Umlaufrendite: Durchschnittsrendite festverzinslicher Wertpapiere, die sich im Umlauf befinden

Underpricing: Der festgesetzte Emissionskurs einer Aktie oder die Bookbuilding-Spanne bleiben unter dem ermittelten »wahren« Wert einer neu emittierten Aktie, um die Emission beim Publikum unterzubringen

Unternehmensanalyse: Untersuchung des Unternehmens des Wertpapieremittenten (→ 7.9.4)

Unterstützungslinie = Resistance-Linie: Linie in einer Grafik, von der man annimmt, daß sie vom Kurs nach unten nicht oder nur schwer durchbrochen werden kann

Up-Trend: Aufwärtstendenz

Usancen: eingefahrene Handelsbräuche, zwar nicht gesetzlich geregelt, aber verbindlich

Value-Basis: nicht meßbare Wertfaktoren eines Futures (→ 5.4.5)

VDAX: Index für die implizite Volatilität

Verkaufsoption = Put: Variante des Termingeschäfts (→ 5.3.1)

Verkaufsorder: Auftrag zum Verkauf von Wertpapieren (→ 4.4.3)

Vermögensverwalter: ein mit der Geldanlage und -verwaltung Beauftragter (→ 4.1.1)

vinkuliert: Begriff für die Bindung des Übertragungsrechts an die Genehmigung des Emittenten bei Wertpapieren (→ 2.1)

Volatilität: Gradmesser für die Beweglichkeit der Kurse auf dem Markt (→ 5.3.1)

Volumen: Anzahl der gehandelten Wertpapierstücke (→ 7.4.2)

Vorzugsaktie: Anteil am Gesellschaftskapital mit bevorzugter Gewinnausschüttung, aber eingeschränktem Stimmrecht (→ 2.2)

Wandelanleihe = Convertible Bond: Anleihe mit dem Recht, in eine Aktie umgewandelt zu werden (→ 2.3.4)

Warrant = siehe Optionsschein (→ 5.5)

Wedge: siehe Keil (→ 7.6 g.)

Wertpapier-Sammelbank: zentrale Verwahrungs- und Verwaltungsstelle für Wertpapiere (→ 4.4.2)

Widerstandslinie = Resistance-Linie: gedachte Linie im Chart, von der man annimmt, daß sie nicht oder nur schwerfällig vom Kurs durchbrochen werden kann (→ 7.4.1)

Wimpel = Pennant: wimpelförmige Formation im Kurs-Chart (→ 7.5.6)

Xetra: Vollelektronisches Handelssystem der Dt. Börse AG

Zeitwert: Differenz zwischen den Preis der Option und deren innerem Wert (→ 5.3.5)

Zerobond = Nullkuponanleihe: spezielle Anleiheform ohne laufende Zinszahlung (→ 2.3.7)

Zession: Abtretung eines Rektapapiers (→ 2.1)

Zinsterminkontrakte: Art des Terminhandels zum Absichern von Risiken und zur Gewinnerzielung

Zusatzaktie: siehe Berichtigungsaktie (→ 2.2)

Anhang

A   Zeitungen und Magazine mit Börsen- und Wirtschaftsinformationen (Auswahl)

A.1 Deutsche Tageszeitungen mit besonderem Börsenteil (Auswahl)

Name der Zeitung	erscheint	Anschriften	Nutzen für den Börsianer
Börsen-Zeitung Finanzmärkte – Unternehmens- berichte – Kreditwirtschaft	diens- tags bis samstags	Börsen-Zeitung Düsseldorfer Str. 16 **60329 Frankfurt a. M.**	reines Börsenblatt mit Berichten aus Wirtschaftspolitik und Unternehmen sowie überragend ausführlichem Kursteil
Die Welt Unabhängige Tageszeitung für Deutschland	werktäg- lich	Axel-Springer-Str. 65 **10888 Berlin**	Berichte über Wirt- schaft und Börse, Schwerpunkt: Kurse
Frankfurter Allgemeine Zeitung Zeitung für Deutschland	werktäg- lich	Frankfurter Allgemeine Zeitung GmbH Hellerhofstr. 2–4 **60327 Frankfurt a. M.**	Berichte über Wirt- schaft und Börse, ausführlicher Kursteil
Handelsblatt Wirtschafts- und Finanzzeitung	montags bis freitags	Verlag Handelsblatt GmbH Kasernenstr. 67 **40213 Düsseldorf**	Umfassende Berich- te über Wirtschaft und Börse, sehr aus- führlicher Kurs- teil
Stuttgarter Zeitung	werktäg- lich	Stuttgarter Zeitung Postfach 10 60 32 **70049 Stuttgart**	Umfangreiche Berichte über Wirt- schaft und Börse
Süddeutsche Zeitung	werktäg- lich	Süddeutscher Verlag Sendlinger Str. 8 **80331 München**	Berichte über Wirt- schaft und Börse, überdurchschnittlich ausführlicher Börsenteil

A.2 Deutschsprachige Börsen-Informationsblätter in Briefform (Auswahl)

Name des Briefes Untertitel	erscheint	Anschriften	Nutzen für den Börsianer
CC-Brief Chart-Chance Kölner Börsenbrief	30 Ausgaben jährlich	Ender & Partner Vermögensverwaltung Theodor-Heuss-Ring 28 **50668 Köln**	Kurzberichte Wirtschaft, Devisen, Renten, ausgewählte Aktien; Empfehlungen (ca. 6 Seiten)
Czerwensky intern Informationen aus Wirtschaft und Politik	zweimal wöchentlich	Kronberger Verlags-GmbH Eschersheimer Landstr. 9 **60322 Frankfurt a. M.**	Informationen aus Wirtschaftspolitik, Börse sehr knapp; (4 Seiten)
Der Platow Brief Aktuelle Informationen aus Politik und Wirtschaft/ Montagsbeilage: **Platow Brief Börse**	dreimal wöchentlich nur montags	Der Platow Brief Postfach 10 23 42 **60323 Frankfurt a. M.**	Kurzberichte über Wirtschaft und Firmen, Börsenteil: Einzelberichte Wirtschaft und Unternehmen, Empfehlungen (Börse ca. 4 Seiten)
Frankfurter Börsenbriefe	montags	Curt L. Schmitt GmbH Postfach 26 53 **32716 Detmold**	Kurzberichte zu den einzelnen Aktientiteln mit Empfehlungscharakter (ca. 8 Seiten)
Geldbrief Der internationale Informationsdienst für den erfolgreichen Kapitalanleger	zweimal monatlich	Informationsdienste Auditor AG Postfach 16 18 **FL-9490 Vaduz**	Informationen über ausgewählte Aktien; Empfehlungen; spezielle Themen tiefer behandelt (4 Seiten)
Gerlach-Report Akute und aktuelle Finanzdienstleistungs-Informationen und Analysen	wöchentlich	DFI Deutsches Finanzdienstleistungs-Informationszentrum GmbH Karl-Hermann-Flach-Straße 15b **61440 Oberursel**	Informationen und Empfehlungen in bezug auf Geldanlage mit Schwerpunkt Sicherheit (12 Seiten)
Swingtrend	wöchentlich	Gamma Verlag GmbH Herzogstr. 97 **80796 München**	Kurzberichte über Börsenthemen, Empfehlungen (ca. 12 Seiten)

A.3 Zeitschriften und Magazine mit Börsen- und Wirtschaftsinformationen (Auswahl)

Name der Zeitung Untertitel	erscheint	Anschriften	Nutzen für den Börsianer
Anlagepraxis	monatlich	Betriebswirtsch. Verlag Dr. Th. Gabler GmbH Taunusstr. 54 **65183 Wiesbaden**	Anlagethemen, Wertpapier- und Branchenanalysen; Vermögensverwaltung
Börse Aktuell Der Börseninformationsdienst	alle zwei Wochen	Börse aktuell Martinstr. 4 **73728 Esslingen**	Analysen ausgewählter Titel, Unternehmen, Börsenplätze; Empfehlungen
Börse Online Wochenzeitung für mod. Kapitalanlage	wöchentlich donnerstags	Börse Online Verlag GmbH & Co. Ingolstädter Str. 20 **80807 München**	Detaillierte Berichte und Analysen über Länder, Sektoren und Einzelwerte. Sehr ausführlicher Kursteil (Deutschland und international) sowie klare und übersichtliche Aktienempfehlungen (Kauf- und Verkaufsempfehlungen), die auch nachgehalten werden. Fazit: »Empfehlenswert«
Capital Das Wirtschaftsmagazin	monatlich	Gruner + Jahr AG & Co., Druck- und Verlagshaus **20444 Hamburg**	Geld und Börse allg. Berichte über Unternehmen u. Manager, Politik und Wirtschaft
Cash Das exklusive Kapitalanlage-Magazin	alle zwei Monate	Cash-Verlags-GmbH Brabandstr. 1 **22297 Hamburg**	Spezielle Berichte aus Wirtschaft und Unternehmen, Schwerpunkt: Fonds, keine Börse
Das Wertpapier Mit Börsen-Journal »Deutschlands älteste Geldanlage-Zeitschrift«	jeden zweiten Freitag	Das Wertpapier Verlagsgesellsch. mbH Postfach 140243 **40072 Düsseldorf**	Infos und Berichte über Wirtschaft und Börsen im In- und Ausland
Die Zeit Wochenzeitung für Politik, Wirtschaft, Handel und Kultur	wöchentlich donnerstags	Zeitverlag Gerd Bucerius GmbH & Co., Pressehaus **20079 Hamburg**	Überblick über Wirtschaftspolitik, Wirtschaft, Unternehmen, Börse
DM Das private Wirtschaftsmagazin	monatlich	Handelsblatt-Verlag Kasernenstr. 67 **40213 Düsseldorf**	Berichte über Geldanlagen, auch Fonds, weniger Börse direkt

Name der Zeitung Untertitel	erscheint	Anschriften	Nutzen für den Börsianer
Effectenspiegel Das Journal für den Aktionär	wöchent- lich	Verlag Effectenspiegel AG **40013 Düsseldorf**	Kompakte Infoquelle über Börse u. Aktien- titel weltweit; eher Boulevardstil, aber informativ/verbreitet
Finanzen Ihr persönlicher Ratgeber für erfolg- reiche Kapitalanlage	monat- lich	Finanzen Verlagsge- sellschaft für Kapital- marktinformationen Keltenring 12 **82041 Oberhaching**	Berichte und Analysen von Börse und Wirtschaft (Schwerpunkt: Börse)
Impulse Das Magazin der Wirtschaft	monat- lich	Gruner + Jahr AG & Co., Druck und Verlagshaus **20444 Hamburg**	Berichte über Wirtschaft und Unternehmen, Börse wird nur gestreift
Kapitalforum Zeitschrift für Wall Street, Finanzen und Kapitalanlagen	monat- lich	W & F Verlags- druckerei GmbH Flohweg 20 **35288 Wohratal**	sehr spezielle Börsen- und Wirtschaftsberichte
Quintessenz Online FinanzService	perma- nent	Quintessenz Finanz-Service Mannheimer Str. 271 **69123 Heidelberg**	Online-Dienst zur Investmentfonds- analyse
The Economist	wöchent- lich	The Economist P.O. Box 14, Harold Hill **Romford, RM3 8EQ** **Großbritannien**	Schwerpunkt: Weltwirtschafts- politik (in Englisch)
TM-Chartanalyst	wöchent- lich	Thomas Müller Börsenverlag Salinstr. 1 **83022 Rosenheim**	Informationen über Wirtschaft und Ma- nagement; ausführ- liche Firmenberatung, keine Börse speziell
Wirtschaftskurier	wöchent- lich	Verlag Handelsblatt Kasernenstr. 67 **40213 Düsseldorf**	Berichte über Wirt- schaft und Unter- nehmen, Börse: kompakter Wochen- überblick

A.4 Führende Börsen- und Wirtschaftszeitungen aus Europa / USA (Auswahl)

Name der Zeitung Untertitel	erscheint	Anschriften	Nutzen für den Börsianer
Barron's National Business and Financial Weekly	wöchentlich	Barron's P. O. Box 28 45 **NL-6401 DH Heerlen**	amerikanische Finanzzeitung mit ausführlichem Zahlenmaterial über Aktien, Optionen usw.
Financial Times Europe's Business Newspaper	werktäglich	Financial Times (Europe) GmbH Nibelungenplatz 3 **60318 Frankfurt a. M.**	Umfassende Berichte über Wirtschaft und Börse weltweit, Börse besonders ausführlich
Finanz und Wirtschaft	mittw. und samstags	Verlag Finanz und Wirtschaft AG Weberstr. 8–10 **CH-8021 Zürich**	Überdurchschnittliche Wirtschaftszeitung für den Schweizer Markt
The Wallstreet Journal – Europe – The Global Business Newspaper for European Business People	werktäglich	The Wallstreet Journal Europe Boulevard Brand Whitlock 87 **B-1200 Brussels**	Führende Wirtschaftszeitung mit ausführlichen statistischen Daten weltweit

A.5 Loseblattwerke zum Thema Börse und Geldanlage (Auswahl)

Titel	Verlagsanschrift
Aktien-Analyse	Verlag Norman Rentrop Postfach 33 33 **88115 Lindau**
Der Geldanlage-Berater	
Das Geld-ABC	WRS Verlag Fraunhofer Str. 5 **82152 Planegg**
Geldtips	Akademische Arbeitsgemeinschaft GmbH Postfach 10 01 61 **68001 Mannheim**
VG Vorteilhafte Geldanlagen	Rudolf Haufe Verlag GmbH & Co. KG Hindenburgstr. 64 **79102 Freiburg**

B   Internetadressen für Börsianer

Börsen

Europa

Deutsche Börse	www.exchange.de
Neuer Markt	www.neuer-markt.de
Düsseldorfer Börse	www.rwb.de
Eurex	www.eurexchange.com
Münchner Börse	www.bayerischeboerse.de
Stuttgarter Börse	www.boerse-stuttgart.de
Belgien / Brüssel	www.bourse.be
Dänemark / Kopenhagen	www.xcse.dk
Easdaq	www.easdaq.be
Estland / Tallinn	www.tse.ee
Finnland / Helsinki	www.hse.fi
Frankreich / Paris	www.bourse-de-paris.fr
Griechenland / Athen	www.ase.gr
Großbritannien / London	www.londonstockex.co.uk
Italien / Mailand	www.borsaitalia.it
Luxemburg	www.bourse.lu
Niederlande / Amsterdam	www.aex.nl
Norwegen / Oslo	www.nettvik.no/finansen
Österreich / Wien	www.wbag.at
Polen / Warschau	www.atm.com.pl/~gielda
Portugal / Lissabon	www.bvl.pt
Schweden / Stockholm	www.xsse.se
Schweiz / Zürich	www.bourse.ch
Slowenien / Ljubljana	www.ljse.si
Spanien / Madrid	www.bolsamadrid.es
Tschechien / Prag	www.pse.cz
Ungarn / Budapest	www.fornax.hu

Amerika / Südamerika

Argentinien / Buenos Aires	www.bcba.sba.com.ar
Bermuda / Hamilton	www.bsx.com
Brasilien / Rio de Janeiro	www.bvrj.com.br
Chile / Santiago	www.bolsantiago.cl
Ecuador / Guatemala	www.bvg.fin.ec
Jamaika	www.jamstockex.com
Kanada / Vancouver	www.vse.com
Kolumbien / Bogota	www.bolsabogota.com.co
Mexiko	www.bmv.com.mx
Nicaragua	www.bolsanic.com
Peru / Lima	www.bvl.com.pe
USA / Amex	www.amex.com
USA / Chicago	www.chicagostockex.com

USA / Nasdaq	www.nasdaq.com	
USA / New York	www.nyse.com	
Venezuela / Caracas	www.caracasstock.com	

Asien / Ozeanien

Australien / Sydney	www.asx.com.au
Hongkong	www.sehk.com.hk
Indien / Bombay	www.nseindia.com
Indonesien / Jakarta	www.jsx.co.id
Israel / Tel Aviv	www.tase.co.il
Japan / Tokio	www.tse.or.jp
Malaysia / Kuala Lumpur	www.klse.com.my
Neuseeland / Wellington	www.nzse.co.nz
Singapur	www.ses.com.sg
Südkorea / Seoul	www.kse.or.kr
Taiwan / Taipei	www.tse.com.tw
Thailand / Bangkok	www.set.or.th
Türkei / Istanbul	www.ise.org

Afrika

Südafrika / Johannesburg	www.jse.co.za
20 afrikanische Börsen	mbendi.co.za/exaf.htm

Finanzen

A = Analysen; C = Charts; K = Kurse; N = News

Deutsche Broker und Banken

1822direkt	www.1822direkt.com	
Advance Bank	www.advance-bank.de	
Bank 24	www.bank24.de	C K
Bank GiroTel	www.bank-girotel.de	
Bankgesellschaft Berlin	www.bankgesellschaft.de	N
HypoVereinsbank	www.vereinsbank.de	K
comdirect	www.comdirect.de	C K N
Commerzbank	www.commerzbank.de	K N
ConSors	www.consors.de	C K
Deutsche Bank	www.deutsche-bank.de	K N
Direkt Anlage Bank	www.diraba.de	C K N
Dresdner Bank	www.dresdner-bank.de	
Gries & Heissel	www.guh.de	A K N
Sparda-Banken	www.sparda.de	
Sparkassen	www.sonline.de	K

US-Broker

Aufhauser	www.aufhauser.com	K
Charles Schwab & Co.	www.schwab.com	C K N

Datek	www.datek.com	A C K N
Discover Brokerage Direct	www.dbdirect.com	C K
E-broker	www.ebroker.com	
E*trade	www.etrade.com	K
Fidelity Investments	www.fid-inv.com	A K N
Olde	www.olde.com	A C K N
PC Financial Network	www.pcfn.com	A C K N
Quick & Reilly	www.quick-reilly.com	A C K N
Waterhouse	www.waterhouse.com	C K

allgemein

Bundesaufsicht WP-Handel	www.bawe.de
Bundesregierung	www.bundesregierung.de
Bundesverb. dt. Banken	www.bdb.de
Deutsche Bundesbank	www.bundesbank.de
Deutsches Aktieninstitut	www.dai.de
Europäische Zentralbank	www.ecb.int

Optionsscheine

Citibank	warrants.citibank.com	K
Crédit Lyonnais	www.creditlyonnais.fr	K
DG Bank	www.dgbank.de	K
Rabobank	www.rabobank.nl/de/	K
Salomon Oppenheim	www.oppenheim.de	K
UBS	www.ubs.com	K
Société Générale	www.socgen.de	K
WestLB	www.westlb.de	K

Infodienste

b.i.s. gmbh	www.boersenkurse.de	K
Bloomberg	www.bloomberg.com	C K N
Börsenforum	www.boersenforum.de	
Business Channel	www.business-channel.de	A C K N
DBC Online	www.dbc.com	A C K N
Hoppenstedt	www.hoppenstedt.com	
Hornblower Fischer	www.hornblower.de	C K N
Investmentfonds	www.investmentfonds.de	
MWB	www.mwbonline.de	K
PC Quote	www.pcquote.com	C K N
Reuters MoneyNet	www.moneynet.com	C K N
Schnigge AG	www.schnigge.com	K
Silicon Investor	www.techstocks.com	A C K N
StockMaster	www.stockmaster.com	C K N
Stock Smart	www.stocksmart.com	A C K N
TeleStock	www.teleserv.co.uk	C K N
VWD	www.vwd.de	K N
Wall Street Research Net	www.wsrn.com	A N

Aach.- u. Münch. Beteiligung	www.amb.de
Adidas-Salomon	www.adidas.com
AGIV	www.agiv.de
Allianz	www.allianz.com
Altana	www.altana.com
AVA	www.ava-augsburg.de
AWD Holding	www.awd.de
Baader Wertpapier	www.baaderbank.de
Babcock Borsig	www.deutschebabcock.de
Bankgesellschaft Berlin	www.bankgesellschaft.de
BASF	www.basf.com
Bayer	www.bayer.com
HypoVereinsbank	www.hypovereinsbank.de
Beate Uhse	www.beateuhse.de
Beiersdorf	www.beiersdorf.com
Berliner Kraft- und Licht	www.bewag.de
BHW-Holding	www.bhw.de
Bilfinger und Berger	www.bilfinger-berger-projektentwicklung.de
BMW	www.bmw.de
Boss	www.hugoboss.com
Buderus	www.buderus.de
CargoLifter	www.cargolifter.de
Celanese	www.celanese.de
Commerzbank	www.commerzbank.de
Continental	www.conti.de
DaimlerChrysler	www.daimlerchrysler.de
Degussa	www.degussa.com
DePfa-Bank	www.depfa-bank.com
Deutsche Bank	www.deutsche-bank.de
Deutsche Börse	www.deutsche-boerse.de
Deutsche Post	www.dpwn.de
Deutsche Telekom	www.telekom.de
Deutz	www.deutz.de
Douglas Holding	www.douglas-holding.de
Dürr	www.balcke-duerr.de
Dyckerhoff	www.dyckerhoff.de
e.on	www.eon.de
Epcos	www.epcos.de
Escada	www.escadasport.de
FAG Kugelfischer	www.fag.de
Fielmann	www.fielmann.de
Fresenius	www.fresenius.de
Fresenius Medical Care	www.fmc-ag.com
Gehe	www.gehe.de
GfK	www.gfk.de
Gold-Zack	www.gold-zack.de
Hannover Rückversicherung	www.hannover-rueck.de
Heidelberger Druck	www.heidelberg.com
Heidelberger Zement	www.hzag.de
Henkel	www.henkel.de
Hochtief	www.hochtief.de
IKB Deutsche Industriebank	www.ikb.de
Infineon	www.infineon.com

IVG Holding	www.ivg-ag.de
IWKA	www.iwka.de
Jenoptik	www.jenoptik.de
Jungheinrich	www.jungheinrich.de
K+S	www.kalisalz.de
Kamps	www.kamps.de
Karstadt	www.karstadt.de
Karstadt Quelle	www.karstadt.de
König+Bauer	www.kba-print.de
Kolbenschmidt	www.kolbenschmidt.de
Krones	www.krones.de
Linde	www.linde.de
Lufthansa	www.lufthansa.de
MAN	www.man.de
Merck KGaA	www.merck.de
Metro	www.metronet.de
mg technologies	www.metallgesellschaft.de
MLP	www.mlp.de
Münchener Rückversicherung	www.munichre.com
Norddeutsche Affinerie	www.na-ag.de
Phoenix	www.phoenix-ag.com
Porsche	www.porsche.de
Preussag	www.preussag.de
ProSieben	www.pro-sieben.de
Puma	www.puma.de
Rheinmetall	www.rheinmetall.com
Rhön Klinik	www.rhoen-klinikum-ag.com
RWE	www.rwe.de
SAP	www.sap-ag.de
Schering	www.schering.de
Schwarz Pharma	www.schwarz-pharma.de
SGL Carbon	www.sglcarbon.com
Siemens	www.siemens.de
Sixt	www.sixt.com
Software	www.softwareag.com
Spar	www.spar.de
Stada Arzneimittel	www.stada.de
Stinnes	www.stinnes.de
Südzucker	www.suedzucker.de
Techem	www.techem.de
tecis Holding	www.tecis.de
Thyssen-Krupp	www.thyssenkrupp.com
VCL Film+Medien	www.vcl.de
Volkswagen	www.volkswagen.de
Vossloh	www.vossloh.de
WCM Beteiligung	www.wcm.de
Wedeco	www.wedeco.de
Wella	www.wella.de

Stand Sommer 2001; diese Übersicht erhebt keinen Anspruch auf Vollständigkeit; alle Angaben sind ohne Gewähr; Achtung: Internetadressen können sich jederzeit ändern!

C   Börsen und börsennahe Institutionen

C.1   Börsenplätze in Deutschland

Deutsche Börse AG
Börsenplatz 4
60313 Frankfurt am Main

Baden-Württembergische
Wertpapierbörse zu Stuttgart
Königstr. 28
70173 Stuttgart

Bayerische Börse
Lenbachplatz 2 a
80333 München

Berliner
Wertpapierbörse
Fasanenstr. 3
10623 Berlin

Bremer Wertpapierbörse
Obernstr. 2–12
28195 Bremen

Hanseatische Wertpapierbörse
Hamburg
Schauenburgerstr. 479
20095 Hamburg

Niedersächsische Börse
zu Hannover
Rathenaustr. 2
30159 Hannover

Rheinisch-Westfälische Börse
zu Düsseldorf
Ernst-Schneider-Platz 1
40212 Düsseldorf

C.2   Börsenbezogene Verbände und Gesellschaften in Deutschland

Fördergesellschaft für Börsen
und Finanzmärkte
in Mittel- und Osteuropa
Biebergasse 6–10
60313 Frankfurt am Main

Bundesverband der Kurs-
makler an den deutschen
Wertpapierbörsen
Börsenbrücke 7
20457 Hamburg

Bundesverband der freien
Börsenmakler
Maximiliansplatz 12/IV
80333 München

Sicherungsfonds der freien
Börsenmakler
Maximiliansplatz 12/IV
80333 München

D   Weiterführende Literatur

Im folgenden ist eine Auswahl mit weiterführender Literatur zum Thema Geldanlage und Börse sowie zu einigen speziellen Themen, die im Handbuch Börse nur am Rande behandelt werden konnten, aufgeführt.

Cooper, Jeff: Hit and Run Strategien – Präzises Timing für Day Trader und Kurzfrist-Anleger, Finanzbuch-Verlag, 1999

den Otter, Matthäus: Investmentfonds – Grundlagen, Risiken, Chancen, Hanser Elektronik, 1999

Esser, Werner: Investmentfonds für Einsteiger – Alles, was Sie über Auswahl und Anlagestrategie wissen müssen, Campus Verlag, 2000

Florek, Erich: Neue Trading-Dimensionen, Finanzbuch-Verlag, 2000

Gertoberens, Klaus: Der Wirtschaftsteil der Zeitung, Heyne-Verlag, 2000

Goldberg, Joachim/Von Nitzsch, Rüdiger: Behavioral Finance – Gewinnen mit Kompetenz, Finanzbuch-Verlag, 1999

Jünemann, Bernhard/Schellenberger, Dirk: Psychologie für Börsenprofis – Die Macht der Gefühle bei der Geldanlage, Schäffer-Poeschel-Verlag, 2000

Kreft, Michael: Börsengewinne trotz Steuern, mi, 2001

Krumnow, Jürgen: Gabler Bank-Lexikon – Bank, Börse Finanzierung, Gabler Verlag, 2000

Müller-Möhl, Ernst: Optionen und Futures, Schäffer-Poeschel-Verlag, 1999

Murphy, John: Technische Analyse der Finanzmärkte – Grundlagen, Strategien, Methoden, Anwendungen, Finanzbuch-Verlag, 1999

Obst, Georg/Hintner, Otto: Geld-, Bank- und Börsenwesen, Schäffer-Poeschel-Verlag, 2000

Passow, Rolf: Altersvorsorge-Sondervermögen: AS-Fonds, Walhalla, 1999

Pring, Martin: Handbuch Technische Kursanalyse, Hoppenstedt, 1993

Rochlitz, Jürgen: Die individuelle Vermögensplanung, Heyne-Verlag, 2000

Shiller, Robert: Irrationaler Überschwang – Warum eine lange Baisse an der Börse unvermeidlich ist, Campus Verlag, 2000

Uszczapowski, Igor: Optionen und Futures verstehen – Grundlagen und neuere Entwicklungen, C. H. Beck, 1999

Young, Patrick/Theys, Thomas: Revolution im Kapitalmarkt – Die Zukunft der Börse im Online-Zeitalter, Financial Times Prentice Hall, 2000

E Sonstige nützliche Informationen für den Börsianer

E.1 Überblick über Kennzahlen

Kennzahl	Formel	Aussage
Unternehmensaufbau		
Kapitalstruktur	$$\frac{\text{Eigenkapital (Pos. 214 + 241)} \times 100}{\text{Gesamtkapital (Pos. 180)}}$$	Eigenkapital in % des Gesamtkapitals
	$$\frac{\text{Fremdkapital (Pos. 224 + 240)} \times 100}{\text{Gesamtkapital (Pos. 180)}}$$	Fremdkapital in % des Gesamtkapitals
Vermögensstruktur	$$\frac{\text{Anlagevermögen (Pos. 133)} \times 100}{\text{Gesamtkapital (Pos. 180)}}$$	Anlagevermögen in % der Bilanzsumme
	$$\frac{\text{Unlaufvermögen (Pos. 170)} \times 100}{\text{Gesamtkapital (Pos. 180)}}$$	Umlaufvermögen in % der Bilanzsumme
Maschinendominante	$$\frac{\text{Maschinen und maschinelle Anlagen (Pos. 121)} \times 100}{\text{Sachanlagevermögen (Pos. 122)}}$$	Maschinen in % des Sachanlagevermögens
Finanzwirtschaft		
Verschuldungskoeffizient	$$\frac{\text{Fremdkapital (Pos. 224 + 240)} \times 100}{\text{Eigenkapital (Pos. 214 + 241)}}$$	Fremdkapital in % des Eigenkapitals
Anspannungskoeffizient	$$\frac{\text{Fremdkapital (Pos. 224 + 240)} \times 100}{\text{Gesamtkapital (Pos. 180)}}$$	Fremdkapital in % des Gesamtkapitals
Kapitalintensität	$$\frac{\text{Anlagevermögen (Pos. 133)} \times 100}{\text{Gesamtkapital (Pos. 180)}}$$	Anlagevermögen in % der Bilanzsumme
Anlagendeckung, bezogen auf		
Eigenkapital	$$\frac{\text{Eigenkapital (Pos. 214 + 241)} \times 100}{\text{Anlagevermögen (Pos. 133)}}$$	Eigenkapital in % des Anlagevermögens
Eigen- und langfristiges Fremdkapital	$$\frac{[\text{Eigenkapital (Pos. 214 + 241)} + \text{langfristiges Fremdkapital (Pos. 224)}] \times 100}{\text{Anlagevermögen (Pos. 133)}}$$	Eigen- und langfristiges Fremdkapital in % des Anlagevermögens
Bilanzwert	$$\frac{\text{Eigenkapital (Pos. 214 + 241)} \times 100}{\text{Grundkapital (Pos. 210)}}$$	Eigenkapital in % des Grundkapitals
Börsenwert	$$\frac{\text{Grundkapital (Pos. 210)} \times \text{Börsenkurs in \% (Pos. 010)}}{100}$$	Börsenwert der Gesellschaft in Mio DM
Cash Flow in Mio DM	+ Dividende (Pos. 341) ∕ Jahresverlust (Pos. 350) + Rücklagenzuführung (Pos. 013) ∕ Rücklagenauflösung (Pos. 014) + Afa Sachanlagen (Pos. 325) + Afa Finanzanlagen (Pos. 326) + Zinsen für Fremdkapital (Pos. 327) + Erhöhung der langfristigen Rückstellungen (Pos. 015) + Organverluste (Pos. 016) = Cash Flow in Mio DM (Kennzahl 171)	Cash Flow in Mio DM

Kennzahl	Formel	Aussage
je Aktie zu nom. DM 100,–	$\dfrac{\text{Cash Flow (Kennzahl 171)}}{\text{Anzahl der Aktien/DM 100,– nom. (Pos. 017)}}$	Cash Flow in DM/Aktie
Kurs/Cash Flow-Verhältnis	$\dfrac{\text{Börsenkurs in \% (Pos. 010)}}{\text{Cash Flow in DM/Aktie (Kennzahl 172)}}$	Wievielmal Cash Flow (DM/Aktie) im Kurs enthalten ist
Kurs/Gewinn-Verhältnis	Börsenkurs in % (Pos. 010) → Gewinn in DM/Aktie $\dfrac{\text{Jahresüberschuß (Pos. 340)}}{\text{Anzahl der Aktien/DM 100,– nom. (Pos. 017}}$	Wievielmal Gewinn (DM/Aktie) im Kurs enthalten ist
Rentabilität bezogen auf Jahresüberschuß		
Eigenkapital-rentabilität	$\dfrac{\text{Jahresüberschuß (Pos. 340)} \times 100}{\text{Eigenkapital (Pos. 214 + 241)}}$	Gewinn in % des Eigenkapitals
Gesamtkapital-rentabilität	$\dfrac{\begin{array}{l}\text{Jahresüberschuß (Pos. 340)} \\ \text{+ Fremdkapitalzinsen (Pos. 327)} \times 100\end{array}}{\text{Gesamtkapital (Pos. 180)}}$	Gewinn + Fremdkapitalzinsen in % des Gesamtkapitals
Dividendenrendite	$\dfrac{\text{Dividende (Pos. 18)} \times 100}{\text{Börsenkurs in \% (Pos. 010)}}$	Dividende in % des Börsenkurses
bezogen auf Cash Flow		
Eigenkapital-rentabilität	$\dfrac{\text{Cash Flow (Kennzahl 171)} \times 100}{\text{Eigenkapital (Pos. 214 + 241)}}$	Cash Flow in % des Eigenkapitals
Gesamtkapital-rentabilität	$\dfrac{\text{Cash Flow (Kennzahl 171)} \times 100}{\text{Gesamtkapital (Pos. 180)}}$	Cash Flow in % des Gesamtkapitals
Umsatzrentabilität	$\dfrac{\text{Cash Flow (Kennzahl 171)} \times 100}{\text{Umsatz (Pos. 310)}}$	Cash Flow in % des Umsatzes
Liquidität		
Ersten Grades	$\dfrac{\begin{array}{l}\text{Geldwerte + kurzfristige} \\ \text{Forderungen (Pos. 169)} \times 100\end{array}}{\text{Kurzfristige Verbindlichkeiten (Pos. 240)}}$	Geldwerte und kurzfristige Forderungen in % der kurzfristigen Verbindlichkeiten
Zweiten Grades	$\dfrac{\begin{array}{l}\text{Kurzfristiges Umlaufvermögen} \\ \text{(Pos. 169 + 143)} \times 100\end{array}}{\text{Kurzfristige Verbindlichkeiten (Pos. 240)}}$	Kurzfristiges Umlaufvermögen in % der kurzfristigen Verbindlichkeiten
Verschuldung		
Gesamtverschuldung in Mio DM	+ Summe Verbindlichkeiten (Pos. 224 + 240) ./. Kasse, Bundesbank, Postscheck (Pos. 160) ./. Wechsel und Schecks (Pos. 161 + 162) ./. Guthaben bei Kreditinstituten (Pos. 163) = Gesamtverschuldung (Kennzahl 411)	Gesamtverschuldung in Mio DM

Kennzahl	Formel	Aussage
in % vom Umsatz	$$\frac{\text{Gesamtverschuldung (Kennzahl 411)} \times 100}{\text{Umsatz (Pos. 310)}}$$	Gesamtverschuldung in % vom Umsatz
im Verhältnis zum Cash Flow	$$\frac{\text{Gesamtverschuldung (Kennzahl 411)}}{\text{Cash Flow (Kennzahl 171)}}$$	Wievielmal Cash Fow in Gesamtverschuldung enthalten ist
Kurzfristige Verschuldung in Mio DM	+ Gesamtverschuldung (Kennzahl 411) ∕ langfristige Verbindlichkeiten (Pos. 224) = kurzfristige Verschuldung (Kennzahl 421)	Kurzfristige Verschuldung in Mio DM
in % vom Umsatz	$$\frac{\text{Kurzfristige Verschuldung (Kennzahl 421)} \times 100}{\text{Umsatz (Pos. 310)}}$$	Kurzfristige Verschuldung in % vom Umsatz
im Verhältnis zum Cash Flow	$$\frac{\text{Kurzfristige Verschuldung (Kennzahl 421)}}{\text{Cash Flow (Kennzahl 171)}}$$	Wievielmal Cash Flow in kurzfristiger Verschuldung enthalten ist
Investierungen und Abschreibungen		
Anlagevermögen, bezogen auf Umsatz	$$\frac{\text{Gesamt-Anlagevermögen (Pos. 133)}}{\text{Umsatz (Pos. 310)}}$$	Wieviel DM Anlagevermögen erforderlich sind, um 1 DM umzusetzen
Deckung der Investierungen	$$\frac{\text{Afa auf Sachanlagen (Pos. 325)} \times 100}{\text{Sachanlagenzugang (Pos. 023)}}$$	Abschreibungen in % des Sachanlagezuganges
Abschreibungen, bezogen auf Anlagevermögen	$$\frac{\text{Gesamt-Afa (Pos. 325 + 326)} \times 100}{\text{Gesamt-Anlagevermögen (Pos. 133)}}$$	Abschreibungen in % des Anlagevermögens
Umsatz		
Umschlagshäufigkeit des Eigenkapitals	$$\frac{\text{Umsatz (Pos. 310)}}{\text{Eigenkapital (Pos. 214 + 241)}}$$	Wie oft wird das Eigenkapital im Jahr umgeschlagen
Gesamtkapitals	$$\frac{\text{Umsatz (Pos. 310)}}{\text{Gesamtkapital (Pos. 180)}}$$	Wie oft wird das Gesamtkapital im Jahr umgeschlagen
Anlagevermögens	$$\frac{\text{Umsatz (Pos. 310)}}{\text{Gesamt-Anlagevermögen (Pos. 133)}}$$	Wie oft wird das Anlagevermögen im Jahr umgeschlagen
Vorratsvermögens	$$\frac{\text{Umsatz (Pos. 310)}}{\text{Vorräte (Pos. 143)}}$$	Wie oft werden die Vorräte im Jahr umgeschlagen
Umsatzverdienstrate, bezogen auf		
Jahresüberschuß	$$\frac{\text{Jahresüberschuß (Pos. 340)} \times 100}{\text{Umsatz (Pos. 310)}}$$	Gewinn in % vom Umsatz
Cash Flow	$$\frac{\text{Cash Flow (Kennzahl 171)} \times 100}{\text{Umsatz (Pos. 310)}}$$	Cash Fow in % vom Umsatz

Kennzahl	Formel	Aussage
Vorratsintensität	$\dfrac{\text{Vorräte (Pos. 143)} \times 100}{\text{Umsatz (Pos. 310)}}$	Vorräte in % vom Umsatz
Personalkosten-intensität	$\dfrac{\text{Gesamt-Personalkosten (Pos. 324)} \times 100}{\text{Umsatz (Pos. 310)}}$	Gesamt-Personalkosten in % vom Umsatz
Belegschaft Personalkosten		Es betragen in DM je Belegschaftsmitglied und Jahr:
Löhne und Gehälter	$\dfrac{\text{Löhne und Gehälter (Pos. 321)}}{\text{Belegschaft (Pos. 012)}}$	Lohn und Gehalt
Gesetzlicher Sozial-aufwand	$\dfrac{\text{Gesetzlicher Sozialaufwand (Pos. 322)}}{\text{Belegschaft (Pos. 012)}}$	Gesetzlicher Sozial-aufwand
Sonstiger Sozialaufwand	$\dfrac{\text{Sonstiger Sozialaufwand (Pos. 323)}}{\text{Belegschaft (Pos. 012)}}$	Sonstiger Sozialaufwand
Gesamt-Personalkosten	$\dfrac{\text{Gesamt-Personalkosten (Pos. 324)}}{\text{Belegschaft (Pos. 012)}}$	Gesamt-Personalkosten
Produktivität, bezogen auf		
Belegschaft	$\dfrac{\text{Umsatz (Pos. 310)}}{\text{Belegschaft (Pos. 012)}}$	Umsatz
Gesamt-Personalkosten	$\dfrac{\text{Umsatz (Pos. 310)}}{\text{Gesamt-Personalkosten (Pos. 324)}}$	Wieviel DM Umsatzerlös entfallen auf 1 DM Personalkosten
Jahresüberschuß	$\dfrac{\text{Jahresüberschuß (Pos. 340)} \times 100}{\text{Gesamt-Personalkosten (Pos. 324)}}$	Gewinn in % der Personalkosten
Cash Flow	$\dfrac{\text{Cash Flow (Kennzahl 171)} \times 100}{\text{Gesamt-Personalkosten (Pos. 324)}}$	Cash Flow in % der Personalkosten
Kostenstruktur Aufwand, bezogen auf Umsatz		
Sachaufwand	$\dfrac{\text{Sachaufwand (Pos. 320 + 332)} \times 100}{\text{Umsatz (Pos. 310)}}$	Sachaufwand in % vom Umsatz
Personalaufwand	$\dfrac{\text{Personalaufwand (Pos. 324)} \times 100}{\text{Umsatz (Pos. 310)}}$	Personalaufwand in % vom Umsatz
Abschreibungen	$\dfrac{\text{Gesamt-Afa (Pos. 325 + 326)} \times 100}{\text{Umsatz (Pos. 310)}}$	Abschreibungen in % vom Umsatz
Zinsen	$\dfrac{\text{Zinsaufwand (Pos. 327)} \times 100}{\text{Umsatz (Pos. 310)}}$	Zinsen in % vom Umsatz
Steuern	$\dfrac{\text{Gesamt-Steuern (Pos. 330)} \times 100}{\text{Umsatz (Pos. 310)}}$	Steuern in % vom Umsatz

Kennzahl	Formel	Aussage
Gewinn und Gewinndisposition		
Gewinn vor Steuern	Gewinn vor Steuern (Pos. 340 + 330) × 100 / Umsatz (Pos. 310)	Gewinn vor Steuern in % vom Umsatz
Gewinn nach Steuern	Gewinn nach Steuern (Pos. 340) × 100 / Umsatz (Pos. 310)	Gewinn nach Steuern in % vom Umsatz
Gewinndisposition		
Dividende	Dividende (Pos. 341) × 100 / Umsatz (Pos. 310)	Dividende in % vom Umsatz
Rücklagenzuführung	Einstellung in die Rücklage (Pos. 342) × 100 / Umsatz (Pos. 310)	Rücklagendotierung in % vom Umsatz

Quelle: Hofmann »Bilanzkennzahlen«
Gabler-Verlag 1977

E.2 Wichtige Information über Verlustrisiken bei Börsentermingeschäften

(Abdruck eines Formblattes des Deutschen Sparkassen-verlages Stuttgart)

Wichtige Information
über Verlustrisiken bei Börsentermingeschäften

Depot-/Kontoinhaber _____

Depot-/Konto-Nr. _____

Anschrift _____

Sehr geehrte Kundin, sehr geehrter Kunde,

bei Börsentermingeschäften stehen den Gewinnchancen hohe Verlustrisiken gegenüber. Jeder Anleger, der ein Börsentermingeschäft eingehen will, muß zuvor über die Risiken bei Börsentermingeschäften informiert sein.

A. Grundsätzliches über Verlustrisiken bei Börsentermingeschäften

Das Börsengesetz (§ 53 Abs. 2) sieht vor, daß wir Sie über die nachfolgenden Risiken informieren:

Verfall oder Wertminderung

Die Rechte, die Sie aus Börsentermingeschäften erwerben, können verfallen oder an Wert verlieren, weil diese Geschäfte stets nur befristete Rechte verschaffen. Je kürzer die Frist, desto größer kann Ihr Risiko sein.

Unkalkulierbare Verluste

Bei Verbindlichkeiten aus Börsentermingeschäften kann Ihr Verlustrisiko unbestimmbar sein und auch über die von Ihnen geleisteten Sicherheiten hinaus Ihr sonstiges Vermögen erfassen.

Fehlende Absicherungsmöglichkeiten

Geschäfte, mit denen Risiken aus eingegangenen Börsentermingeschäften ausgeschlossen oder eingeschränkt werden sollen (Glattstellungsgeschäfte), können möglicherweise nicht oder nur zu einem für Sie verlustbringenden Preis getätigt werden.

Zusätzliches Verlustpotential bei Kreditaufnahme oder aus Wechselkursschwankungen

Ihr Verlustrisiko steigt, wenn Sie für Ihr Börsentermingeschäft einen Kredit in Anspruch nehmen. Dasselbe gilt beim einem Termingeschäft der Fall, bei dem Ihre Verpflichtungen oder Ansprüche auf ausländische Währung oder eine Rechnungseinheit (z. B. ECU) lauten.

B. Die Risiken bei den einzelnen Geschäftsarten

I. Kauf von Optionen

1. Kauf einer Option auf Wertpapiere, Devisen oder Edelmetalle

Das Geschäft: Wenn Sie Optionen auf Wertpapiere, Devisen oder Edelmetalle kaufen, erwerben Sie den Anspruch auf Lieferung oder Abnahme der genannten Basiswerte zu dem beim Kauf der Option bereits festgelegten Preis.

Ihr Risiko: Eine Kursveränderung des Basiswertes, also z. B. der Aktie, die Ihrer Option als Vertragsgegenstand zugrunde liegt, kann den Wert Ihrer Option mindern. Zu einer Wertminderung kommt es im Fall einer Kaufoption (Call) bei Kursverlusten, im Fall einer Verkaufsoption (Put) bei Kursgewinnen des zugrundeliegenden Vertragsgegenstandes. Tritt eine Wertminderung ein, so erfolgt diese stets überproportional zur Kursveränderung des Basiswertes, sogar bis hin zur Wertlosigkeit Ihrer Option. Eine Wertminderung Ihrer Option kann aber auch dann eintreten, wenn der Kurs des Basiswertes sich nicht ändert, weil der Wert Ihrer Option vom weiteren Preisbildungsfaktoren (z. B. Laufzeit oder Häufigkeit und Intensität der Preisschwankungen des Basiswerts) mitbestimmt wird. Wegen der begrenzten Laufzeit einer Option können Sie

dann nicht darauf vertrauen, daß sich der Preis der Option rechtzeitig wieder erholen wird. Erfüllen sich Ihre Erwartungen bezüglich der Marktentwicklung nicht und verzichten Sie deshalb auf die Ausübung der Option oder versäumen Sie die Ausübung, so verfällt Ihre Option mit Ablauf ihrer Laufzeit. Ihr Verlust liegt dann in dem für die Option gezahlten Preis zuzüglich der Ihnen entstandenen Kosten.

2. Kauf einer Option auf Finanzterminkontrakte

Das Geschäft: Beim Kauf einer Option auf einen Finanzterminkontrakt erwerben Sie das Recht, zu im vorhinein fixierten Bedingungen einen Vertrag abzuschließen, durch den Sie zum Kauf oder Verkauf per Termin von z. B. Wertpapieren, Devisen oder Edelmetallen verpflichten.

Ihr Risiko: Auch diese Option unterliegt zunächst den unter 1. beschriebenen Risiken. Nach Ausübung der Option gehen Sie allerdings neue Risiken ein: Diese richten sich nach dem dann zustande kommenden Finanzterminkontrakt und können weit über Ihrem ursprünglichen Einsatz – das ist der für die Option gezahlte Preis – liegen. Sodann treffen Sie zusätzlich die Risiken aus den nachfolgend beschriebenen Börsentermingeschäften mit Erfüllung per Termin.

II. Verkauf von Optionen und Börsentermingeschäfte mit Erfüllung per Termin

1. Verkauf per Termin und Verkauf einer Kaufoption auf Wertpapiere, Devisen oder Edelmetalle

Das Geschäft: Als Verkäufer per Termin gehen Sie die Verpflichtung ein, Wertpapiere, Devisen oder Edelmetalle zu einem vereinbarten Kaufpreis zu liefern. Als Verkäufer einer Kaufoption trifft Sie diese Verpflichtung nur dann, wenn die Option ausgeübt wird.

Ihr Risiko: Steigen die Kurse, müssen Sie dennoch zu dem zuvor festgelegten Preis liefern, der dann ganz erheblich unter dem aktuellen Marktpreis liegen kann. Sofern sich der Vertragsgegenstand, den Sie zu liefern haben, bereits in Ihrem Besitz befindet, kommen Ihnen steigende Marktpreise nicht mehr zugute. Wenn Sie ihn erst später erwerben wollen, kann der aktuelle Marktpreis erheblich über dem im voraus festgelegten Preis liegen. In der Preisdifferenz liegt Ihr Risiko. Dieses Verlustrisiko ist im vorhinein nicht bestimmbar, d. h. theoretisch unbegrenzt. Es kann weit über von Ihnen geleistete Sicherheiten hinausgehen, wenn Sie den Liefergegenstand nicht besitzen, sondern sich erst bei Fälligkeit damit eindecken wollen. In diesem Fall können Ihnen erhebliche Verluste entstehen, da Sie je nach Marktsituation eventuell zu sehr hohen Preisen kaufen müssen oder aber entsprechende Ausgleichszahlungen zu leisten haben, wenn Ihnen die Eindeckung nicht möglich ist.

Beachten Sie: Befindet sich der Vertragsgegenstand, den Sie zu liefern haben, in Ihrem Besitz, so sind Sie zwar vor Eindeckungsverlusten geschützt. Werden aber diese Werte für die Laufzeit Ihres Börsentermingeschäftes (als Sicherheiten) ganz oder teilweise gesperrt gehalten, können Sie während dieser Zeit und bis zur Glattstellung Ihres Terminkontraktes hierüber nicht verfügen und die Werte auch nicht verkaufen, um bei fallenden Kursen Verluste zu vermeiden.

2. Kauf per Termin und Verkauf einer Verkaufsoption auf Wertpapiere, Devisen oder Edelmetalle

Das Geschäft: Als Käufer per Termin und als Verkäufer einer Verkaufsoption gehen Sie die Verpflichtungen ein, Wertpapiere, Devisen oder Edelmetalle zu einem festgelegten Preis abzunehmen.

278

Ihr Risiko: Auch bei sinkenden Kursen müssen Sie den Kaufgegenstand zum vereinbarten Preis abnehmen, der dann erheblich über dem aktuellen Marktpreis liegen kann. In der Differenz liegt Ihr Risiko. Dieses Verlustrisiko ist im vorhinein nicht bestimmbar und kann weit über eventuell von Ihnen geleistete Sicherheiten hinausgehen. Wenn Sie beabsichtigen, die Werte nach Abnahme sofort wieder zu verkaufen, sollten Sie beachten, daß Sie unter Umständen keinen oder nur schwer einen Käufer finden; je nach Marktentwicklung kann Ihnen dann ein Verkauf nur mit erheblichen Preisabschlägen möglich sein.

3. Verkauf einer Option auf Finanzterminkontrakte

Das Geschäft: Beim Verkauf einer Option auf einen Finanzterminkontrakt gehen Sie die Verpflichtung ein, zu im vorhinein fixierten Bedingungen einen Vertrag abzuschließen, durch den Sie sich zum Kauf oder Verkauf per Termin von z. B. Wertpapieren, Devisen oder Edelmetallen verpflichten.

Ihr Risiko: Sollte die von Ihnen verkaufte Option ausgeübt werden, so laufen Sie das Risiko eines Verkäufers oder Käufers per Termin, wie es unter Ziff. 1. und 2. dieses Abschnittes II. beschrieben ist.

III. Options- und Finanzterminkontrakte mit Differenzausgleich

Das Geschäft: Bei manchen Börsentermingeschäften findet nur ein Barausgleich statt. Hierbei handelt es sich insbesondere um:

– Options- oder Finanzterminkontrakte auf einen Index, also auf eine veränderliche Zahlengröße, die aus einem nach bestimmten Kriterien festgelegten Bestand von Wertpapieren errechnet wird und deren Veränderungen die Kursbewegungen dieser Wertpapiere widerspiegeln.
– Options- oder Finanzterminkontrakte auf den Zinssatz für eine Termineinlage mit standardisierter Laufzeit.

Ihr Risiko: Wenn Ihre Erwartungen nicht eintreten, haben Sie die Differenz zu zahlen, die zwischen dem bei Abschluß zugrunde gelegten Kurs und dem aktuellen Marktkurs bei Fälligkeit des Geschäfts besteht. Diese Differenz macht Ihren Verlust aus. Die maximale Höhe Ihres Verlustes ist im vorhinein nicht bestimmen. Er kann weit über eventuelle von Ihnen geleistete Sicherheiten hinausgehen.

C. Weitere Risiken aus Börsentermingeschäften

I. Börsentermingeschäfte mit Währungsrisiko

Das Geschäft: Wenn Sie ein Börsentermingeschäft eingehen, bei dem Ihre Verpflichtung oder die von Ihnen zu beanspruchende Gegenleistung auf ausländische Währung oder eine Rechnungseinheit (z. B.

ECU) lautet oder sich der Wert des Vertragsgegenstandes hiernach bestimmt (z. B. bei Gold), sind Sie einem zusätzlichen Risiko ausgesetzt.

Ihr Risiko: In diesem Fall ist Ihr Verlustrisiko nicht nur an die Wertentwicklung des zugrunde liegenden Vertragsgegenstandes gekoppelt. Vielmehr können Entwicklungen am Devisenmarkt die Ursache für zusätzliche unkalkulierbare Verluste sein: Wechselkursschwankungen können

– den Wert der erworbenen Option <u>verringern</u>
– den Vertragsgegenstand <u>verteuern</u>, den Sie zur Erfüllung des Börsentermingeschäfts liefern müssen, wenn er in ausländischer Währung oder einer Rechnungseinheit zu bezahlen ist. Dasselbe gilt für eine Zahlungsverpflichtung aus dem Börsentermingeschäft, die Sie in ausländischer Währung oder einer Rechnungseinheit erfüllen müssen.
– den Wert oder den Verkaufserlös des aus dem Börsentermingeschäft abzunehmenden Vertragsgegenstandes oder den Wert der erhaltenen Zahlung <u>vermindern</u>.

II. Risikoausschließende oder einschränkende Geschäfte

Vertrauen Sie nicht darauf, daß Sie während der Laufzeit jederzeit Geschäfte abschließen können, durch die Sie Ihre Risiken aus Börsentermingeschäften kompensieren oder einschränken können. Ob diese Möglichkeit besteht, hängt von den Marktverhältnissen und auch von der Ausgestaltung Ihres jeweiligen Börsentermingeschäfts ab. Unter Umständen können Sie ein entsprechendes Geschäft nicht oder nur zu einem ungünstigen Marktpreis tätigen, so daß Ihnen ein Verlust entsteht.

III. Inanspruchnahme von Kredit

Ihr Risiko erhöht sich, wenn Sie insbesondere den Erwerb von Optionen oder die Erfüllung Ihrer Liefer- oder Zahlungsverpflichtungen aus Börsentermingeschäften über Kredit finanzieren. In diesem Fall müssen Sie, wenn sich der Markt entgegen Ihren Erwartungen entwickelt, nicht nur den eingetretenen Verlust hinnehmen, sondern auch den Kredit verzinsen und zurückzahlen. Setzen Sie daher nie darauf, den Kredit aus den Gewinnen des Börsentermingeschäftes verzinsen und zurückzahlen zu können, sondern prüfen Sie vor Geschäftsabschluß Ihre wirtschaftlichen Verhältnisse daraufhin, ob Sie zur Verzinsung und gegebenenfalls kurzfristigen Tilgung des Kredits auch dann in der Lage sind, wenn statt der erwarteten Gewinne Verluste eintreten.

D. Verbriefung in Wertpapieren

Die Risiken aus den oben geschilderten Geschäften ändern sich nicht, wenn die Rechte und Pflichten in einem Wertpapier (z. B. Optionsscheine) verbrieft sind.

Ihre Sparkasse

Bei Börsentermingeschäften leiten wir Ihre Aufträge, soweit wir diese nicht selbst ausführen, an die

weiter. In diesen Fällen wird die Landesbank Ihr Vertragspartner. Wir geben Ihnen die »Wichtige Information über Verlustrisiken bei Börsentermingeschäften« sowohl im eigenen Namen als auch für die Landesbank.

<u>Nach § 53 Abs. 2 Satz 2 Börsengesetz ist diese Unterrichtungsschrift von Ihnen zu unterschreiben, wenn Sie Börsentermingeschäfte abschließen wollen:</u>

_____
Ort, Datum

_____
Unterschrift des Kunden

Register